新编公共管理教学丛书

■ 主　编　蒋军利
■ 副主编　于　宇　唐晓嘉

# 逻辑学引论

LUOJIXUE
YINLUN

西南师范大学出版社
国家一级出版社　全国百佳图书出版单位

图书在版编目(CIP)数据

逻辑学引论 / 蒋军利主编. — 重庆：西南师范大学出版社，2018.5
ISBN 978-7-5621-9397-5

Ⅰ.①逻… Ⅱ.①蒋… Ⅲ.①逻辑学 Ⅳ.①B81

中国版本图书馆 CIP 数据核字(2018)第 101031 号

## 逻辑学引论

| 主　　编：蒋军利 |
| --- |
| 副 主 编：于　宇　唐晓嘉 |
| 责任编辑：任志林 |
| 责任校对：雷　刚 |
| 封面设计：李建卫 |
| 排　　版：重庆大雅数码印刷有限公司·王　兴 |
| 出版发行：西南师范大学出版社 |
| 　　　　　网址：www.xscbs.com |
| 　　　　　地址：重庆市北碚区天生路2号 |
| 　　　　　邮编：400715 |
| 经　　销：全国新华书店 |
| 印　　刷：重庆市正前方彩色印刷有限公司 |
| 幅面尺寸：185mm×260mm |
| 印　　张：12.5 |
| 字　　数：288千字 |
| 版　　次：2019年12月　第1版 |
| 印　　次：2019年12月　第1次印刷 |
| 书　　号：ISBN 978-7-5621-9397-5 |
| 定　　价：38.00元 |

## 新编公共管理教学丛书

## 编委会

总主编  陈 跃  吴 江

编 委  亢 犁  邹顺康  王 斌  王作军  葛天博

　　　  魏大明  岳 跃  王 崧  彭朝荣  王德新

　　　  王 琦  张雪峰  诸彦含

# 总 序

党的十八届三中全会把全面深化改革的总目标确定为完善和发展中国特色社会主义制度,推进国家治理体系和治理能力现代化。这就意味着国家的管理制度、管理模式以及运行机制都将发生根本性变化,与此相适应,国家公共部门与社会组织的管理人员素质和能力也将面临新的要求。为了适应改革发展的新变化,培养和造就一大批适应经济社会发展需要的,特别是国家治理体系和治理能力现代化发展要求的合格建设者,我们组织编写了这套"新编公共管理教学丛书"。

该丛书以公共管理的主干课程为依据,以理论应用和实践运行为指向,构建了以"公共管理学""公共政策学""政府经济学""管理学原理""行政管理学""电子政务""行政伦理学""人力资源管理""公务员制度""领导科学""地方政府管理""社会科学研究方法"等为主体的结构体系,以期顺应法治政府和服务型政府的发展要求,探索和构建公共管理本科教学新体系。

该丛书是由一批在高校长期从事公共管理教学和研究工作的中青年学者编写完成的,他们立足于自己的理论研究成果与教学经验的总结,在合理地吸收国内外学者研究成果的基础上形成了独具特色的教学研究成果。其特色和优势在于:一是突出重点,独成体系。丛书编写中,十分重视把握本学科的学术前沿问题,突出学科重点,并以重点问题为主线,以学科发展规律为依据,构建独具特色的教材体系。二是立足国情,关注现实。丛书编写中,把立足国情作为出发点,并以新中国60多年的发展,特别是改革开放30多年发展的基本国情为基础，总结公共管理理论与实践发展的成果，揭示中国公共管理理论与实践发展的规律，彰显公共管理发展的中国特色。与此同时，以强烈的问题意识关注公共管理改革发展中的现实问题，探索其原因，提出相应的对策建议，使教材具有较强的现实感和针对性。三是放眼世界，具备时代意识。丛书编写中，坚持世界眼光、全球思维，力求最大限度地吸收和借鉴国外有关公共管理的最新研究成果，并把这些成果与时代发展的特色相结合，以现时代的眼光、现时代的思维来分析和认识世界范围内的公共管理中理论和实践的发展问题，使教材内容具有强烈的世界性和时代感。

该丛书主要适用于高等院校公共管理专业的本科生教学和学习之用，也适用于继续教育，网络教育本、专科学生教学和学习之用，还可作为公共管理部门领导和工作人员学习参考之用。

在该丛书组织编写的过程中，编者吸收和借鉴了国内外学者的一些研究成果，得到了西南师范大学出版社、西南大学图书馆、西南大学信息中心以及西南大学政治与公共管理学院等单位的大力支持和帮助，西南大学政治与公共管理学院的部分研究生参与了大量的文献收集和整理工作，对此，一并表示衷心感谢！

我们将该丛书作为公共管理学本科教学的主要教材，期望加强与国内高校的交流与合作，以进一步推动公共管理教学的改革与创新，促进公共管理教材建设的新发展。

由于编者水平所限，丛书中难免有疏漏和欠妥之处，敬请广大读者批评指正。

丛书编委会

2014 年 9 月于西南大学绩镛楼

# 前言

逻辑学,作为一门研究推理和论证的学问,是以推理的有效性及其推理根据为研究对象的。其研究的特点就是运用形式化的方法。所谓形式化的方法就是用一套特定的符号来表示词项、命题和推理,将对词项、命题和推理的形式研究转变成对这些抽象符号的研究。具体包括两个方面的形式化:首先对自然语言进行符号化,抽象为一种形式语言,运用形式语言的初始符号和公式的形成规则,对自然语言刻画的命题用这一套符号体系刻画出来;然后对推理关系进行刻画。因此,逻辑研究,尤其是现代逻辑研究,总表现为一个个的形式化系统。形式系统与非形式推理论证的关系在于:一个非形式的具体推理或论证只要是有效的,其有效性就可在形式系统中得到证明,即形式化的逻辑系统为非形式的具体推理提供了有效性的保证。形式化方法在避免日常语言歧义性的同时,还能避免日常语言具体内容对推理人形成的干扰。使用形式语言能清晰地揭示推理关系和推理规则。

为了适应高等院校逻辑学基本理论的教学需要,我们根据近几年来的教学实践,编写了这本逻辑学入门教材,它可作为各有关专业的教学用书,包括但不限于哲学、管理学、经济学、语言学和教育学等专业。

本书内容分演绎逻辑理论和非演绎逻辑理论两部分。演绎逻辑理论包括传统词项逻辑、命题逻辑、一阶量化逻辑、模态逻辑基础及其发展等方面的内容;非演绎逻辑理论部分主要介绍以归纳推理为主的归纳逻辑理论。考虑到逻辑学不仅是为专业服务的基本理论,而且通过该课程的学习,可以培养学生的抽象思维和批判性思维能力,提升缜密概括能力和独立思考能力。因此,本书在介绍基本理论时力求严谨,进行推理时尽量详尽阐述,基于大量典型案例对逻辑理论的基本概念和思想进行解释和说明。

具体说来,本书的第一章是对逻辑学的研究目标、研究任务以及研究特点等进行概述。第二章和第三章是关于传统逻辑的介绍,传统逻辑的核心是亚里士多德的三段论,它以词项、周延性等概念为基础来分析推理的形式,进而分析推理的有效性。第四章和第五章是关于现代逻辑理论中最基本也是最核心的内容——命题逻辑的介绍。命题逻辑是以简单命题为基本单位的逻辑理论,它研究使用命题联接词的逻辑规律。第六章的内容属于一阶谓词逻辑。谓词逻辑又称量化逻辑,它不同于命题逻辑,它以命题逻辑为基础,将逻辑分析深入到简单命题的内部,对简单命题进行分析,分解成个体词、谓词、量词和联结词等成分,通过揭示简单命题的内部结构形式,来更加细致、更加严格地表示命题之间的推理。第七章和第八章介绍模态逻辑的基本理论和几个典型的模态逻辑系统,包括规范逻辑、时态逻辑、认知逻辑和自然语言逻辑等,拓展读者对现代逻辑的认识。模态逻辑是现代各种应用逻辑和逻辑应用的基础,在人工智能和逻辑哲学中有广泛应用,已经成为从事现代逻辑学习和研究的一门重要工具和方法。第九章主要是对传统归纳逻辑基本推理方法的介绍,以归纳推理为主要研究对象的归纳逻辑理论大致可分为传统归纳逻辑和现代归纳逻辑。传统归纳逻辑是指由培根创立,后经穆勒发展起来的归纳逻辑理论。第十章是对人们运用概念、做出判断、进行推理和论证时所必须遵守的最起码的三大思维准则——同一律、矛盾律、排中律的介绍。

每一章后都安排有思考题和练习题,希望读者能通过思考练习达到举一反三、触类旁通的学习效果。

全书各部分虽然划分为不同章节,但也可相对独立,进行并列讲授,如演绎逻辑理论和非演绎逻辑理论可分别在第一章绪论之后并列讲授,传统逻辑部分和现代逻辑部分并列讲授,如果考虑到教学课时数或其他课程安排,这些并列章节可任意选讲。

本书主要内容曾在西南大学和重庆大学做过多次讲授,全书各章节的审定都经过三位作者共同讨论、修改。但限于作者的水平,错误和疏漏在所难免,恳请使用者不吝指正。

编者

2018 年 3 月

# 目 录

## 第一章 绪 论 ····· 1
- 第一节 逻辑学的研究对象 ····· 1
- 第二节 逻辑学的研究特点 ····· 4
- 第三节 逻辑学的性质 ····· 6

## 第二章 词 项 ····· 9
- 第一节 词项概述 ····· 9
- 第二节 词项的种类 ····· 10
- 第三节 词项外延之间的关系 ····· 12

## 第三章 传统直言命题逻辑 ····· 18
- 第一节 命题概述 ····· 18
- 第二节 直言命题 ····· 20
- 第三节 直接推理 ····· 26
- 第四节 三段论 ····· 29

## 第四章 命题逻辑 ····· 41
- 第一节 复合命题概述 ····· 41
- 第二节 复合命题的几种基本形式 ····· 43
- 第三节 命题公式与真值函项 ····· 48
- 第四节 命题公式间的逻辑等值关系 ····· 53

## 第五章 命题逻辑演算 ····· 61
- 第一节 基本的有效推理式 ····· 61
- 第二节 推理有效性的形式证明 ····· 66
- 第三节 无效推理的证明 ····· 76

## 第六章　谓词逻辑 ········ 83
### 第一节　简单命题 ········ 83
### 第二节　谓词命题的形式化 ········ 92
### 第三节　谓词推理规则 ········ 98
### 第四节　无效谓词推理的判定 ········ 103

## 第七章　规范逻辑概述 ········ 109
### 第一节　模态命题 ········ 109
### 第二节　规范命题 ········ 114
### 第三节　规范推理 ········ 119

## 第八章　模态逻辑的其他发展 ········ 126
### 第一节　时态逻辑概述 ········ 126
### 第二节　认知逻辑概述 ········ 132
### 第三节　自然语言逻辑概述 ········ 135

## 第九章　传统归纳逻辑概述 ········ 155
### 第一节　归纳推理概述 ········ 155
### 第二节　完全归纳推理 ········ 157
### 第三节　不完全归纳推理 ········ 159
### 第四节　穆勒五法 ········ 163
### 第五节　类比推理 ········ 171

## 第十章　逻辑思维的基本规律 ········ 176
### 第一节　同一律 ········ 177
### 第二节　矛盾律 ········ 179
### 第三节　排中律 ········ 182

## 参考文献 ········ 188
## 后记 ········ 189

# 第一章 绪 论

在深入学习一个领域的知识之前,如果能够先行了解这个学科领域的研究对象、研究目标、研究方法及其特点等,我们相信对掌握和运用该学科领域的知识将起到事半功倍的效果。因此本章主要就逻辑学这门学科的研究对象、研究方法、逻辑学的性质等内容进行介绍。

## 第一节 逻辑学的研究对象

一般说来,逻辑学是研究推理和论证的学问。本节主要介绍什么是命题和推理,命题和推理与自然语言的区别和联系,以及推理的种类与逻辑学研究对象相关的一些基本概念。

### 一、逻辑学的含义

在讨论什么是逻辑,逻辑学以什么为研究对象等基本问题之前,我们首先对"逻辑"这个词的由来进行介绍,以便更好地理解后续的问题。

"逻辑"一词是通过对英语"Logic"音译的方法引入汉语的。在拉丁文、英文和德文中它分别是"logica""logic"和"logik"。而这些词又都来源于古希腊文的"$\lambda o \gamma o \varsigma$"(逻各斯),它具有思想、理性、规律、语言等多种含义。亚里士多德曾使用这个词来表示事物的定义或公式等。到了公元1世纪,学者们就用这个词来表示一门与论证辩论等许多问题相关的学问,而亚里士多德的三段论被看作这一学问的核心内容。

尽管"逻辑"是一个外来词,在我们日常运用中仍然表现为一个多义词。如在"极权主义者奉行的是强盗逻辑"中,它被用来表示一种理论、观点或看问题的方法;在"它的出现符合事物发展的逻辑"中,它被用来指客观事物发展变化的规律性;而在"这篇文章逻辑性强"中,它被用来指一些特殊规则和方法的运用。而本书是在逻辑学学科意义上使用"逻辑"一词的,因此,它指的是逻辑学这门学科。在介绍逻辑学理论之前,我们下面首先介绍逻辑学这门学科的研究对象,这是学习逻辑学首先需要了解的问题。

### 二、逻辑学的研究对象

一般说来,逻辑学是研究推理和论证的学问。然而,推理和论证广泛地渗透在人们的认知思维活动之中,逻辑学并不研究推理和论证的所有方面。逻辑学的研究目的是将有效的推理同无效的推理、可靠的论证同不可靠的论证区分开来。因此从狭义上讲,逻辑学是以推理的有效性及其根据为研究对象的。

有狭义就有广义。广义的逻辑学讨论如何保证论证的可靠性或正确性问题。一个论证是正确的,首先要求构成论证的推理是有效的。但是,仅仅是有效推理还不能保证论证正确,因为论证还涉及类比、假说、定义等科学方法论问题,论证还必须遵守的特殊规则,等等。因此,广义逻辑除了狭义逻辑的内容外,还要研究科学方法论等与论证可靠性相关的内容。

一个推理是有效的,那么在推理中,作为前提的语句真时作为结论的语句不可能假,不会出现前提真结论假的情况。论证则主要是由推理构成的。一个论证是可靠的首先要求构成论证的推理是有效推理。一个推理实际上是一个语句的集合,但是这并不意味着任意语句集合都可以表达一个推理。一个语句集合表达推理首先要求作为集合元素的语句必须表达的是命题。

命题是描述事件的,一个命题所描述的如果符合事实,它就是真的,如果不符合事实,它就是假的。因此,一个语句表达命题则它或者是真的或者是假的,无所谓真假的语句不表达命题。例如语句"窗户当时是开着的吗?"是一个疑问,它表达的是对某情况的疑问,无所谓真假,因此我们说它不表达命题。而语句"窗户当时是开着的。"是一个陈述句,它所陈述的若符合事实它就是真的,否则就是假的。因此该语句表达一个命题。一般来说,只有陈述句才有真假,因此只有陈述句表达命题。这就意味着一个推理首先是一个陈述句的集合。但是,我们不能由此就推论所有陈述句的集合都可以表达推理。如果一个陈述句集合表达推理,那么我们就可以把作为该集合元素的语句区分为两部分,即区分为前提和结论。凡是不能做出这种区分的语句集合就不是推理。如下是两个不同的陈述句集:

(1)所有狗都是动物;所有猫都不是狗;所以,所有猫都不是动物。

(2)所有狗都是动物;所有猫都不是狗;所有猫都不是动物。

这里的(1)表达一个推理,它的前两个语句是前提,因为它们都出现在语词"所以"前面,最后一个语句则是结论,因为它出现在语词"所以"的后面。就是说凡是表达推理的语句集合中一定包含有特殊的语词,如"所以""因为""因此"等等。根据这些语词我们区分出前提与结论。而(2)中没有这样的语词,它就仅仅是一个陈述句集合而不是一个推理。

可见,推理不仅是由命题构成的,并且在推理中还包含"所以""因为""因此"等特殊语词,根据这些语词我们可区分出推理中哪些命题是前提,哪些命题是结论。这些词描述了一种推导关系,即作为结论的命题是由前提推导出来的,结论是否为真或者说是否可靠依赖于前提。

因此,推理实际上描述的是作为前提的命题同作为结论的命题之间的一种逻辑关联性。那么前提和结论之间具有怎样的联系才能保证推理是正确的呢?要说明这个问题,我们就必须对推理的构成要素——命题进行分析。

命题作为人们能完整表达思想的最基本单位,是人们的所有思维活动和认识活动都必需的。而所有科学理论都表现为命题的集合。从这个意义上讲,各个学科的理论研究都是在分析命题。逻辑学对命题的分析研究与其他学科不同,它围绕着如何理解把握推理的有效性及其根据等问题来展开分析研究。它关注的是语言结构层面的东西,因为命题的结构特征决定了命题之间的逻辑关联,从而决定了推理前提与结论之间的逻辑联系。

而命题是由词项构成的。如命题"狗是动物"是由词项"狗"、"是"和"动物"构成的。它的形式结构及逻辑特征是与构成命题的词项本身的逻辑特征相关的。因此,分析这类命题的逻辑特征就必须从分析词项入手。

因此,从狭义上看,逻辑学以词项、命题和推理为研究内容。不过逻辑学并不研究词项、命题和推理的所有方面,它是围绕着分析把握推理的有效性及其根据来分析研究它们,逻辑学关心的只是那些与有效推理和正确论证相关的问题。

推理中作为前提的命题同作为结论的命题之间的逻辑关联性可分为演绎的和归纳的,相应的推理就分为演绎推理和归纳推理。前提真时结论必然为真的推理即为演绎推理,因此演绎推理也称作必然性推理。例如:

所有金属都是导电材料;

铜是金属;

所以,铜是导电材料。

如果这个推理的前提是真的,它的结论就不可能假,它的前提和结论之间具有必然逻辑联系,因此它是一个演绎有效的推理。从这个推理我们也看到,演绎有效推理之所以具有必然性,是因为它的前提蕴涵着结论,或者说结论是包含在前提中的。金属包含铜,金属导电必然蕴含铜导电。因此,我们把有效推理的结论称作前提的"逻辑的后承(logical consequence)"。

而归纳推理除了完全归纳推理以外,其结论都不为前提所蕴涵。归纳推理是以个别的或特殊的知识推出一般性知识的推理。因此,归纳推理是一种或然性推理,前提为真不能保证结论为真,前提只是给结论提供一定程度的支持。华罗庚(1963)在其著作《数学归纳法》中举的一个例子,很能说明归纳推理的特点。给一个很大的袋子让你从中每次摸一个球出来,第一次摸出来一个红色的玻璃球,第二次摸出来一个红色的玻璃球,一连五次每次都摸出一个红色的玻璃球时,你会猜想:"这个袋子是不是都是红色的玻璃球?"当你某次摸出一个白色的玻璃球,表明猜想错了。接着,可能会猜想:"是不是袋子里都是玻璃球?"这个猜想对不对,需要检验在你摸出全部球之前是否会摸到不是玻璃材质的球。如果没有,那猜想就是对的,否则就是错的。

以归纳推理为主要研究对象的归纳逻辑理论大致可分为传统归纳逻辑和现代归纳逻辑。传统归纳逻辑是由培根创立,后经穆勒发展起来的归纳逻辑理论;现代归纳逻辑是由凯恩斯创立,后经赖欣巴哈、卡尔纳普、科恩等发展起来的归纳逻辑理论。本书作为基础性的逻辑学教材,重点讨论演绎推理,介绍有效推理的规则。

## 第二节 逻辑学的研究特点

本节主要介绍逻辑学研究方法的最大特点是什么,以及为什么会有这样的特点。

### 一、逻辑学的研究方法

所有命题和推理都是借助语言载体表达出来的。然而命题和推理又不仅仅是语言形态的东西,二者除了语言形态的东西外,它们还有所表述。命题表述的是事件,推理则描述作为前提的语句与作为结论的语句之间的推导关系,或作为结论语句的可靠性对前提语句的依赖关系。由此可以看到,在表达形式上命题和推理都是具有特定结构的语言形式,但其表述的内容又完全不同于语言,甚至不依赖于句子主体。因此,命题和推理都可以从内容和形式两方面进行分析。

命题和推理的内容是指它们所具体表述的东西,而形式则是指它们所具有的特定的语言结构。以命题为例:

(1)如果今天下了雨,那么气温就会比昨天低。

(2)如果你年满18周岁,那么你拥有选举权和被选举权。

上述两个命题在内容上是完全不同的:(1)描述的是天气和温度的关系;(2)描述的是法律规定的人的社会权利。但在表达形式上,两个命题具有完全相同的结构,二者都是用联结词"如果……,那么……"构造成的,因而具有相同的形式。

对于如下推理:

(1)所有的蝉都是聋子

　　所有的猫都不是蝉
　　所有的猫都不是聋子

(2)所有的贪污都是犯罪行为

　　所有的抢劫都不是贪污
　　所有的抢劫都不是犯罪行为

从内容来看,(1)和(2)是两个完全不同的推理,因为它们的前提和结论所描述的是完全不同的两个事件,(1)是关于动物生理能力的推理;(2)则是关于人的行为规范的推理。但在形式上,两个推理是完全相同的。其形式可表示如下(其中长横线之上的命题为前提,长横线之下的命题为结论):

所有的 M 是 P

　　所有的 S 不是 M
　　所有的 S 不是 P

由此可见,命题或推理都有所述,因而必有内容。命题或推理的表达也必须以一定的语言为载体,因而必有形式。

从内容来看,在推理(1)中,两个前提为真,而结论也为真;在推理(2)中则是两个前提为真,而结论为假。显然,(2)是无效推理。至于(1)同(2)相比较,显然不同,因为它的前提和结论都是真的。但前提和结论都是真的推理就一定是有效推理吗？至少从内容上是无法确定的,也无法说明它同(1)在哪些方面是类似的,有什么共同之处。

但从形式来看,就能找出(1)和(2)的共同之处了。它们前提和结论的形式结构都相同,具有相同的形式结构,是同一形式结构的推理。因此,如果该推理形式是有效的,那么在该推理形式下的任何具体内容的推理都将是有效的；也就是说,如果该推理形式是无效推理形式,那么在该推理形式下的任何具体推理在形式逻辑看来都是无效的。(2)的显然无效说明该推理形式是无效的,那么(1)之结论为真与前提无必然的逻辑关联,因此(1)也是无效的。

至于命题,同样可以从内容和形式两方面进行分析。在形式上,构成命题的词项可区分为逻辑词项与非逻辑词项。前者指有确定逻辑含义的词项,也称"逻辑常项"。逻辑常项决定了命题的形式结构。

命题的真假可以通过同它所描述的事实符合与否来判定,但是,不是所有的命题的真假都同命题的内容相关。有一类命题,其真假取决于命题中的逻辑常项,而与命题的内容无关。例如下面两个命题：

(1)窗户当时是开着的,或者窗户当时不是开着的。
(2)窗户当时是开着的,并且窗户当时又不是开着的。

无论事实上窗户当时是否是开着的,(1)总是为真的命题；(2)则总是为假的命题。显然,这两个命题与事实无关。为什么会这样？这是因为构成(1)和(2)的支命题虽然相同,但其逻辑常项却不相同：一个是"或者",一个是"并且"。"或者"的逻辑含义是：只要有一个支命题为真,则复合命题为真。所以(1)恒为真。"并且"的逻辑含义是：所有的支命题为真,则复合命题为真。因此(2)恒为假。由逻辑形式决定其为真的命题称为永真式,也就是说,永真式是在任何情况下都为真的命题。但是,这样的命题并不告诉人们任何经验信息,在逻辑上,它只是一种同语反复,因此,它被称为"重言式",逻辑上,我们也称之为逻辑真理。同样,由逻辑形式决定其恒为假的命题叫作永假式,又称为逻辑谬误。

如果说科学研究的目的在于对真理的研究和探索,那么逻辑学也不例外。因为在后面的学习中,我们将会看到,任何一个有效的推理都表现为一个逻辑真理。

逻辑学研究方法的最大特点就是它只研究命题、推理的形式,不研究其内容。进而,逻辑学研究的基本内容就是分析各种逻辑词项的特征。甚至可以这样说,在命题和推理中凡是不能用逻辑词项给予定义和描述的,都不在逻辑学的研究范围之内。

总的说来,逻辑学研究的是推理的有效性和论证正确性,其研究目的是将有效推理与无效推理,正确论证与错误论证区分开来。而一个推理是否有效,其结论是否为前提的逻辑后承,是由推理的形式决定的,与推理内容无关。

## 二、逻辑学的研究特点

既然逻辑真理只同逻辑词项相关,推理的有效无效是由逻辑词项所描述的推理形式决定的。因此，逻辑学研究方法的特点在于，它只研究推理、命题的形式，不研究其内容。逻辑理论研究的基本内容就是分析各种逻辑词项的特征，我们甚至可以进一步推论，在推理和命题中凡是不能用逻辑词项定义分析的东西都不在逻辑学研究范围之内。这就决定了逻辑学研究总是要抽取掉命题推理的具体内容而从它的形式结构上进行研究。

因此，逻辑学研究的特点就是运用形式化的方法。所谓形式化方法就是用一套特定的符号来表示词项、命题和推理，将对词项、命题和推理的形式研究转变成对这些抽象符号的研究。具体包括两个方面的形式化：首先对自然语言进行符号化，抽象为一种形式语言，运用形式语言的初始符号和公式的形成规则，对自然语言刻画的命题用这一套符号体系刻画出来；然后对推理关系进行刻画。

传统逻辑的核心是亚里士多德的三段论，它以词项或概念为基础来分析推理的形式，进而分析推理的有效性。传统三段论逻辑虽然还不是真正的形式化逻辑，它所分析的有效推理的适用范围也是有限的，但它已经明确地说明逻辑学研究的重心是推理的形式。

现代逻辑则充分体现了逻辑研究的形式化特征。现代逻辑在形式语言的基础上建立逻辑演算，从而能够对逻辑概念进行系统、全面的分析，以分析研究各类推理的有效性及其根据。因此现代逻辑研究的总是一个个形式化的系统。形式系统与非形式推理论证的关系在于：一个非形式的具体推理或论证只要是有效的，其有效性就可在形式系统中得到证明，即形式化的逻辑系统为非形式的具体推理提供了有效性的保证。

形式化方法在避免日常语言歧义性的同时，还能避免日常语言具体内容对推理人形成的干扰。使用形式语言能清晰地揭示推理关系和推理规则。

## 第三节　逻辑学的性质

逻辑学是研究形式的科学，因为它研究的是与推理和命题的具体内容无关的形式化的东西，但在科学理论知识的建构中发挥着非常重要的作用。

首先，逻辑是我们日常思维实际的上限和下限。尽管我们在各种创作中，总是在充分地发挥想象努力使得思维不断超越现实，在小说创作、科学幻想甚至神话故事中可以无视事实，甚至否定事实真理，但是，思维还必须遵守逻辑真理描述的推理规则，体现合理的推演关系。至少，我们的思维必须有个界限，即思维绝不能导致逻辑谬误，不能自相矛盾，自己否定自己。

其次，逻辑提供了科学检验的方法和工具。如果说科学理论的目的是探索描述有关外在世界的真理，毫无疑问科学理论依赖于经验。根据经验来检验命题是否符合事实。但是根据已有的知识或已经被经验验证为真的命题，如何推知其他命题的真假？分析和寻求正确的判定方法或许比研究真理本身更重要。因为我们不可能对任何问题都通过体验获得结论，我们实际获得的经验知识是有限的。而判定方法及其可行性往往可以通过逻辑的规则得到，因此我们说逻辑为科学检验提供了有效的工具和方法。

逻辑学的研究对象和方法决定了它具有以下性质。

首先,逻辑学是普适的。尽管人类的语言、信仰、种族、文化、地位、教养等均有不同或不尽相同,但却具有相同的理性思维,这决定了思维形式及其规律的共同性。人类成员生活在同一个地球,这就需要交流思想,进行正常的社会交际,必须运用共同的逻辑形式与方法,遵守共同的逻辑规则、原则。因此,逻辑学成为适合全人类的共同工具。逻辑学作为认识的工具和方法,没有阶级性与民族性,具有普适性。

其次,逻辑学是基础性的。无论从何种角度研究事物对象,构建学科理论,也不论用什么语言表述理论,撰写著述,都离不开对共同的思维形式即概念、判断、推理的运用,都不能违反逻辑的规则、规律,从这种意义上说,任何科学都应用逻辑。逻辑学的研究对象,决定了它在众多学科中具有基础性质,是其他任何学科的基础。

再次,逻辑学具有工具性质。这是由它的研究对象和研究特点决定的。这种超乎学科内容的形式理论,为人们学习、掌握其他学科提供了有力工具,也为人们正确表述思想、驳斥谬误提供了有力工具。所有的科学理论都表现为语句的集合。我们可以将作为科学理论构成要素的语句分为两大类:一类是描述经验事实的语句,我们称之为综合命题。综合命题的特点是其真假由命题描述的经验内容决定,如果一个综合命题描述的符合事实,它就是真的,否则就是假的。与综合命题相对应的是分析命题,与综合命题不同,我们只需要分析构成命题的语词意义就能判定命题的真假,而无须考虑经验事实。所有的逻辑真理都是分析命题,定义也是分析命题。

在科学理论中,综合命题与分析命题有不同的功能。尽管综合命题来源于经验并传达经验信息,但如果仅仅有综合命题,那么即使所有命题都是真的,我们得到的仅仅是一个事实真理的集合,它只告诉我们什么是真的,但不能说明为什么是真的。因此当我们对其真实性有怀疑时不能期望从这些命题获得可靠的解释。不仅如此,综合命题描述的是与过去经验相关的东西,由综合命题我们不能获得有关将来的预言以及对无法观察事件的推测。而解释和预测是科学理论的基本功能,这意味仅有综合命题是不能构成科学的理论的。

分析命题则不同,虽然分析性命题的真假不依赖于经验,特别是逻辑真理不传达任何有关经验的信息,但是它们或者表达的是定义,或者表达的是有效推演规则。定义在理论中的重要性是不言而喻的,它提供了理论所需要的基本概念。而当综合命题被纳入有效推理框架之中,就保证了前提真时结论必真,这是获取可靠解释进行科学预测的基本前提。因此,分析命题提供了理论解释和推演的框架。只有当分析命题同综合命题相结合才能构成理论,才能使理论具有科学的含义。

## 》 本章小结

逻辑学的研究目的是将有效的推理同无效的推理、可靠的论证同不可靠论证区分开来。因此从狭义上讲,逻辑学是以推理的有效性及其根据为研究对象的。逻辑学研究方法的最大特点就是它只研究命题、推理的形式,不研究其内容。一个推理是否有效,其结论是否是前提的逻辑后承,是由推理的形式决定的,与推理内容无关。

## 思考题

一、根据逻辑学研究的特点,思考该如何学习逻辑学。

二、学习逻辑学有助于培养和提高学习者哪些方面的能力?

三、怎样理解逻辑学与其他学科的关系?

## 练习题

一、下列命题中,哪些具有共同的形式?并请试着写出它们的形式。

1. 所有真知都是来源于实践的。

2. 只有水量合适,水稻才能丰收。

3. 要么你去,要么我去。

4. 所有交通事故都是违章造成的。

5. 要么去游泳,要么去爬山。

6. 只有充分发挥知识分子在社会主义建设中的积极作用,我国的现代化才能实现。

二、找出下面两个推理的共同形式,试着判断它们是否为有效推理。

1. 所有金属是导电的;

所有橡胶不是金属;

所以,所有橡胶不是导电的。

2. 所有贪污是犯罪行为;

所有抢劫不是贪污;

所以,所有抢劫不是犯罪行为。

三、以下推理的结论是否能必然得出?

1. 牵牛花是在黎明四时左右开花,野蔷薇是在黎明五时左右开花,龙葵花是在清晨六时左右开花,芍药花是在清晨七时左右开花,鹅掌花是在中午十二点左右开花,所以所有花都不是在下午盛开的。

2. 硝酸钠能溶解于水,硝酸钾能溶解于水,硝酸钙能溶解于水,硝酸铵能溶解于水,硝酸钠、硝酸钾、硝酸钙和硝酸铵是硝石的全部,所以,所有的硝石都能溶解于水。

# 第二章 词项

传统词项逻辑的核心内容是古希腊逻辑学家亚里士多德创立的三段论。三段论是由三个直言命题构成的推理形式，而构成直言命题的基本要素是词项。本章分别介绍词项的逻辑特征、词项的种类以及词项外延之间的关系。通过本章的学习我们将对词项有较准确的把握，这也是研究传统词项逻辑的基础。

## 第一节 词项概述

在传统词项逻辑中，词项主要是指直言命题中的主项和谓项。本节介绍词项的逻辑特征和它与语词等的区别和联系。

### 一、什么是词项

传统逻辑认为，词项是通过揭示对象特有属性来指称和表达对象的思想。它的逻辑特征在于：词项都有外延和内涵。

词项所指称和表达的对象是词项的外延。任何词项都是有所指的，词项所指称和表达的东西就是词项的外延。而一个词项之所以能指称代表一个对象，是因为词项包含着揭示对象的特有属性的思想，这种反映对象特有属性的思想就是词项的内涵。

例如，词项"人"的外延就是它所指称的一个一个的生物学意义上的具体的人。古往今来的人无穷无尽，词项"人"可以指称代表它们中的任何一个，因此，所有这些人都是词项"人"的外延。"人"这一词项的内涵就是反映人的特有属性的思想。如"能够制造和使用工具的动物"是人的特有属性，"能思维，有语言的动物"也是人的特有属性，因此反映这些属性的思想都是词项"人"的内涵。

显然，任何词项都是有所指称的，因此任何词项都有外延。而词项之所以能指称表达一个对象，是因为它揭示了对象的特有属性，使我们能够通过把握特有属性而把握对象，因此任何词项都有内涵。没有外延即不指称表达什么对象，那么就无所谓词项；而没有内涵则不可能指称表达对象，因为无法确定所指称的是什么。因此，任何词项都必有外延和内涵。

词项的外延是唯一的并且确定的。而词项的内涵则是多层次、多方面的。例如，词项"人"的外延是一个类，即由古往今来所有的人构成的类，这是非常确定的，而它的内涵则是多层次多方面的,因为人具有多方面多层次的特有属性。"能够制造和使用工具的动物"、"能思维,有语言的动物"、"能直立行走,没有羽毛的动物",等等,这些都是词项"人"的内涵。

正由于词项既有外延又有内涵,把握一个词项既要把握它的所指,即把握词项的外延,同时还要把握词项所指称对象的特有属性,即把握词项的内涵。

最后还需指出的是,词项的内涵是多层次和多方面的,究竟把握了词项的哪方面内涵才算把握了词项,这要由具体条件决定。这意味着词项的内涵具有某种不确定性。然而词项的外延却是唯一的和确定的,它不因条件或情况的变化而改变。因此,逻辑学关注的是外延。逻辑学对词项的分析一般是以其外延为基础的。

### 二、词项与语词、概念的关系

任何词项都是用语词来表达的。词项以语词为载体,没有语词也就没有词项。然而我们不能因此就说词项就是语词,因为词项与语词有根本的区别。

首先,词项是指称和表达对象的思想。语词是一种符号,语词只有表达词项才有意义,就是说,词项是语词的含义。其次,语词与词项之间也不存在一一对应关系。如虚词"啊"、"吗""呢"等是不能表达词项的。而有的语词可以表达不同的词项,如"杜鹃"既是鸟名,又是植物名,是一个多义词。同一个词项有时可以由多个语词表示,如"母亲"、"妈妈"、"娘"等不同语词是同义的,它们表达的是同一个词项。

在日常社会中,究竟把握了对象的哪些特有属性才算正确把握了词项的内涵,这是由语境决定的。因此,只要我们所把握的对象属性能够将其同其他对象区分开来就行了。由于在不同语境中需要把握的对象的特有属性是不同的,因此我们所理解的词项其内涵是多层次多方面的。

然而在科学理论研究中情况有所不同。一个理论往往是从某个特定的方面分析研究对象,它必须抽象掉对象的其他属性才能将研究深入下去。因此,在理论研究中,词项指称的是具有某种特定属性的对象,这样理解的词项不仅外延,而且内涵也是唯一的和确定的。这种相对于特定理论而言的词项就是概念。因此,概念不同于词项,概念的外延和内涵都是唯一的和确定的。

概念还有一个特殊的地方是概念的内涵是通过定义规定的。每个理论都对本理论中概念所指称对象的特有属性做出规定,我们通过这种属性去识别概念所指称的对象。即通过把握概念的内涵去识别把握其外延。

## 第二节 词项的种类

根据不同的划分标准,词项可以分为不同的种类。本节介绍三种不同分类标准下词项的特点。

## 一、单独词项和普遍词项

根据词项所指称的是单独一个特定对象,还是由若干个对象构成的类,我们把词项分为单独词项和普遍词项两个类。

单独词项是其外延只有单独一个对象的词项。单独词项一般是由专名或者限定摹状词表达的。专名是为某个体所独自使用的名称词,其外延当然只有唯一的一个个体。例如下列专有名词:

鲁迅

纽约时代广场

珠穆朗玛峰

2018 年 1 月 12 日

这些词项所指称的都是一个特定对象,它们的外延都只有单独一个特定的个体,因而都是单独词项。

限定摹状词则是由普通名词构成的词组,它通过描述某个特定对象的特征来指称这个对象,它的外延也只有唯一一个对象。例如:

世界上最高的山峰

最小的偶数

中华人民共和国第一任国家总理

普遍词项是指其外延有两个及两个以上对象的词项。例如:

花朵

水果

山峰

手机

这些词项所指称的都有多个对象,它们的外延都有许多的对象,因而都是普遍词项。

## 二、集合词项与非集合词项

根据词项所指称的是否为集合体,我们可以把词项分为集合词项与非集合词项两大类。集合词项的内涵是一类对象构成的集合体的整体属性,集合词项所指称对象是集合体。而非集合词项的内涵是可以以一类对象的每个元素的属性来表达的,非集合词项是指所指称对象不是集合体的词项。

一个词项是否为集合词项是由语境决定的,一个孤立的词项无法区分其究竟是集合词项还是非集合词项。语境不同,词项的指称就有所不同。我们判定一个词项是否为集合词项,就是看它是否指称一个集合体,而集合体的特征在于构成整体的分子不具有整体的属性。

例如下列两组例子中,第一次出现均是集合词项,第二次出现均为非集合词项:

(1)**鲁迅的著作**不是一天能读完的。

《祝福》是**鲁迅的著作**。

(2)**学生**来自全国各地。

**学生**要认真学习。

(3)地球上的**森林**面积在不断减少。

地球上的**森林**是人类的宝贵资源。

### 三、实词项与虚词项

根据词项所指称的对象是否客观存在,我们把词项分为实词项和虚词项两大类。所指称对象客观存在的词项是实词项。所指称的对象客观上不存在,词项是虚词项。例如:

动物

沙漠

鲁迅

神仙

仙山

孙悟空

上述词项中,前三个是实词项,后三个是虚词项。

## 第三节 词项外延之间的关系

理解和把握词项之间的关系是理解把握传统直言命题逻辑性质的一个基础,本节介绍词项外延间的关系。词项的外延是词项所指称和表达的对象。对词项间外延关系的区分是依据词项所指称的对象是否相同,以及有多少相同等进行的分类。如果两个词项所指称的对象有相同的,我们就称两个词项的外延有重合。如果两个词项外延有重合,则称两个词项之间有相容关系。显然,两个词项外延不重合则是指两个词项指称表达的是完全不同的对象。如果两个词项的外延完全不重合,则称两个词项之间是不相容关系。两个词项之间要么有相容关系,要么有不相容关系。

### 一、相容关系

两个词项有相容关系是指两个词项的外延至少有一部分是重合的。依据外延重合多少,可以把相容关系又分为三类,即全同关系、属种关系和交叉关系。

(一)全同关系

全同关系又称为同一关系,两个词项有同一关系是指两个词项的外延完全重合,即两个词

项指称的是相同的对象。如下几组词项,每组中的 A、B 两个词项之间都有同一关系:

(1) A  世界上幅员最大的国家
    B  俄罗斯
(2) A  等边三角形
    B  等角三角形

显然,每组中的 A、B 两个词项指称的是同一个对象,它们的外延完全重合,因此两个词项之间具有同一关系。

借用瑞士数学家欧拉(Leonhard Euler,1707—1783)的做法,用一个圈代表一个词项的外延,那么 A、B 两个词项具有全同关系可用如下欧拉图表示:

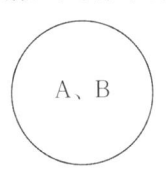

两个词项具有同一关系只意味着两个词项的外延相同,并不是说它们也有相同内涵。例如"等边三角形"与"等角三角形"就是两个内涵完全不同的词项。"等边三角形"选取的内涵是"三角形的三条边相等","等角三角形"选取的内涵是"三角形的三个角相等"。

(二)属种关系

两个词项之间具有属种关系是指:一个词项的外延全部包含在另一个词项外延之中,并且只是另一个词项外延的一部分。

显然,具有属种关系的两个词项中一定有一个的外延大,一个的外延小。我们把外延大的词项叫作属词项,外延小的词项叫作种词项。

属种关系又分为两类。

1. 真包含于关系

真包含于关系是种词项相对于属词项的关系,显然种真包含于属。如下几组词项中,A 相对于 B 有 A 真包含于 B 的关系:

(1) A  玉米
    B  农作物
(2) A  森林
    B  自然资源

显然,上述各组中,A 词项的外延是且只是 B 词项外延的一部分,因此 A 与 B 之间具有 A 真包含于 B 的关系。

用欧拉图表示词项 A 与 B 之间的真包含于关系,即

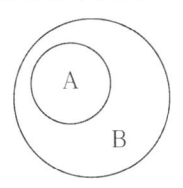

## 2.真包含关系

真包含关系是属词项相对于种词项的关系。属真包含种。如下几组词项中,A 相对于 B 有 A 真包含 B 的关系:

(1) A  违法行为
    B  偷窃行为
(2) A  哺乳动物
    B  狗

用欧拉图表示词项 A 与 B 之间的真包含关系,即

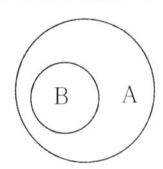

### (三)交叉关系

两个词项有交叉关系是指两个词项的外延相互有且只有部分重合。如下两组词项中,A 与 B 具有交叉关系:

(1) A  教师
    B  科学家
(2) A  男性
    B  律师

用欧拉图表示词项 A 与 B 之间的交叉关系,即

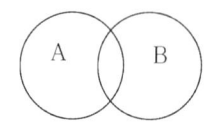

## 二、不相容关系

不相容关系又称全异关系。如果两个词项所指称的是完全不同的对象,那么两个词项之间具有不相容关系。如下几组词项中,A 与 B 具有全异关系:

(1) A  动物
    B  植物
(2) A  有效合同
    B  非有效合同

上述 A 与 B 指称的对象完全不同,即它们的外延完全不重合。因此,A 与 B 之间具有全异关系。

用欧拉图表示词项 A 与 B 之间的全异关系,即

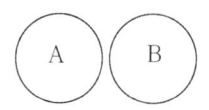

全异关系中有两种特殊情况,即反对关系和矛盾关系。

1. 反对关系

具有全异关系的两个词项,如果它们有共同的属词项,但它们的外延之和小于其属词项,我们就称这两个词项间具有反对关系。

如下两组词项中,A 与 B 之间具有反对关系:

(1) A  粉色
    B  绿色

(2) A  抢劫行为
    B  杀人行为

上述第(1)组中词项有共同的属词项"颜色",而它们的外延之和小于"颜色",因为除了粉色和绿色外还有许多其他种颜色。第(2)组中的词项则有共同属词项"犯罪行为",并且它们的外延之和小于属词项。因此它们之间具有反对关系。

用欧拉图描述词项 A 与 B 之间的反对关系,即

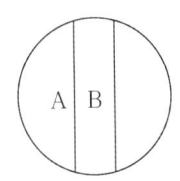

2. 矛盾关系

具有全异关系的两个词项,如果它们有共同的属词项,并且它们的外延之和等于其属词项,我们就称这两个词项间具有矛盾关系。

如下几组词项中,A 与 B 之间具有矛盾关系:

(1) A  合法行为
    B  非法行为

(2) A  生物
    B  非生物

上述第 1 组中词项"合法行为"与"非法行为"有共同的属词项"行为",并且它们的外延之和等于"行为"。"生物"与"非生物"之间的关系也是如此。因此,它们两两之间具有矛盾关系。我们用 $B=\overline{A}$ 表示词项 A 和 B 互为矛盾词项。

用欧拉图描述词项 A 与 B 之间的矛盾关系,即

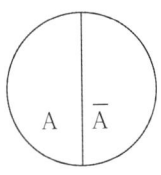

需要指出的是,反对关系与矛盾关系只是全异关系中的两种特殊情况。只有对那些具有共同属的词项,我们才能说它们之间若不具有反对关系,那就具有矛盾关系。对于两个毫不相干的词项,如词项"北京"与"植物",我们只能说它们之间是全异关系,因为它们各自指称完全

不同的对象,即两个词项的外延完全不重合。

综上所述,我们把词项之间的关系分为相容和不相容两大类,具体划分为同一关系、包含于关系、包含关系、交叉关系和全异关系五种。对于任意两个词项而言,它们之间的关系必须是,并且也只有是这五种关系中的一种。不存在这样的两个词项,它们之间不具有这五种关系中的任何一种;并且也不存在这样的两个词项,它们之间同时具有五种关系中的至少两种。

我们只讨论了两个词项之间的关系。其实无论有多少个词项,若分析它们外延之间的关系,都必须并且也只能两两比较才能确定。例如下面四个词项:

A　廉价商品
B　劣质商品
C　高价商品
D　优质商品

用欧拉图表示这四个词项之间的关系:

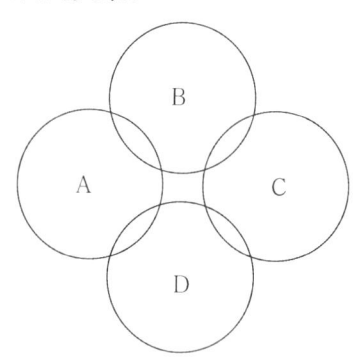

## 本章小结

词项是通过揭示对象特有属性来指称和表达对象的思想。词项所指称和表达的对象是词项的外延。任何词项都是有所指的,词项所指称和表达的东西就是词项的外延。而一个词项之所以能指称代表一个对象,是因为词项包含着揭示对象的特有属性的思想,这种反映对象特有属性的思想就是词项的内涵。

对词项间外延关系的区分是依据词项所指称的对象是否相同,以及有多少相同等进行的分类。词项之间的关系分为相容和不相容两大类,具体划分为同一关系、包含于关系、包含关系、交叉关系和全异关系五种。对于任意两个词项而言,它们之间的关系必须是,并且也只有是这五种关系中的一种。不存在这样的两个词项,它们之间不具有这五种关系中的任何一种;并且也不存在这样的两个词项,它们之间同时具有五种关系中的至少两种。

## 思考题

一、什么是词项？词项与语词的关系如何？

二、词项的逻辑特征是什么？

三、怎样理解相容关系和不相容关系？

四、如何区分单独词项与普遍词项、集合词项与非集合词项？

## 练习题

一、根据词项分类的标准，指出下列语句中加有括号的词项属于哪些种类：

1.（张三）死都不怕，奈何以死惧之。

2.（重庆）是美丽的（山城）。

3.（无机物）是不含碳的化合物。

4.（青年人）一定能完成历史赋予的使命。

5.（不相容关系）就是全异关系。

二、用欧拉图表示下列语句中括号内词项间的关系：

1.（自行车）是（非机动车），（摩托车）是（机动车），虽然它的大多数也是（两轮车）。当然，在公路上行驶的还有其他的（车）。

2.这次展出的有（油画）、（版画）等。它们中有些是（风景画），有些是（人物画）。

三、指出下列词项间的外延关系，并用欧拉图表示：

1.学生、学校、学生会

2.价廉、物美、高价、劣质

3.方形、方桌、桌子

4.动物、哺乳动物、非哺乳动物

# 第三章 传统直言命题逻辑

传统直言命题逻辑又称作词项逻辑。本章将明确什么是命题及命题的逻辑特征,明确传统直言命题的逻辑结构及 A、E、I 和 O 四种命题的形式特征,它们的周延性问题,相互间的对当关系。以此为基础分析直接推理和三段论。三段论推理是传统直言命题逻辑的核心。

## 第一节 命题概述

命题是描述事件的,同时也要借助一定的语言来表达。那么具体说来,命题有哪些逻辑特征?其与语句等语言形式又有什么联系和区别?本节围绕这些问题展开介绍。

### 一、什么是命题

词项是构成命题的要素,但是具有完整意义的最基本表达单位是命题而不是词项。

命题是描述事件的,这就有一个命题所描述的事件与事实相不相符合的问题。如果一个命题所描述的事件事实上存在,即事件确实发生,那么命题的描述符合事实,这个命题就是真的,例如"所有人是动物"。一个命题所描述的事件如果不符合事实,那么该命题就是假的,例如"有人不是动物"就是一个假命题。真实是不以人的意志为转移的,因此命题的真假标准是客观的,独立于人的主观意志而存在。

任意一个命题它要么是真的,要么是假的。无所谓真假的思想不是命题。例如,词项就不是命题。尽管词项有虚词项和实词项的区分,虚词项指称的对象在客观现实中不存在,但虚词项本身无所谓真假。包含虚词项的命题可以是真命题,如"世界上没有鬼神";包含实词项的命题可以是假命题,如"所有天鹅是液体"。

一个命题是真的,那么它的描述符合事实;一个命题是假的,那么它的描述不符合事实。一个命题的描述不可能既符合又不符合事实。这决定了一个命题是真的,它就不可能是假的;一个命题是假的,它就不可能是真的。不存在那种既真又假的命题。

一个命题要么是真的,要么是假的,这就是命题的逻辑特征。我们把真假叫作命题的逻辑值,或简称为命题真值(truth value)。真命题就是其逻辑值为真的命题,假命题是其值为假的命题。

## 二、命题和语句、判断的关系

### (一)命题与语句的关系

同词项一样,命题也是以语言为载体的。与词项不同的是命题依存于语句而不是语词。命题的存在和表达都要借助于语句。可以这样说,没有语句也就没有命题。因此命题与语句是密切相关的。

我们强调命题依存于语句,但不能因此就断定命题就是语句。命题和语句还是有区别的。这些区别表现在以下几个方面。

(1)命题是描述事件的语句所表达的思想内容,属于思维的范畴。而语句则是一种符号,它写出来是一组笔画,说出来是一种声音。如果不考虑语句被运用时所表达的具体内容,语句就只是一种物质性的东西。

(2)并非所有语句都直接表达命题。命题是同事件相关的,它具有要么真要么假的逻辑特征。因此,任何直接表达命题的语句都必须对事件有所描述,能够表达出或真或假的特征。显然,并不是所有语句都具有这样的功能。我们看下列语句:

A. 地球是行星。
B. 地球是行星吗?
C. 大家都要爱护地球!

这里语句 A 作为陈述句,描述了地球是行星的客观情况。这个描述是符合事实的,因此它是一个真的陈述句,语句 A 有所描述并且可区分真假,它表达了命题。语句 B 是疑问句,它仅仅提出问题。语句 C 是祈使句,它表达一种要求、愿望。这两类语句都没有直接描述事件,也就无所谓真假,因此它们不表达命题。一般来说,只有陈述句才直接表达命题。

(3)即使是陈述句,它与命题之间也没有一一对应的关系。同一个命题可以有不同的语句表达形式。这表现在不同的民族语言对同一个命题的表达是不同的,并且在同一民族语言中对同一命题的表达形式也是多样化的。

不仅同一命题可以用不同的语句表达,同一个语句还可以表达不同的命题。例如"满山遍野都是杜鹃"这个语句既可看作对花的描述,也可以看作对鸟的描述。这是由语言的多义性导致的。又如"一个学生画展开幕了"既可表达以某特定学生为作者的画展开幕这一事件,又可表达某个以学生(不止一位)为作者的画展开幕了这样的不同事件。这是由语句结构的歧义性导致的。

### (二)命题与判断

判断不同于命题。判断与命题的区别主要表现在这样两个方面。

(1)命题是描述事件的,相对于一个事件只有一个命题。从这个意义上讲,虽然命题是思想性的东西,但由于它所描述的事件是客观的因而它具有客观性。判断则不同,判断是人们对某种情况做出的断定。人们只有对事物情况有所认识才能做断定,因此判断是依赖于主体的认识。对于同一事件，人们基于不同的立场或价值观念，可以做出不同的断定。即使是对同一断定者来说，随着认识的发展或变化，也可能对同一命题做出不同的断定。

（2）一个描述事件的思想如果被人们所断定，它就成了判断，由此我们可以说所有判断都是被断定了的命题。而一个命题是否能成为一个判断，依赖于人们对它是否有所断定。例如，"火星上有生物存在"这个语句所表达的就仅仅是一个命题，因为现代科学技术的局限使我们还无法对它做出断定。显然，我们总是在一定理论背景下才能对一个命题做出断定。因此判断总是相对于一定理论或观点而言的。所谓科学判断就是已被科学理论断定为真（假）的命题。

判断与命题一样，也是或者为真，或者为假的。如果断定符合客观事实，判断为真；如果断定不符合客观事物，则判断为假。判断的真假是有客观标准的，不依赖于断定者的主观意志。

## 第二节　直言命题

本节介绍直言命题的逻辑结构、直言命题的分类、直言命题中词项的周延性以及对当关系推理等。

### 一、直言命题及其逻辑结构

直言命题是表达事物具有或不具有某种性质的命题。如"所有天鹅是黑色的"就是描述天鹅这类事物都有黑色的性质。类似的直言命题还有很多，例如：

(1) 所有的蝉都是听不见声音的。
(2) 有的植物是吃昆虫的。
(3) 所有的选举人都不是未成年人。
(4) 有的干部不是选举产生的。

由上述命题可见，直言命题一般有四个组成部分：主项、谓项、量项和联项。

主项是直言命题中指称代表事物对象的词项。在上例中，"天鹅"、"蝉"、"植物"、"选举人"和"干部"均是各直言命题中的主项。

谓项是命题中指称代表对象所具有或不具有的性质的词项。在上例中，"黑色的"、"吃昆虫的"、"未成年人"和"选举产生的"在各直言命题中均为谓项。

量项是表达主项外延数量的词项。量项有全称量项和特称量项两种。全称量项一般用语词"所有"、"每一个"、"凡"等表示；特称量项一般用"有"、"有些"表示。

联项是表达主项与谓项之间逻辑关系的词项。联项有肯定的与否定的两种。肯定联项一般用语词"是"表示，否定联项一般用语词"不是"表示。

在直言命题的这四个组成部分中，量项和联项的逻辑含义是确定的。如果一个直言命题的量项是全称的，说明命题表达了主项全部外延，如果量词是特称的，命题则只表达了主项的部分外延。

联项肯定则说明命题的主项和谓项之间是相容关系,就是说主项所指称的对象与具有谓项指称属性的对象至少有部分是相同的,即主项指称的对象具有谓项表达的属性。如果命题的联项是否定的,说明主项和谓项之间具有不相容关系,即主项指称的对象不具有谓项指称的性质。

逻辑含义确定的词项被称作逻辑常项。因此,直言命题的量项和联项是逻辑常项。

与量项和联项不同,主项和谓项的逻辑含义不确定。因为在直言命题中,主项和谓项可以是任意词项,我们不能确切地规定主项和谓项只能代表哪个或哪几个具体词项。逻辑含义不确定的词项被称作逻辑变项。因此,主项和谓项是变项,分别用 S 和 P 表示。

虽然就主项 S 和谓项 P 究竟代表哪个具体词项来说它们的含义是不确定的,但它们必须代表并且也只能代表词项这一点却是很确定的。因此,我们是以词项为定义域来说 S 和 P 是逻辑变项,它们代表的是任意词项,而不是其他什么东西。

任何一个直言命题都由主项、谓项、量项和联项四部分构成。由此,我们说,任何直言命题都具有如下形式结构:

(全称或特称)量项+主项(S)+(肯定或否定)联项+谓项(P)
所有(有)S 是(不是)P

当我们将这个命题形式中的 S 和 P 都代之以具体词项时,我们就得到一个具体的直言命题。例如,当量项特称,联项否定时,若将"S"代之以"科学家","P"代之以"文学家",我们就得到具体命题"有科学家不是文学家"。

## 二、直言命题的种类

在直言命题的逻辑形式中,只有量项和联项的含义是确定的,依据它们的不同,可将直言命题分为不同的种类。

### (一)全称命题和特称命题

全称命题与特称命题的区分是由量项决定的。量项为全称的直言命题是全称命题,量项为特称的则是特称命题。

量项是对主项外延量的描述。全称量项描述了主项的全部外延,全称命题则描述的是主项所指称的全部对象都具有(或不具有)谓项所指称的属性。如下命题都是全称命题:

(1)所有的蝉都是听不见声音的。
(2)所有企业法人都不是自然人。

如果一个直言命题的量项只描述了主项的部分外延,这个量项就是特称的。我们称这样的命题是特称命题。如下命题都是特称命题:

(1)有的课程是选修课。
(2)有些水生动物不用鳃呼吸。

特称命题的量项"有的"或"有些"在对主项外延量的描述上具有不确定性。"有的"或"有些"的含义是"至少有一个"。至少有一个并不排除可能全部的情况。

正因为特称量项对主项外延量的描述不确定,由"有 S 是 P"推不出"有 S 不是 P"。

有些人习惯地认为"有"可以表达"只有一部分"的含义。这种看法并不正确,"至少有一部分"与"只有一部分"在表意上有很大区别,没有特殊的语言背景,"有"不能表达"只有一部分"的含义。

在全称命题和特称命题中,主项都应该是普遍词项。因为只有当一个词项的外延有多个分子时,我们才能说其全部或部分。如果主项是单独词项,它指称某个特定的个体,我们要对其区分部分或全部是没有意义的,因此,量项对于它不起作用。这种主项是单独词项的命题我们称之为单称命题。例如:

(1)鲁迅是《祝福》的作者。

(2)关羽不是曹操的部下。

都是单称命题。

在传统逻辑看来,单称命题主项的外延是一个特定对象,单称命题对这个对象情况的描述就是对主项全部外延情况的描述,因此,可以把单称命题归入全称命题的范围内。就是说,在传统逻辑理论中,全称命题既包括量项全称的命题,又包括单称命题。在传统逻辑理论中,没有对单称命题的专门讨论。

其实,全称命题和单称命题无论是逻辑形式还是逻辑特征都有很大的区别,单称命题与带有量项的全称或特称命题有着不同的逻辑结构和性质特征,对这一点,我们将在后面的谓词逻辑中讨论。

(二)肯定命题与否定命题

联项有肯定与否定之分,由联项的不同可以把直言命题分为肯定命题与否定命题。直言命题的联项表达主项与谓项之间的关系。肯定联项表示主项与谓项之间具有相容关系,即主项的外延与谓项的外延至少有一部分是重合的。联项肯定的命题我们称之为肯定命题。如下命题都是肯定命题:

(1)所有人都是动物。

(2)有些天鹅是固体。

否定联项表示主项与谓项之间具有不相容关系,即主项外延的全部或部分被排斥在谓项外延之外。联项否定的命题我们称之为否定命题。如下命题都是否定命题:

(1)所有的兔子都不能对其他动物造成威胁。

(2)有的文学家不是诗人。

(三)直言命题的四种类型

如果把量项和联项结合起来对直言命题进行划分,可以把直言命题分为四种类型。

第一类是全称肯定命题,即量项全称联项肯定的命题。这类命题表达的是主项的全部外延都包含在谓项外延之中。全称肯定命题的逻辑形式为

"所有 S 是 P"

在传统逻辑中,全称肯定命题被叫作 A 命题。A 是拉丁文"affirmo"的第一个元音字母的大写。该词表示肯定。加上主项 S 和谓项 P,"SAP"代表的就是全称肯定命题。

在自然语言中,A 命题有多种表达方式,如"无一 S 不是 P","没有不是 P 的 S","凡 S 皆 P"等等。

第二类是全称否定命题,即量项全称联项否定的命题。这类命题表达的是主项的全部外延都被排斥在谓项外延之外。全称否定命题的逻辑形式为

"所有 S 不是 P"

在传统逻辑中,全称否定命题叫作 E 命题。E 是拉丁文"否定"一词"nego"的第一个元音字母的大写。加上主项 S 和谓项 P,"SEP"代表的就是全称否定命题。

在自然语言中,E 命题也有多种表达方式。如"无一 S 是 P","没有是 P 的 S","凡 S 皆非 P"等等。

第三类是特称肯定命题,即量项特称联项肯定的命题。这类命题表达的是主项的外延至少有一部分不是排斥在谓项外延之外,而是包含在谓项外延之内。特称肯定命题的逻辑形式为

"有 S 是 P"

在传统逻辑中,特称肯定命题叫作 I 命题。I 是拉丁文"affirmo"的第二个元音字母的大写。加上主项 S 和谓项 P,"SIP"代表的就是特称肯定命题。

第四类直言命题是特称否定命题,即量项特称联项否定的直言命题。这类命题表达的是主项的外延至少有一部分不是包含在谓项外延之内,而是排斥在谓项外延之外的。特称否定命题的逻辑形式为

"有 S 不是 P"

在传统逻辑中,特称否定命题被叫作 O 命题。O 是拉丁文"nego"的第二个元音字母的大写。加上主项 S 和谓项 P。"SOP"代表的就是特称否定命题。

传统直言命题有四种类型,它们分别是:

A 命题:形式为"所有 S 是 P",简写为"SAP";
E 命题:形式为"所有 S 不是 P",简写为"SEP";
I 命题:形式为"有 S 是 P",简写为"SIP";
O 命题:形式为"有 S 不是 P",简写为"SOP"。

## 三、直言命题主项和谓项的周延性

周延性概念是用来衡量直言命题中的主项和谓项的外延是否被全部断定。如果孤立地列举一个词项,该词项必然指称代表了它的所有外延。但是,当词项作为直言命题的主项或谓项

时,情况就发生了变化。有时它能指代其所有的外延,有时则不能指代其全部外延。在直言命题中,一个项如果能指代其全部外延,则称这个项是周延的;一个项如果不能指代其全部外延,则称这个项是不周延的。

直言命题主谓项的周延情况是由命题的逻辑形式决定的。分析周延性问题须从分析直言命题的形式入手。首先,直言命题主项的周延情况是由量项决定的。全称量项描述了主项全部外延,因此全称命题主项是周延的;特称量项没有表达主项的全部外延,因此特称命题的主项是不周延的。

直言命题谓项的周延情况是由联项决定的。肯定联项描述的是主项 S 的外延与谓项 P 的外延之间的相容关系,这就意味着谓项 P 的外延中至少有一部分是主项 S 的分子,至于是否 P 的全部外延都是 S,肯定联项则不能肯定。肯定联项没有表达谓项的全部外延情况,因此,肯定命题的谓项不周延。否定联项则不同,"S 不是 P"说明在该命题中主项 S 所指代的那些对象全部被排斥在谓项 P 的外延之外,即 P 的全部外延中都没有命题中主项 S 所指代的对象。因此,在否定命题中谓项指代了它的全部外延,谓项是周延的。

由此我们得到 A、E、I、O 四种命题的主谓项周延情况。

全称肯定命题 A:"所有 S 是 P",它主项周延,谓项不周延。

全称否定命题 E:"所有 S 不是 P",它主项 S 周延,谓项 P 也是周延的。

特称肯定命题 I:"有 S 是 P",它的主谓项都不周延。

特称否定命题 O:"有 S 不是 P",它的主项 S 不周延,谓项 P 是周延的。

下表中列出了 A、E、I、O 四种命题中主项和谓项的周延情况。

| 命题 | 主项 | 谓项 |
| --- | --- | --- |
| SAP | 周延 | 不周延 |
| SEP | 周延 | 周延 |
| SIP | 不周延 | 不周延 |
| SOP | 不周延 | 周延 |

## 四、四种直言命题间的对当关系

命题的真假是由其描述的事件是否存在而决定的,即命题的表达是否符合事实决定的。但是,根据对当关系讨论命题之间的真假关系,不是去直接考察命题的表达是否符合事实,而是要由一个给定命题的真或假,去推知与其素材相同的其他命题的真或假。所以,对当关系是指具有相同素材的命题之间的真假制约关系。

对直言命题而言,所谓相同素材是指具有相同的主项和谓项。如下就是具有相同素材的 A、E、I、O 四种命题:

(1)所有天鹅是黑色的。

(2)所有天鹅不是黑色的。

(3)有天鹅是黑色的。

(4)有天鹅不是黑色的。

显然,对当关系只能在相同素材的命题之间成立。我们由"所有天鹅是黑色的"这一命题为真,可以推知"有天鹅是黑色的"为真,而由以上四种命题任意一命题为真,都推不出"有天鹅是固体"是真还是假。

对当关系的理论基础是主项 S 与谓项 P 之间的逻辑关系。主项 S 和谓项 P 都是词项,S 和 P 之间的逻辑关系就表现为任意两个词项的关系。S 与 P 之间的逻辑关系不一样,由其构造的直言命题相互之间的真假制约关系就不同。

我们在前面的介绍中已经指出,任意两个词项之间的逻辑关系是且只能是如下五种关系中的一种。S 与 P 的关系不同,由其构造的直言命题的真假情况就不同。如下表所示。

|  | ⬤SP | Ⓢ P | Ⓟ S | S✕P | S  P |
| --- | --- | --- | --- | --- | --- |
| SAP | 真 | 真 | 假 | 假 | 假 |
| SEP | 假 | 假 | 假 | 假 | 真 |
| SIP | 真 | 真 | 真 | 真 | 假 |
| SOP | 假 | 假 | 真 | 真 | 真 |

这个表就是我们分析讨论直言命题的对当关系的基础。

A、E、I、O 四种命题之间的对当关系可用如下逻辑方阵刻画:

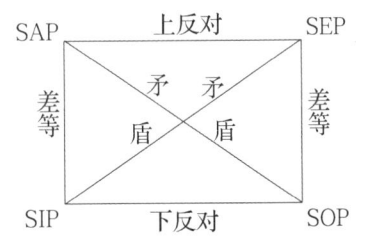

```
     SAP ——上反对—— SEP
      \    矛 矛    /
   差   \  盾 盾  /   差
   等    \      /    等
          \  /
          /  \
         /    \
      SIP ——下反对—— SOP
```

图中的每条直线都表示它所连接的两个命题之间的关系。由图可见,对当关系有四种:

(一)上反对关系

这是两个全称命题即 SAP 与 SEP 之间的关系。

当 SAP 真时,S 与 P 之间或者具有同一关系,或者具有 S 包含于 P 的关系。以这两种关系下的 S 与 P 构造一个 E 命题,它一定是假的。SEP 相对于 SAP 亦如此。因此,SAP 与 SEP,一个真时,另一个必假。

当 SAP 假时,S 与 P 之间具有 S 包含 P、S 与 P 交叉或 S 与 P 全异的关系。以这些关系下的 S 与 P 构造一个 E 命题,它在 S 包含 P 或 S 与 P 交叉时是假的,在 S 与 P 全异时又是真的,即它的真假是不确定的。SEP 相对于 SAP 亦如此。因此,SAP 与 SEP 一个假时,另一个真假不定。

显然,具有上反对关系的两个命题不能同真,但可以同假。

(二)下反对关系

这是两个特称命题 SIP 与 SOP 之间的关系。

当 SIP 真时,S 与 P 之间具有同一、真包含于、真包含或交叉关系。以这些关系下的 S 与 P 构造一个 O 命题,它在 S 真包含 P 或 S 与 P 交叉时是真的,在 S 与 P 同一或 S 真包含于 P 时是假的,即它的真假不确定。SOP 相对于 SIP 亦如此。因此,SIP 与 SOP,一个真时另一个真假不定。

当 SIP 假时,S 与 P 具有全异关系,以这些关系下的 S 与 P 构造一个 O 命题,它一定是真的。SOP 相对于 SIP 亦如此。因此,SIP 与 SOP 一个假时另一个必真。

就是说具有下反对关系的两个命题不能同假,但可以同真。

(三)差等关系

这是联项相同的两个命题之间的关系,即 SAP 与 SIP,SEP 与 SOP 之间的关系。我们称两个全称的命题为上位命题,两个特称的命题为下位命题。

当上位命题真时,下位命题一定真;上位命题假时,下位命题真假不定;当下位命题假时,上位命题必假;下位命题真时,上位命题真假不定。

(四)矛盾关系

这是 SAP 与 SOP,SEP 与 SIP 之间的关系。

当 SAP 真时,SOP 必假,反之亦然;当 SEP 真时,SIP 必假,反之亦然。就是说具有矛盾关系的两个命题一个真时,另一个必假;一个假时,另一个必真。

# 第三节 直接推理

直言命题推理的前提可以是一个直言命题,也可以是多个直言命题,由此我们将其区分为直接推理和间接推理。直接推理是前提只有一个直言命题的推理。间接推理是以两个或更多直言命题为前提的推理,下一节要介绍的三段论就是直言命题的间接推理。由于直接推理是只有一个前提的推理,因此,这样的推理就只能要么根据这个命题与其相同素材的其他命题之间的对当关系来进行,要么通过改变该命题的逻辑形式来进行。由此,直接推理可以区分为对当关系推理和变形推理。

## 一、对当关系推理

对当关系推理是根据直言命题之间的对当关系,由一个命题必然地推出另一个命题的推理。

我们用"⇒"表示推导符号,它左边的命题是前提,右边的命题都是结论;用"→"表示否定,如"→(SAP)"表示对 SAP 的否定,即 SAP 真时,→(SAP)为假,而 SAP 为假时,→(SAP)为真。根据对当关系,我们可以得到如下的有效推理形式:

1. 以 SAP 或→(SAP)为前提推理,可以得到:

  SAP ⇒→(SEP)　　　（上反对关系:A 真时 E 必假）
  SAP ⇒SIP　　　　　（差等关系:上位真,下位必真）
  SAP ⇒→(SOP)　　　（矛盾关系:A 真,O 必假）
  →(SAP)⇒SOP　　　（矛盾关系;A 假,O 必真）

2. 以 SEP 或→(SEP)为前提推理,可以得到:

  SEP ⇒→(SAP)　　　（上反对关系,E 真,A 必假）
  SEP ⇒SOP　　　　　（差等关系:上位真,下位必真）
  SEP ⇒→(SIP)　　　（矛盾关系:E 真,I 必假）
  →(SEP)⇒SIP　　　（矛盾关系:E 假,I 必真）

3. 以 SIP 或→(SIP)为前提推理,可以得到:

  SIP ⇒SEP　　　　　（矛盾关系:I 真,E 必假）
  →(SIP)⇒SEP　　　（矛盾关系:I 假,E 必真）
  →(SIP)⇒→(SAP)　（差等关系:下位假,上位必假）
  →(SIP)⇒SOP　　　（下反对关系:1 假,O 必真）

4. 以 SOP 或→(SOP)为前提推理,可以得到:

  SOP ⇒SAP　　　　　（矛盾关系:O 真,A 必假）
  →(SOP)⇒SAP　　　（矛盾关系:O 假,A 必真）
  →(SOP)⇒→(SEP)　（差等关系:下位假,上位必假）
  →(SOP)⇒SIP　　　（下反对关系:O 假,I 必真）

由前提可推结论,并且由结论可推前提,这样的推理为等值推理。即前提和结论要真同真,要假同假,我们称它们是逻辑等值的。我们用"⇔"表示等值推理,如下均为逻辑等值推理:

SAP⇔ →(SOP)
SEP⇔ →(SIP)
SIP⇔ →(SEP)
SOP⇔ →(SAP)

## 二、变形推理

变形推理是通过改变前提的命题形式而得到结论的推理。改变直言命题形式有两种基本方法,一是改变命题联项的性质,即把肯定联项变成否定联项,把否定联项变成肯定联项,这是换质推理。二是改变命题主谓项的位置,把主项换成谓项,谓项换成主项,这是换位推理。

### (一)换质推理

换质推理是可以改变直言命题的联项性质,即由一个肯定命题推出否定命题,由一个否定命题推出肯定命题的推理。换质推理必须遵守以下两条原则：

(1)改变前提的联项的性质，即把肯定联项变成否定联项，把否定联项变成肯定联项。

(2)把前提的谓项变成它的矛盾词项。

显然，换质使得结论的联项与前提的联项相反，即前提肯定则结论否定，前提否定则结论肯定。并且结论的谓项是前提谓项的矛盾词项。如下就是一个换质推理：

所有流行的都是商业炒作的结果。

所以，所有流行的都不是未经商业炒作的结果。

这个推理由一个 A 命题推出了一个 E 命题，而 E 命题的谓项"未经商业炒作的结果"是 A 命题谓项"商业炒作的结果"的矛盾词项。我们用"$\bar{S}$"表示词项 S 的矛盾词项。

换质推理的有效性是很显然的。联项的否定与谓项的否定一起构成了否定之否定，结论没有改变前提的逻辑值，因此前提真时结论必定也是真的。

换质推理对 A、E、I、O 四种命题都适用，由此可得如下四种有效的推理形式：

SAP $\Rightarrow$ SE$\bar{P}$

SEP $\Rightarrow$ SA$\bar{P}$

SIP $\Rightarrow$ SO$\bar{P}$

SOP $\Rightarrow$ SI$\bar{P}$

换质推理是一种等值推理。对上述推理式右边的命题进行再换质，就推出了左边。

(二)换位推理

换位是通过交换前提主项和谓项的位置而推出结论的推理。就是说在换位推理的结论中，主项是前提的谓项，谓项则是前提的主项。换位推理必须遵守如下两条规则才能保证推理的有效性：

(1)换位推理不得改变前提的联项。就是说前提是肯定命题，结论也必须是肯定命题；前提是否定命题，结论也必须是否定命题。

(2)前提中不周延的项，换位后也不得周延。

根据这两条规则，换位推理有如下三个有效推理形式：

SAP$\Rightarrow$PIS

SEP$\Rightarrow$PES

SIP$\Rightarrow$PIS

O 命题是不能换位的。O 命题作为一个特称否定命题，它的主项 S 是不周延的。但是根据规则(1)，否定命题换位后仍然是否定的，因此不周延的 S 换位后成为一个否定命题的谓项。否定命题的谓项周延，这就违反了规则(2)，前提中不周延的项在结论中周延了。如果要不违反规则(2)，又一定要违反规则(1)。所以 O 命题不能换位。

我们介绍了三种直接推理方法，即，对当关系推理、换质推理和换位推理。这三种直接推理可以综合使用，就是说根据需要对一个前提可以连续地进行换质换位，或者换位换质，或者依据对当关系进行推导，从而推出可能的结论。

# 第四节 三段论

本节主要介绍三段论有效的基本规则、三段论的格和式,以及如何分析一个非标准三段论等内容。

## 一、什么是三段论

三段论是指以两个包含着一个共同词项的直言命题为前提,推出一个新的直言命题的推理。如下就是一个三段论:

所有哺乳动物都是胎生的;
所有鲸都是哺乳动物;
所以,所有鲸都是胎生的。

这个推理从两个包含着"哺乳动物"这个共同词项的直言命题,推出了一个新的直言命题"所有鲸都是胎生的"。显然,三段论由三个直言命题构成。两个包含共同词项的命题是前提,推出的新命题是结论。但是并非任意的三个直言命题相组合就能构成三段论。作为三段论的前提和结论的直言命题,必须包含有并且只能包含有三个项。

三段论的三个项分别称作小项、大项和中项。小项是结论的主项,大项是结论的谓项,在两个前提中都出现的项是中项。在上例中,"鲸"是小项,"胎生的"是大项,"哺乳动物"是中项。

三段论的两个前提分别称作大前提和小前提。包含大项的前提是大前提,包含小项的前提是小前提。在上例中,"所有哺乳动物都是胎生的"包含有大项,因而是大前提,而"所有鲸是哺乳动物"包含有小项,因而是小前提。

分析一个三段论的形式必须从结论开始,首先区分小项和大项,再区分出大前提和小前提,然后根据中项在两个前提中的位置对三段论做进一步分析。

我们通常用"S"表示小项,"P"表示大项,用"M"表示中项。由此,上例的推理形式为:

$$\frac{\text{所有 M 是 P}}{\text{所有 S 是 M}}$$
$$\overline{\text{所有 S 是 P}}$$

也可记为:

$$\frac{\text{MAP}}{\text{SAM}}$$
$$\overline{\text{SAP}}$$

## 二、三段论的规则

在传统逻辑中,一个三段论推理是否有效,是通过一系列规则来判定的。凡是遵守了这些规则的三段论推理都是有效的,而一个三段论如果违反了这些规则中的任何一条都将是个无效推理。三段论的规则有多种表达方式,我们将其归结为六条。其中前四条是基本规则,第五条和第六条是可以由前四条推出的。

(一)一个三段论有,且只有三个项

这条规则是由三段论推理的定义决定的。

凡是在三段论推理中出现了四个项的,被叫作"四项错误"。例如:

鲁迅的著作不是一天能读完的;
《祝福》是鲁迅的著作;
《祝福》不是一天能读完的。

这个推理的前提真而结论假,显然是无效的。推理无效的原因在于:在两个前提中出现的词项"鲁迅著作"具有不同的内涵,在大前提中"鲁迅著作"是作为集合词项,在集合意义上使用的,而在小前提中它是作为非集合词项,在非集合意义上使用的,因此,两次出现的"鲁迅的著作"是两个不同的词项。该推理犯了四项错误。

(二)中项在前提中至少要周延一次

三段论要通过中项的联结作用确定大项和小项之间的关系。如果中项在两个前提中都不周延,则意味着它有一部分外延同大项有某种关系,一部分外延同小项有某种关系,至于究竟是哪部分外延同大项有关系,哪部分外延同小项有关系,这在直言命题的表达中是无法确定的。以这种不确定的关系显然无法确定大小项之间的关系,中项也就不能发挥中介联结作用而推出必然性的结论。例如:

老鼠是哺乳动物;
猫是哺乳动物;
猫?老鼠

凡中项在两个前提中都不周延的,被称作"中项不周延"的错误。

(三)前提中不周延的项,在结论中也不得周延

在结论中出现的项是大项和小项。如果有词项在前提中不周延在结论中却周延了,则说明在前提中只是对该词项的部分外延做了断定,而在结论中断定了它的全部外延,结论表达的内容超出了前提,这就不能保证从前提推出必然真的结论,从而导致推理无效。

凡是大项在前提中不周延而在结论中周延的,被称作"大项扩大"的错误。例如:

所有抢劫是犯罪行为;
所有贪污都不是抢劫;
所有贪污都不是犯罪行为。

在这个推理中,大项"犯罪行为"在前提中作为肯定命题的谓项,是不周延的,在结论中作为否定命题的谓项却周延了,因而犯了大项扩大的错误,导致推理无效。

凡小项在前提中不周延在结论中周延的,被称作"小项扩大"的错误。例如:

所有石头是黑色的;
有的石头是钻石;
所有钻石都是黑色的。

### (四)结论和前提中的否定命题的数量必须相等

首先,两个否定前提推不出结论。直言命题是否定的,表明它的主项和谓项之间具有相互排斥的关系。如果一个三段论的两个前提都否定,则表明中项既和大项相排斥,又和小项相排斥。在这种情况下,我们无法通过中项的联结作用来确定大项和小项之间的关系。因此,两个否定前提推不出必然性的结论。例如,

经验主义不是科学的方法论;
教条主义不是经验主义;
教条主义?科学方法论

由给定的两个前提推不出小项"教条主义"与大项"科学方法论"之间的关系究竟怎样。

其次,如果前提中有一个否定的,结论必否定;如果两前提肯定,结论必肯定。

两前提中如果有一个否定,另一个必肯定,因为两个否定前提推不出结论。在否定前提中,中项与一个项是排斥的关系;在肯定前提中,中项与另一个项有相容关系。根据中项的联结作用,我们只能推出同中项相排斥的项与同中项相容的项之间也是一种相排斥的关系。而反映两个项之间相互排斥关系的直言命题是否定命题,因此,前提有一个否定时结论必否定。

两个前提都肯定,说明大项和小项都同中项有相容关系。在这种情况下,通过中项的联结作用只能推出大小项之间也是相容关系。而只有肯定命题才能表达大小项之间的相容关系,因此,当两个前提肯定时结论必肯定。

由这条规则可以推论,如果结论是肯定的,两个前提就必肯定;如果结论是否定的,两前提中必有一个否定。

以上四条规则是三段论的基本规则。任何一个三段论只要遵循以上四条规则就是一个有效的直言命题推理;反之,违反其中任何一条规则就是无效的推理。

根据基本规则还可以推导出一系列的导出规则,常用的导出规则有以下两条:

### (五)两个特称前提推不出结论

两个前提都是特称命题的有三种情况,一是两个前提都是特称肯定命题,即II;二是两个前提都是特称否定命题,即OO;三是一个前提特称肯定,一个前提特称否定,即IO。

根据规则4,两前提为OO时推不出必然结论。

(1)当两前提为II时,由于I命题的主谓项都不周延,因此必然要犯中项不周延的错误,因而推不出必然性结论。

(2)当两前提为IO时,则有并且也只有O命题的谓项这一个项是周延的。如果这个周延的项做中项,那么根据规则4,前提否定结论必否定,因此大项在结论中作为否定命题的谓项必周

延;而在前提中除了做中项的那个项外其他项都不周延,显然,这就必然要犯大项扩大的错误。

(3)如果把那个周延的项用来做大项,又必然要犯中项不周延的错误。所以 IO 前提也推不出必然性结论。

两前提都特称的有且只有这三种情况,而在这三种情况下都推不出必然性结论。因此两前提特称推不出结论。

(六)前提中有一个特称则结论必特称

如果三段论有一个前提是特称,另一个前提必全称,因为两个特称前提推不出结论。由此可知,前提有一个特称的有四种情况,一是两前提为 AI,二是两前提为 AO,三是两前提为 EI,四是两前提为 EO。

根据规则4,由 EO 两个前提推不出结论。

(1)当前提是 AI 两个命题时,只有 A 命题的主项这一个项周延,根据规则2,中项在前提中至少要周延一次,这个周延的项必须用来做中项。而余下的项无论哪个做小项都不周延。小项是结论的主项,主项不周延的命题只能是特称命题。所以以 AI 命题为前提时,结论必特称。

(2)当前提是 EI 命题时,只有 E 命题的主项和谓项这两个项周延。根据规则2,中项必周延;又根据规则4,前提否定结论必否定,大项在结论中周延。因此按规则3要求大项在前提中必周延。这样,两个周延的项必须一个做中项,一个做大项,而剩下的两个项无论哪个做小项都不周延,即结论总是特称的。

(3)当前提是 AO 两个命题时,只有 A 命题的主项和 O 命题的谓项这两个项周延。根据规则2、规则3和规则5的要求,这两个周延的项必须一个做中项一个做大项,而剩下的两个都不周延,无论哪个做小项都只能得到特称的结论。

综上所述,当前提中有特称命题时,结论必特称。由此可推论,当结论全称时前提也必全称。

## 三、三段论的格与其特殊的规则

(一)三段论的格

三段论的格就是指由三段论的中项在前提中的不同位置所决定的不同的三段论形式。显然,中项在前提中的位置有四种,由此决定了三段论有四个格。它们分别是:

第一格:中项是大前提的主项,小前提的谓项,即

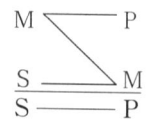

```
M ——— P
S ——— M
S ——— P
```

第二格:中项是大前提的谓项,小前提的谓项,即

```
P ——— M
S ——— M
S ——— P
```

第三格：中项是大前提的主项，小前提的主项，即

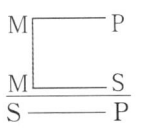

```
M——P
M——S
S——P
```

第四格：中项是大前提的谓项，小前提的主项，即

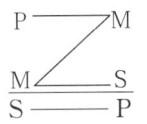

```
P——M
M——S
S——P
```

### (二) 各格的特殊规则

把三段论的基本规则应用到各格中，可以导出各格的特殊规则。

1. 第一格推理有效的特殊规则：

(1) 小前提必肯定。

如果第一格形式的三段论小前提否定，根据规则5，结论必否定，大项作为否定命题的谓项就是周延的。根据规则3，大项在前提中必须周延，而大项是大前提的谓项，谓项周延的命题只能是否定命题，因此，由小前提否定必须推出大前提否定推不出结论，而大前提不否定又必然犯大项扩大的错误。因此，当小前提否定时，第一格形式的三段论推理无论如何都是无效的。所以，第一格的有效推理式中小前提必肯定。

(2) 大前提必全称。

在第一格形式中，中项在小前提中处于谓项的位置。小前提必肯定，决定了中项在小前提中是不周延的。根据规则2，中项在大前提中必周延。而中项在大前提中是主项，主项周延的命题只能是全称命题。所以，第一格形式的有效三段论大前提必全称。

(3) 结论可以是A、E、I、O四种命题。

这一条应该说是刻画了第一格形式的三段论推理的特点。当大小前提均为A命题时，结论可以是A命题；当大小前提分别为EA命题时，结论可以是E命题；当大小前提分别为AI命题时，结论是I命题；当大小前提分别为EI命题时，结论是O命题。

2. 第二格推理有效的特殊规则：

(1) 必有一个前提否定。

在第二格中，中项在两个前提中都处于谓项的位置。根据规则2，中项在前提中要周延一次，而只有否定命题的谓项才周延，因此，第二格形式的有效三段论必有一个前提是否定。否则将犯中项不周延的错误。

(2) 大前提必全称。

既然第二格形式的三段论必有一个前提否定，根据规则5，结论也必否定，因此大项在前提中必须周延。而大项在大前提中处于主项的位置，主项周延的命题是全称命题。所以第二格形式的有效三段论大前提必全称。

(3) 结论只能是否定命题。

这一条是用以刻画第二格形式三段论的特点。由于在第二格中必有一前提否定，所以结

论也只能是否定的。

3.第三格推理有效的特殊规则：

(1)小前提必肯定。

同第一格形式的三段论一样，第三格三段论的大项在前提中处于谓项的位置，如果小前提否定，结论必否定，大项在结论中周延，这就要求它在前提中也周延，由此推出大前提也须否定，否则就要犯大项扩大的错误。因此，当第三格形式三段论的小前提否定时，它或者要犯大项扩大的错误，或者将因前提否定不能推出结论。

(2)结论必特称。

在第三格形式中，小项处于小前提谓项的位置，既然小前提必肯定，作为肯定命题谓项，小项在前提中是不周延的，根据规则3，小项在结论中也不得周延。小项是结论的主项，主项不周延的命题是特称命题。所以第三格形式的有效三段论结论必特称。

4.第四格推理有效的特殊规则：

(1)两前提若有一个否定，大前提必全称。

(2)大前提肯定则小前提必全称。

(3)小前提肯定则结论必特称。

(4)任何一个前提都不能是O命题。

(5)结论不能是A命题。

了解和掌握这些特殊的规则是为了帮助我们理解和正确运用三段论。各格不具备相应的特殊规则必然违反三段论有效的基本规则，导致推理无效但具备了相应的特殊规则的推理式也不一定有效。

## 四、三段论的式

三段论的式就是由A、E、I、O四种命题在大前提、小前提和结论中的不同排列组合所决定的三段论形式。例如：

所有抢劫罪都是犯罪；
所有抢劫罪都是违法的；
有些犯罪是违法的。

这个推理的大前提是A命题，小前提是A命题，结论是I命题，因此，我们称它是一个AAI式的三段论。注意，在"AAI"中字母的排列是有序的，最先出现的是大前提，其次是小前提，最后是结论。由于该推理的中项在大、小前提中都是主项，它是第三格形式的三段论，我们将其记作"AAI—3"。

例如下面这个推理是AEE式的三段论。它是第二格形式的，我们将其记作"AEE—2"：

所有鱼都是用鳃呼吸的；
所有鲸都不是用鳃呼吸的；
所有鲸都不是鱼。

既然 A、E、I、O 四种形式的命题都可以充当三段论的前提或结论,这就决定了三段论可以有多种不同的式。例如,以 A 命题为大前提的就有 AAA,AAE,AAI,AAO,AEA……AOO 等 16 个式。把所有可能的三段论式列举出来,共有 16×4＝64 个式。

根据中项在前提中的不同位置每个式的三段论可以是第一格、第二格、第三格或者第四格的。因此,三段论共有 64×4＝256 个可能的具体形式。

在这 256 个具体推理形式中,绝大部分是无效的。例如,AEA 式无论如何都不可能有效,因为它违反了规则 4,前提有否定结论却肯定。我们从 64 个式中除去这样显然无效的推理形式,仅剩下 AAA,AAI,AEE,AEO,AII,AOO,EAE,EAO,EIO,IAI,OAO 这样 11 个可能有效的式。

这 11 个式并非在每个格都有效,例如,AAA—2 就是无效式,它违反规则 2,犯中项不周延错误。排除在各个格中无效的情况,有效的三段论形式有如下 24 种:

|  | 有效式 |
| --- | --- |
| 第一格 | AAA—1, EAE—1, AII—1, EIO—1,(AAI—1),(EAO—1) |
| 第二格 | AEE—2,EAE—2,AOO—2,EIO—2,(AEO—2),(EAO—2) |
| 第三格 | AAI—3,AII—3,EAO—3,EIO—3,IAI—3,OAO—3 |
| 第四格 | AAI—4,AEE—4,EAO—4,EIO—4,IAI—4,(AEO—4) |

在这 24 种推理形式中,括号内的是弱式,由这些推理形式的前提本来可以推出全称的结论,现却只推出特称结论,因而是一种弱化了的推导。弱式仍然是有效式,因为根据对当关系,全称命题(上位)真时,特称命题(下位)必真。

## 五、非标准形式的三段论

从逻辑结构上分析,一个标准形式的三段论是由大前提、小前提和结论共三个直言命题构成的。但是,人们在运用语言表达三段论的时候,并不总是以其标准形式来进行。

有些三段论表达形式不是标准的 A、E、I 或 O 命题;有些三段论表达的推理结构是不完整的,或者省略了前提,或者省略了结论;还有一些推理是将多个三段论组合在一起运用。

(一)语言表达形式不标准的三段论

语言表达形式不标准有多种情况:

(1)前提或结论中出现了负命题。例如,

没有哺乳动物不是温血动物;

所有蛇都不是温血动物;

所以,所有蛇都不是哺乳动物。

将这个推理整理为标准的三段论后,它是一个 AEE—2 式,是有效式。

(2)前提或结论中出现的直言命题是不规范的。例如,没有不能被 2 整除的偶数；

没有哪个偶数不是自然数；

所以，有些自然数是能被 2 整除的。

这个推理的前提是不规范的直言命题，将其整理为规范的命题表达形式后我们得到：

所有偶数都是能被 2 整除的；

所有偶数都是自然数；

所以，有些自然数是能被 2 整除的。

显然，这是一个 AAI—3 式的有效三段论。

(3)推理中似乎出现了三个以上的项。例如，

所有温血动物都是胎生的；

所有软体动物都是无脊椎的；

所有软体动物都是非温血动物。

这里似乎有"温血动物"、"非温血动物"、"胎生的"、"无脊椎的"和"软体动物"这样五个词项。但通过换质法整理，我们可得到一个标准的三段论推理：

所有温血动物都是胎生的；

所有软体动物都不是胎生的；

所有软体动物都不是温血动物。

这是一个 AEE—2 式的有效三段论。

(二)省略形式的三段论

省略形式的三段论并不意味着三段论的逻辑结构减少，而仅仅是语言表达上的简略。对于一个正确的三段论来说，大小前提及结论这三个部分缺一不可，否则就不是三段论。因此，当我们具体分析一个省略形式的三段论时，第一步就是把它补充完整，找出其标准形式。例如"我不是学生，所以我不必遵守社会公德"。这个推理省略的是前提，而出现的前提包含有小项，是小前提，所以省略的是大前提。将大前提补充出来，该推理的标准形式为：

所有学生都必须遵守社会公德；

我不是学生；

我不必遵守社会公德。

显然，这是一个无效的 AEE—1 式，犯大项扩大错误。

分析省略结论的三段论要注意，既然大小前提是根据包含大项还是小项来区分的，而大小项由结论决定，因此，当结论省略后，我们就无法判定一个前提是大前提还是小前提。分析这样的省略三段论，我们要具体情况具体分析。例如，由下面两个前提

所有贪污都是犯罪行为；

所有抢劫都不是贪污；

可以推出结论"有些犯罪行为不是抢劫"。我们绝不能只把它看作第一格形式,认为它违反"小前提必肯定"规则因而推不出结论。在没有结论的情况下,我们不能说哪个前提只能是大前提而不能是小前提。

(三)复合形式的三段论

复合形式的三段论仍然要遵守三段论的所有规则。我们判定一个复合三段论是否有效,只能将其分解为一个个独立的标准三段论,然后逐个分析,只有当每个三段论都有效时,复合三段论才有效。

> 鸭嘴兽是用乳汁哺育后代的动物;
> 所有用乳汁哺育后代的动物是哺乳动物;
> (所以,鸭嘴兽是哺乳动物。)
> 所有哺乳动物都是胎生的;
> 所以,鸭嘴兽是胎生的。

该推理是由两个三段论组成的,只不过它省略了第一个三段论的结论"鸭嘴兽是哺乳动物",而这个被省略的结论作为第二个三段论的小前提,由此推出了结论。

## 六、化归问题

在传统逻辑中,第一格形式被称为三段论的典型形式,亚里士多德称其为"完善的格"。第一格形式如此受重视,不仅因为只有它才能推出 A、E、I、O 四种形式的命题,还因为它典型地表达了所谓的三段论的公理。

传统逻辑认为,判断三段论推理有效性的根据可以用两条基本原则来概括,即:

(1)一类事物的全部是什么,这类事物的一部分就是什么;

(2)一类事物的全部不是什么,这类事物的一部分也就不是什么。

这两条原则被称作三段论的公理。显然,第一格中的 AAA—1 和 AII—1 式表达的是"所有 M 是 P",这正是公理(1)的内容;EAE—1 式和 EIO—1 式表达的是"所有 M 不是 P,S 是 M,所以 S 不是 P",这正是公理(2)的内容。

第一格形式典型地表达了三段论公理,因而它们也就能清楚明白地显示三段论推理有效性的根据。而这是其他格形式三段论办不到的。

用第一格形式显示和说明其他格形式三段论的有效性,是通过将其他格形式的三段论化归为第一格形式来实现的,这就是所谓化归问题。

化归的方法并不复杂,就是运用直言命题变形的方法,将其他格形式三段论的中项换到大前提主项、小前提谓项的位置,从而转化为第一格形式。要注意,化归过程中必须遵守变形推理的所有规则,并且,其他格的有效式,化归后必须是第一格的有效式,就是说必须小前提肯定,大前提全称。否则就不是正确化归。我们仅以第二格为例讨论化归的具体方法问题。

第二格中的 EAE—2、EIO—2 式,只需将大前提换位,将中项换到大前提主项位置,就可将其化归为第一格的有效式 EAE—1、EIO—1。

AOO—2 的化归要复杂一些。我们需对大前提 PAM 换质再换位,对小前提换质,才可将其化归为第一格形式。

## 本章小结

直言命题推理可分为直接推理和间接推理。直接推理是前提只有一个直言命题的推理。直言命题的间接推理即三段论。

直接推理又分为对当关系推理和变形推理。对当关系推理是根据直言命题之间的对当关系,由一个命题必然地推出另一个命题的推理。变形推理是通过改变一个直言命题的形式而得到结论的推理。改变直言命题形式有两种基本方法:一是改变命题联项,即把肯定联项变成否定的,把否定联项变成肯定的,这是换质推理。二是改变命题主谓项的位置,把主项换成谓项,谓项换成主项,这是换位推理。

在传统逻辑中,一个三段论推理是否有效,是通过一系列规则来判定的。凡是遵守了这些规则的三段论推理是有效的,而一个三段论如果违反了这些规则中的任何一条都将是个无效推理。这些规则包括:一个三段论有且只有三个项;中项在前提中至少要周延一次;前提中不周延的项,在结论中也不得周延;结论和前提中的否定命题的数量必须相等。

三段论的格就是指由三段论的中项在前提中的不同位置所决定的不同的三段论形式。三段论有四个格。三段论的式就是由四种命题在前提和结论中的不同组合所决定的三段论形式。在词项外延非空的预设下,共有 24 个有效式。

## 思考题

一、分析什么是词项及词项的逻辑特征。

二、分析什么是直言命题及直言命题的逻辑结构。

三、什么是周延性问题?A、E、I、O 命题的主谓项周延情况怎样?

四、什么是对当关系?直言命题之间有几种对当关系?

五、什么是换质推理?什么是换位推理?为什么 O 命题不能换位?

六、什么是三段论?分析三段论的逻辑形式。

七、什么是三段论的规则?三段论有哪些规则?

八、什么是三段论的格?三段论有几个格?

九、什么是三段论的化归?化归有什么意义?

## 练习题

一、判定下列语句是否表达命题。

1. 天下没有不散的宴席。

2. 请随手关门!

3. 欲加之罪,何患无辞?

4. 一切知识来源于实践。

5. 多么雄伟壮丽的长城!

二、指出下列命题的主项、谓项及逻辑形式,并判定其主谓项的周延情况。

1. 没有什么人是无所不能的。

2. 幸福的生活不都是一样的。

3. 控制细胞增长的不是荷尔蒙。

4. 贡嘎不是世界最高峰。

5. 没有不是黑色的乌鸦。

6. 凡不劳动者不得食。

7. 我国有的少数民族是白种人。

8. 凡是搞阴谋诡计的人都没有好下场。

9. 无论什么困难都不是不可克服的。

10. 没有任何物体不在运动。

三、根据对当关系判定下列命题。

1. 设下列命题为真,与其相同素材的其他命题真假如何?

a. 甲班有的同学是文学爱好者。

b. 小王庄不是所有人家都有彩电。

c. 这个城市所有公园都是免费开放的。

d. 这个厂有的工人是职高毕业生。

2. 设上列命题为假,与其相同素材的其他命题真假如何?

四、按要求完成下列命题变形推理,并写出推演的逻辑形式。

1. 对"所有反侵略战争都是正义战争"、"有些外国的经验不是符合我国国情的"进行换质。

2. 对"所有抢劫犯罪都不是过失犯罪"、"有些担任高级职务的领导干部是腐败分子"进行换位。

3. 对"任何真理都是经得住实践检验的"、"所有实词都是表达概念的"进行换质、换位推理(先换质,再换位,只要求推两步)。

五、以下列命题为前提,分别对其进行换质和换位的推理。

1. 所有历史剧都是以历史故事为题材的。

2. 凡非胎生的都不是哺乳动物。

3. 有些天体不是自身发光的。

4. 有些语句表达命题。

六、在括号内填上适当符号,使它成为有效的三段论式,并说明理由。

1. M ( ) P　　2. M I P　　3. ( )( )( )　　4. ( )( )( )
　( )( )( )　　　( )( )( )　　　( )( )( )　　　( ) O ( )
　―――――　　　―――――　　　―――――　　　―――――
　S E P　　　　　S ( ) ( )　　　S A P　　　　　S ( ) P

**七、指出下列三段论属于哪一格的什么式,并分析其是否正确。**

1. 所有恒星都是能自身发光的天体,地球不是能自身发光的天体,所以,地球不是恒星。

2. 所有 A 命题都是全称命题,全称命题都是主项周延的,所以,有些主项周延的是 A 命题。

3. 教育是社会现象,而所有社会现象都有阶级性,所以,教育有阶级性。

4. 所有优秀教师都有丰富的教学经验,李明是优秀教师,所以,李明有丰富的教学经验。

5. 凡符合实际的认识都是经过实践检验的,而所有真理都是符合实际认识的,所以,所有经过实践检验的都是真理。

6. 许多学生干部写了入党申请书,小李同学是学生干部,所以,小李肯定写了入党申请书。

7. 优秀的文学作品都是艺术成就较高的作品,《围城》是艺术成就较高的作品,所以,《围城》是一部优秀的文学作品。

**八、请整理出下列三段论的标准形式,并分析其是否正确。**

1. 没有哪颗恒星是行星,所以,太阳不是行星。

2. 不可能有形式正确的推理是前提真结论假的,这个推理不是前提真结论假的,所以,这个推理是形式正确的。

3. 凡没有健全的经济核算体系的是不能准确地反映其经济运行状况的,这个企业有健全的经济核算体系,所以,这个企业能准确地反映其经济运行状况。

**九、请运用三段论的知识,解答下列问题。**

1. 以 I 命题为大前提,以 E 命题为小前提进行三段论推理,能否必然地推出结论?为什么?

2. 有一个正确的三段论,大项在前提中不周延,小项在结论中周延,请求出这个三段论的格和式,并简要地写出推导过程。

3. 为什么 AOO 式在第一、第三、第四格都是无效式?

在 AAI、OAO、EAE、EIO 四个式中,哪个式在第一、二、三、四格都有效?

4. 证明。

a. 一个正确的三段论不能每个项都周延两次。

b. 一个结论否定的正确三段论,其大前提不能是 I 命题。

c. 有一个正确的三段论,大项在前提中周延在结论中不周延,它是哪一格的什么式?

**十、请将 EAO−3、IAI−4、AOO−2 化归为第一格形式。**

# 第四章 命题逻辑

命题逻辑是以命题为单位的逻辑理论,它研究使用命题联接词的逻辑规律。本章要介绍什么是复合命题,复合命题的几种基本形式及各自的逻辑性质。在此基础上理解什么是命题公式,命题公式与具体命题的关系,理解什么是命题公式的基本符号和形成规则,掌握什么样的表达式才是命题公式。

## 第一节 复合命题概述

### 一、复合命题的定义及逻辑结构

复合命题,是命题中包含有其他命题的命题。例如:"他学习勤奋并且方法正确。"就是一个复合命题,因为,其中包含有"他学习勤奋"和"他学习方法正确"两个简单命题。

从形式结构上说,复合命题是以命题和逻辑联结词构成的命题。构成复合命题的命题称为该复合命题的支命题。支命题可以是简单命题,也可以是复合命题。由复合命题作为支命题构成的复合命题也称为多重复合命题。支命题和联结词称为复合命题的两个要素。

在复合命题中,支命题可以是任意命题,它并不固定。因此,支命题被称为命题变项,通常用 $p$、$q$、$r$……小写字母来表示。

在复合命题中,各种逻辑联结词的含义是固定不变的,因此联结词又称为逻辑常项。在复合命题中,联结词非常重要,它决定一个复合命题的逻辑性质。联结词不同,复合命题的逻辑性质也就不同,因此,联结词是区分不同复合命题形式的根据。请看如下一组命题:

(1)如果作业完成了,那么我去打球。
(2)或者作业完成了或者我去打球。
(3)作业完成了并且我去打球。
(4)并非作业完成了我就去打球。

虽然复合命题是由命题构造而成的,但并不是任意命题组合在一起就可构成复合命题。在上例中,(1)是通过联结词"如果","那么"联结两个命题得到,(2)则是通过联结词"或者"的作用得到的。如果仅仅把两个命题摆在一起而没有联结词,它们仍然只是两个命题。因此,支命题必须通过联结词的组合作用才能构成复合命题。

尽管这四个命题有完全相同的支命题,但由于联结词不同,它们有完全不同的逻辑形式,由于逻辑形式不同,因而它们是四个不同的命题。我们看到,这四个命题的确描述的是不同事件。再看如下几个复合命题:

(1)如果天在下雨,那么地是湿的。
(2)如果逆水行舟,那么不退则进。
(3)如果鼓掌的人数足够多,那么它会引起全班同学热烈的掌声。

尽管这几个命题的支命题完全不同,但它们有相同的联结词,因此它们有相同的逻辑形式。如果分别用 p、q 表示前后两个支命题,它们都有形式"如果 p,那么 q"。它们是同一形式的命题因而具有相同的逻辑形式。

## 二、复合命题的逻辑特征

命题是描述事件的。一个命题所描述的如果符合事实它就是真的,如果不符合事实它就是假的。因此,一个命题要么是真的,要么是假的,无所谓真假的语句不表达命题。而符合事实的命题如果是真的,那么它就不可能是假的,如果是假的,那么它就不可能是真的,因此一个命题不可能既真又假。我们把真假叫作命题的逻辑值,又称作命题的真值(truth-value)。显然,任意一个命题必须并且也只能在真和假中取一个为其逻辑值。一个命题或者是真的,或者是假的,它必须且只能在真假中取一个为值,这就是命题的逻辑特征。

对一个简单命题而言,它描述的是一个简单事件,如果描述符合事实它就是真的,不符合就是假的。因此,我们是直接以事实为根据来判定简单命题的真假。

复合命题是由联结词联结支命题构成的,从这个意义上讲,复合命题描述的是支命题之间的逻辑关联。尽管复合命题同简单命题一样,也是要么为真要么为假的,但是复合命题的真假是由支命题的真假决定的。支命题之间的逻辑关联表现为支命题的真假对整个复合命题真假的制约关系。

一个复合命题的支命题之间具有怎样的逻辑关联是由复合命题的联结词决定。联结词不同,支命题之间的逻辑关联就不同,因而支命题的真假对整个复合命题真假的制约情况就不同。我们把一种形式的复合命题其支命题真假对复合命题真假的制约情况列出来,就得到一张表,把它叫作该种形式复合命题的真值表。

假定有 2 个支命题 p 和 q,则 p 和 q 的真假组合有且只有 4 组情况,即"p 和 q 都真","p 真而 q 假","p 假而 q 真"及"p 和 q 都假"。如果用 p 和 q 构造一个复合命题,那么在 p 和 q 的每组真假组合情况下该复合命题都具有且只具有一个特定的真值。我们用"T"表示真,"F"表示假,假定复合命题的形式为"p 或者 q",我们就得到如下真值表:

| p | q | p 或者 q |
|---|---|---|
| T | T | T |
| T | F | T |
| F | T | T |
| F | F | F |

每一种形式的命题都有一个相应的真值表。真值表描述了支命题的真假对一个复合命题真假的制约关系,因此,它实际上描述的是这一形式复合命题的逻辑特征。分析一种形式复合命题的逻辑特征就必须要分析它的真值表,通过分析其真值表可以揭示一种形式复合命题的逻辑性质。

## 第二节 复合命题的几种基本形式

### 一、负命题

否定一个命题得到的就是负命题。如下都是负命题:

(1)并非所有天鹅都是固体。

(2)并非天在下雨但地却是干的。

负命题的联结词是"并非",我们称其为否定联结词,用符号"¬"表示。

显然,否定联结词只能联结一个支命题。我们称这种只能联结一个支命题的联结词为一元联结词,因此"¬"是一个一元联结词。负命题的逻辑形式是"¬p",读作"非 p"。

一个否定命题是真的,当且仅当它的支命题假;如果它的支命题是真的,则否定命题为假。否定命题的逻辑特征用真值表表示为:

| p | ¬p |
|---|---|
| T | F |
| F | T |

### 二、联言命题

联言命题是其联结词为联言联结词的复合命题。在自然语言中,联言联结词有多种表达形式,如在汉语中有"不但……而且……"、"既……又……"、"尽管……却……"、"并且"等等。如下就是两个联言命题:

(1)玫瑰花可以观赏,并且玫瑰花可以入药。

(2)不但加热器将水加热需要时间,房间中的空气加热也需要时间。

我们用"∧"表示联言联结词，p和q表示支命题，有时称作该联言命题的联言支。联言命题的逻辑形式是"p ∧ q"，读作："p并且q"。

联言联结词表达的含义是：联结词联结的每个支命题描述的事件同时存在。因此，一个联言命题是真的，当且仅当它的每一个支命题都真。如果联言命题有一个支命题是假的，则意味着这个支命题所描述的事件不存在，即并非每个支命题描述的情况都存在，因此，该联言命题就是假的。我们把上述联言命题的逻辑特征用真值表表示出来，就得到下表：

| p | q | p ∧ q |
|---|---|-------|
| T | T | T |
| T | F | F |
| F | T | F |
| F | F | F |

显然，联言命题的逻辑特征可以概括为：一个联言命题是真的，当且仅当它的每一个联言支都真，否则它就是假的。

### 三、选言命题

选言命题是其联结词为选言联结词的复合命题。在自然语言中，选言联结词有多种表达形式，如在汉语中就有"……或者……"、"……要么……"等等。如下就是两个选言命题：

(1)他发高烧或者是由于上呼吸道感染，或者是由于肺部感染。

(2)拍卖法规定，拍卖的标的必须是委托人所拥有的，或者是委托人有权处分的。

一般认为有两种选言命题，即相容的选言命题和不相容的选言命题。

(一)相容的选言命题

相容的选言命题是指其支命题可以同时为真的选言命题。例如上述两个选言命题都是相容的选言命题，因为每个命题的选言支都可以同时为真。

我们用"∨"表示相容的选言联结词，p和q表示支命题，则相容选言命题的逻辑形式是"p ∨ q"，读作："p或者q"。

相容选言联结词表达的含义是：各支命题描述的现象情况至少有一种存在。因此，一个相容选言命题是真的，当且仅当它的支命题至少有一个真。如果选言命题的每一个支命题都是假的，则意味着没有哪个支命题所描述的情况存在，即并非至少有一个支命题所描述的情况是存在的，因此该选言命题就是假的。我们把上述相容选言命题的逻辑特征用真值表表示出来，就得到下表：

| p | q | p∨q |
|---|---|---|
| T | T | T |
| T | F | T |
| F | T | T |
| F | F | F |

显然,相容选言命题的逻辑特征也可以用一句话概括:一个相容选言命题是假的,当且仅当它的每一个选言支都假,否则它就是真的。

(二)不相容选言命题

不相容选言命题是指其支命题不可能同真的选言命题。如下就是不相容的选言命题:

(1)这个三角形是钝角的,或者是锐角的。

(2)把一个硬币掷下去,当它落地时要么正面朝上要么反面朝上。

一个三角形不可能既是钝角的又是锐角的,一个硬币落地不可能既正面朝上又反面朝上,这两个命题的支命题不可能同真,它们是不相容的选言命题。

不相容选言命题的逻辑含义是:各支命题描述的现象情况有且只有一种存在。因此,一个不相容选言命题是真的,当且仅当它的支命题有且只有一个真。如果一个不相容选言命题的每个支命题都真,或每个支命题都假,则该命题是假的。我们用"$\underline{\vee}$"表示不相容选言联结词,则不相容选言命题的形式是"$p\underline{\vee}q$"。

不相容选言命题的逻辑特征用真值表表示如下:

| p | q | p$\underline{\vee}$q |
|---|---|---|
| T | T | F |
| T | F | T |
| F | T | T |
| F | F | F |

一个具体的选言命题究竟是相容的还是不相容的,我们只能从其命题的内容上区分。由于实际情况是一个人可以既患上呼吸道感染又患肺部感染,所以命题"他发高烧或者是由于上呼吸道感染,或者是由于肺部感染"是相容的选言命题。而一个三角形不可能既是钝角的又是锐角的,命题"这个三角形是钝角的,或者是锐角的"就是一个不相容的选言命题。

因此,如果一个具体命题的联结词是"或者",或者是"要么",而我们又完全不了解命题所描述的情况,那么就只能根据联结词而称该命题是选言命题。至于这个命题是相容的还是不相容的,我们就无法判定了,毕竟对命题内容的分析是在逻辑视野之外的。

仅仅根据联结词我们不能判定一个选言命题是相容的还是不相容的,但如果我们已经知道事实上两个支命题不能同真,就可以通过一些特殊的语词表达出选言支的不相容性。例如:

"这次选举必须选取一个并且只能选取一个人,或者郁金香当选,或者李司当选。"

显然这是一个不相容的选言命题。

这意味着不相容选言联结词的逻辑特征可以用相容选言联结词和联言联结词来定义。我们可以将"p $\veebar$ q"定义为"(p∨q)∧¬(p∧q)"。从下表可见,这两种形式的命题是逻辑等值的:

| p q | ¬(p∧q) | p∨q | p$\veebar$q | (p∨q)∧¬(p∧q) |
| --- | --- | --- | --- | --- |
| T T | F | T | F | F |
| T F | T | T | T | T |
| F T | T | T | T | T |
| F F | T | F | F | F |

既然不相容的选言命题可以用相容选言命题组合联言命题来定义,因此,只选取相容选言命题作为基本的命题形式。

## 四、条件命题

条件命题是指联结词是条件联结词的复合命题。条件联结词表达的是一个支命题所描述的事件是另一个支命题所描述事件存在的条件。两个事件之间的条件联系有两种,一是充分条件联系,一是必要条件联系。因此,条件命题也有两种,即充分条件命题和必要条件命题。

(一)充分条件命题

联结词是充分条件联结词的命题是充分条件命题。充分条件联结词的汉语表达形式有:"如果……那么……"、"若……则……"、"一旦……就……"、"只要……就……"等等。如下就是两个充分条件命题:

(1)如果天在下雨,那么地是湿的。

(2)如果郁金香有选举权,那么她年满18岁。

我们用"→"表示充分条件联结词,充分条件命题的逻辑形式可以表示为:"p → q"。

充分条件联结词描述的是两个事件之间的充分条件联系。事件p与事件q之间有充分条件联系:如果有p必有q,而没有p有无q不确定。例如,事件"天在下雨"与"地是湿的",一旦天在下雨,就一定有地是湿的;而天没有下雨,地是不是湿的就不一定。因此,事件"天在下雨"与"地是湿的"之间有充分条件联系,"如果天在下雨,那么地是湿的"就是一个充分条件命题。根据充分条件命题的这些特征,我们把在联结词"如果"后面出现的支命题称作条件命题的前件,把在"那么"后面出现的支命题称作后件。

因此,充分条件命题的逻辑含义是:前件真时后件必真,前件假则后件可以真也可以假。

如果一个充分条件命题的前件真而后件是假的,那么就意味着两个支命题之间并没有充分条件联系,命题对前后件关系的描述不符合事实,因此命题是假的。例如,"如果水分充足,那么水稻长得好"就是一个假命题,因为"水分充足"和"水稻长得好"二者之间不具有充分条件联系,前者真时后者可以是假的。

充分条件命题的逻辑特征用真值表表示如下:

| p | q | p → q |
|---|---|---|
| T | T | T |
| T | F | F |
| F | T | T |
| F | F | T |

由真值表我们看到,一个充分条件命题是假的,当且仅当,它的前件真而后件假。除此之外,充分条件命题都是真的。

## (二)必要条件命题

必要条件命题是指联结词是必要条件联结词的命题。必要条件联结词的汉语表达形式有:"只有……才……"、"除非……不……"等等。如下就是两个必要条件命题:

(1)只有全部成绩都在良好以上,才具备公派出国留学资格。
(2)除非水分充足,水稻不可能长得好。

必要条件命题描述的是两个事件之间的必要条件联系。事件 p 与事件 q 之间有必要条件联系,如果没有 p 就没有 q,而有 p 时有无 q 不确定。例如,事件"全部成绩都在良好以上"与"具备公派出国留学资格",一旦不是全部成绩都在良好以上,他就一定不具备公派出国留学资格;而全部成绩都在良好以上,他有没有公派出国留学资格则不一定。因此事件"全部成绩都在良好以上"与"具备公派出国留学资格"之间有必要条件联系,"只有全部成绩都在良好以上,才具备公派出国留学资格"就是一个真的必要条件命题。

因此,必要条件命题的逻辑含义是:前件假时后件必假,而前件真则后件可以真也可以假。

我们用"←"表示必要条件联结词,必要条件命题的逻辑形式可以表示为"p ← q"。

必要条件命题的逻辑特征用真值表表示如下:

| p | q | p ← q |
|---|---|---|
| T | T | T |
| T | F | T |
| F | T | F |
| F | F | T |

由真值表我们看到,一个必要条件命题是假的,当且仅当它的前件假而后件真。因为在这种情况下,前后件之间不具有必要条件联系,如果我们硬要把它们描述为有必要条件联系,其描述不符合事实,得到的命题就是假的。除此之外,必要条件命题都是真的。

必要条件命题可以用充分条件命题来表示。如果 p 与 q 有必要条件联系,那么没有 p 必定没有 q;因此,若是要有 q 则必定有 p,这意味着 q 与 p 之间一定有充分条件联系。因此,如果前件是后件的必要条件,那么后件就是前件的充分条件。命题"只有全部成绩都在良好以上,才具备公派出国留学资格"与"如果具备公派出国留学资格,那么全部成绩都在良好以上"是逻辑等值的。因此,我们可以将"p ← q"形式的必要条件命题表示为形式是"q → p"的充分条件命题。

### 五、等值命题

联结词是等值联结词的命题是等值命题。等值联结词的汉语表达形式是"…… 当且仅当 ……"。如下都是等值命题:

(1)一个三角形是等边的,当且仅当它是等角的。

(2)一个自然数是偶数,当且仅当它能够被 2 整除。

我们用"↔"表示等值联结词,等值命题的逻辑形式为"p ↔ q"。

等值联结词表达的含义是:两个支命题是等值的,即,如果有 p 真那么 q 真,如果 p 假那么 q 假。等值命题又被称作充要条件命题,因为 p 真那么 q 真意味着 p 是 q 的充分条件;p 假那么 q 假则意味着 p 是 q 的必要条件。显然,上述两个等值命题都是真命题,因为它们各自的支命题之间确实存在等值联系。

因此,等值命题的逻辑特征是:当 p 和 q 同真或者同假时,等值命题为真;如果两个支命题的真假不同,等值命题就是假的。等值命题的特征可用真值表刻画如下:

| p | q | p ↔ q |
| --- | --- | --- |
| T | T | T |
| T | F | F |
| F | T | F |
| F | F | T |

## 第三节 命题公式与真值函项

### 一、命题公式

从认识的角度看,复合命题的逻辑形式是从具体命题中抽象出来的。例如,对下列具体命题:

(1)如果王进是犯罪嫌疑人,那么他有犯罪动机和犯罪时间。

设"王进是犯罪嫌疑人"为 p,"王进有犯罪动机"为 q,"王进有犯罪时间"为 r,我们就抽象出该命题的逻辑形式:

p →( q∧ r )

我们把复合命题的逻辑形式叫作命题公式。因此,从认识论角度看命题公式来源于具体命题。

具体命题不仅有逻辑形式的不同,还有表达内容的不同。对于如下具体命题:

(2)如果一个公民是完全行为能力人,那么他年满十八周岁并且具有完全的行为能力。

我们可以抽象出与上述命题相同的逻辑形式"p →( q∧ r )",但从内容上看,它们是完全不同的两个命题。

尽管从认识论的角度看,命题的逻辑形式是从具体命题中抽象出来的,但是逻辑学注重的是命题的逻辑形式。从逻辑的角度看,一个命题公式是用基本的逻辑符号构造出来的。

从逻辑的角度考察,上述命题公式"p →( q∧ r )"是用命题符号 p、q、r,逻辑联结词符号→和∧,以及一对括号构造而成的。

我们可以将命题公式中的命题符号仅看作构造命题公式的材料,完全不考虑它们究竟代表了什么。因此,从逻辑的角度分析,命题公式只有形式结构上的区分。两个命题公式不相同,一定是因为它们有不同的形式结构。不同的形式结构决定了它们各自具有不同的逻辑特征。

构造命题公式的符号是人为创造出来的一种特殊的语言符号。人们创造这些符号是为了表达复合命题的逻辑形式以满足逻辑研究的需要。对于运用这些语言符号构造的表达式,我们只重视它们在形式结构上的区分。因此,我们把这样的语言叫作形式语言。

如同自然语言有基本构词要素,如英文有 26 个字母,形式语言也有其构造表达式的基本符号,称之为初始符号。构造命题公式的初始符号如下:

(一)初始符号

命题逻辑的初始符号如下:

(1)命题变元:p,q,r,…

(2)命题联结词:∧ ,∨ ,→,↔,¬

(3)辅助符号：( , )

这里的第 1 类符号是逻辑变元,它们只是抽象的命题代表,如果代表真命题,命题变元可取值为真,如果代表假命题则取值为假。因此我们称第 1 类符号是以真值为定义域的变元。

第 2 类符号命题联结词是逻辑常元,它们有确定的逻辑解释因而能够表达某种确定的真假联系。

第 3 类符号辅助符号则是为避免歧义,构造合式命题公式所需要的辅助符号。

所有命题公式都是运用上述初始符号构造出来的。然而,并不是运用初始符号构造出来的符号串都是命题公式。为了把是命题公式的符号串同不是命题公式的符号串区分开来,我们给出如下形成规则。

(二)形成规则

命题公式的形成规则如下:

(1)所有命题变元是命题公式;

(2)如果Φ是命题公式,那么¬Φ是命题公式;

(3)如果Φ、Ψ是命题公式,那么(Φ→Ψ),(Φ∧Ψ)、(Φ∨Ψ)和(Φ↔Ψ)也是命题公式;

(4)只有按照以上3条(形成的符号串)才是命题公式。

上述第1条规则规定任意一个命题变元是公式,显然这是结构最简单的命题公式,因此被称作原子公式。

第2条规定在一个命题公式左边添加联结词"¬"就得到一个新的命题公式。这条规则规定"¬"只能作用于一个命题公式,"¬"因此被称作一元联结词。

第3条规定,任意两个命题公式用联结词∧、∨、→和↔联结起来,并在两头分别加上括号就形成一个新的公式。这四个联结词也因为所联结的必须是两个命题公式而被称作二元联结词。

显然运用第2条和第3条得到的命题公式都对应于一个基本的复合命题:

联结词是"∧"的命题公式如"p∧q"表达的是联言命题,我们称这样的命题公式为合取式。

联结词是"∨"的命题公式如"p∨q"表达选言命题,我们称其为析取式。

联结词是"→"的命题公式如"p→q"表达条件命题,我们称其为蕴涵式。

联结词是"↔"的命题公式如"p↔q"表达等值命题,我们称其为等值式。

联结词是"¬"的命题公式如"¬p"表达负命题,我们称其为否定式。

第3条规则还规定,运用二元联结词得到的新公式必须用一对括号括上。这一规定是为了避免发生歧义。根据这条规则,"p∧q→r"就不是命题公式,因为它是有歧义的。加括号为"(p∧q)→r"得到一个蕴涵式,蕴涵式的前件是一个合取式。如果加括号为"p∧(q→r)"则得到一个合取式,该式的一个合取支是蕴涵式。显然这是两个完全不同的命题公式。

在命题公式的构造中正确添加括号是非常重要的。看如下几个命题公式:

(1)(p∧q)→(r∨s)

(2)p∧(q→(r∨s))

(3)((p∧q)→r)∨s

虽然它们有相同的命题变元和联结词,但由于括号的位置不一样,它们是完全不同的命题公式。第一个是蕴涵式,其前后件分别为合取式和析取式。第二个是合取式,它右边的合取支是一个后件为析取式的蕴涵式。最后一个是析取式,它左边的析取支是一个前件为合取式的蕴涵式。

第4条规定,凡是不符合第(1)、(2)和(3)条要求的符号串就不是命题公式。

由形成规则可知,命题公式都是从原子命题出发,运用联结词一步步构造形成的。一个命题公式无论它的形式多么复杂,它总是由有限个命题变元进行有限次组合逐步构造而成。

由于命题变元是公式,联结词组合变元得到的还是公式,因此,构造过程中的每一步都将得到一个新的且形式更复杂的命题公式。这意味着命题公式总是由命题公式构造而成。我们把作为一个命题公式构成部分的公式叫作该命题公式的子公式。例如命题公式

$$((p \land \neg q) \lor r) \to ((\neg p \lor r) \to (q \leftrightarrow s))$$

首先,它有 4 个变元,即有 4 个原子公式

$$p、q、r、s$$

我们运用联结词"¬"得到子公式

$$\neg p、\neg q$$

再运用联结词"∧"、"∨"和"↔"得到新的子公式

$$(p \land \neg q)、(\neg p \lor r)、(q \leftrightarrow s)$$

再运用联结词"∨"和"→"得到更复杂的子公式

$$((p \land \neg q) \lor r)、((\neg p \lor r) \to (q \leftrightarrow s))$$

最后运用联结词"→"将两个子公式联结起来就得到上述命题公式。

形成规则还给我们提供了一个标准,根据它可以判定任一符号串是不是命题公式。例如 pq∧r,p→¬q,p∧→qr 各符号串就不是命题公式。

如果说命题公式是构造出来的,那么具体命题与命题公式是怎样的关系呢?从逻辑的角度看,具体命题只是命题公式的例示,即命题公式的一个特例。如下具体命题都是命题公式"(p∧q)→r"的例示:

(1)如果加温到了一定限度并且加压到一定限度,那么空气可以液化。

(2)如果考试合格并且体检合格,那么就可以上大学。

## 二、命题公式与真值函项

命题公式是由联结词与命题变元组合而成的。命题公式的真假则是由命题变元的真假确定的。如果变元的值不确定,命题公式的值也不能确定。例如,对于命题公式

p→q

(1)如果 p 和 q 的值不确定,该公式的值也不能确定;

(2)如果确定 p 为真 q 也为真,则该公式的值可确定为真;

(3)如果 p 为真而 q 为假,则该公式的值为假。

由此可见,命题公式就相当于一个函项式,公式的值由变元的值唯一确定。

但是命题公式又不同于一般的函数式,它的变元是命题变元,只能取值为真或假,即只能以真假为定义域。一旦变元的值确定公式的值随即确定,而公式的取值范围也是真或假。因此,命题公式是一个以真假为定义域,并且也以真假为值域的特殊函数。真假是命题的逻辑值,简称真值。因此命题公式被称作真值函项。

命题公式是运用初始符号根据形成规则构造出来的。形成规则并没有规定只能构造到什么程度,这就意味着给定有限个命题变元,根据形成规则我们可构造出无限多个命题公式。然而,用有限的变元虽然可以构造无限多个命题公式,但却只能构造有限多个真值函项。

首先,有限个命题变元其真假组合数是有限的。对于一个变元 p,p 可以被赋值为真或者为假。因此一个变元有两种真假取值情况。若是两个变元 p 和 q,则可以对 p 和 q 都赋值为

真,或 p 为真 q 为假,或 p 假 q 真,或 p 和 q 都假。因此两个变元有 $2\times 2 = 2^2$ 即四种真假取值情况。三个变元则有 $2\times 2\times 2 = 2^3$ 即八种真假取值情况,$n$ 个变元则有 $2^n$ 种真假取值情况。

其次,真值函项作为一个命题公式,它的值是由变元的值确定的。相对于变元的任意一组取值,一个真值函项的值或者为真,或者为假。因此,由有限个命题变元只能构造出有限个真值函项。令 $f_i(p)$ 表示以 p 为变元的任一真值函项,由 p 构造的真值函项如下

| p | $f_1(p)$ | $f_2(p)$ | $f_3(p)$ | $f_4(p)$ |
|---|---|---|---|---|
| T | T | T | F | F |
| F | T | F | T | F |

由表可见,用一个变元 p 可以构造出 $2^2$ 即 4 个真值函项。其中 $f_2(p)$ 的值与 p 相等值,p 真它真,p 假它假,p∧p 就表达这样的真值函项。$f_3(p)$ 的值与 p 相反,p 真它假,p 假它真,¬p 表达这样的真值函项。$f_1(p)$ 和 $f_4(p)$ 则是常函,无论变元 p 取什么值,$f_1(p)$ 恒为真,$f_4(p)$ 则恒为假。我们可以用 p∨¬p 表示 $f_1(p)$,用 p∧¬p 表示 $f_4(p)$。

再看有两个变元 p 和 q 的情况。p 和 q 相组合有 $2^2$ 即 4 种取值情况,在每组取值情况下真值函项或者为真或者为假,因此由其构成的真值函项有 $2^4$ 即 16 个。令 $f_i$ 表示其中的任意一个:

| p | q | $f_1$ | $f_2$ | $f_3$ | $f_4$ | $f_5$ | $f_6$ | $f_7$ | $f_8$ | $f_9$ | $f_{10}$ | $f_{11}$ | $f_{12}$ | $f_{13}$ | $f_{14}$ | $f_{15}$ | $f_{16}$ |
|---|---|---|---|---|---|---|---|---|---|---|---|---|---|---|---|---|---|
| T | T | T | T | T | T | T | T | T | T | F | F | F | F | F | F | F | F |
| T | F | T | T | T | T | F | F | F | F | T | T | T | T | F | F | F | F |
| F | T | T | T | F | F | T | T | F | F | T | T | F | F | T | T | F | F |
| F | F | T | F | T | F | T | F | T | F | T | F | T | F | T | F | T | F |

表中的 $f_2$ 可以用 p∨q 表示,$f_{15}$ 是它的否定。

$f_3$ 可以同 $f_5$ 相比较,前者只在 p 假 q 真时为假,后者只在 p 真 q 假时为假。若以 p 为前件 q 为后件,则前者与必要条件相对应,可以用 ¬p→¬q 表示;后者与充分条件相对应。可以用 p→q 表示。$f_{14}$ 是 $f_3$ 的否定,$f_{12}$ 则是 $f_5$ 的否定。

$f_4$ 是与 p 等值的真值函项,可以用 p∨(q∧¬q),p∧(q∨¬q) 等表示。$f_6$ 则与 q 等值。而 $f_{13}$ 是 $f_4$ 的否定,$f_{11}$ 是 $f_6$ 的否定。

$f_7$ 可以用 p↔q 表示,$f_{10}$ 是它的否定。

$f_8$ 可以用 p∧q 表示,$f_{15}$ 是它的否定。

$f_1$ 是恒真的真值函项,无论 p 和 q 取什么样的值它总为真。$f_{16}$ 是 $f_1$ 的否定,它是一个恒假式,无论 p 和 q 取什么样的值,它总是假的。它表示的是逻辑矛盾。

总结以上所述,我们可以看到,给定 $n$ 个命题变元,则有 $2^{2^n}$ 个真值函项。这些不同的真值函项分为三大类。

(1)恒真式。不论其中的变元取什么样的值,函项式的值恒为真。

(2)恒假式。无论其中的变元取什么样的值,函项式的值恒为假。

(3) 协调式。既不是恒真式也不是恒假式的函项式。

显然,协调式在其变元的某些取值组合下为真,在另一些取值组合下为假。因此,协调式的真假由变元的真假决定。

恒真式又叫作重言式,它表达的是逻辑真理。恒假式又叫作矛盾式,它表达的是逻辑谬误。重言式和矛盾式都是常函项,即无论它们的变元取什么样的值,函项的值是不变的。

如果说每个理论都关注其真理,逻辑理论关注的则是逻辑真理,即重言式。在后面的讨论中我们将看到,所有有效推理都表现为一个重言式,逻辑思维的基本规则是用重言式描述的,重言式还可以描述命题公式之间的等值关系。

## 第四节　命题公式间的逻辑等值关系

本节我们介绍具有逻辑等值关系的一些重要的逻辑等值式以及逻辑联结词之间的相互定义等内容。

### 一、命题公式之间的逻辑等值

在上节的介绍中,我们已经看到,给定有限多个命题变元可以构造出无限多个命题公式,但只能构造出有限多个真值函项。而命题公式就相当于一个真值函项,这意味着实际上总有若干个不同的命题公式相当于同一个真值函项。这些命题公式尽管形式各不相同,由于它们表示的是同一个真值函项,无论构成公式的变元取什么样的值,这些公式要么都是真的,要么都是假的。

显然,这些表达同一真值函项的公式在任何情况下都具有相同的逻辑值,因此我们称这些公式是逻辑等值的公式。

由此可见,两个命题公式是逻辑等值的,那么它们一定有共同的命题变元,并且无论构成公式的变元取什么值,两个公式要真都真,要假都假。例如,命题公式"¬p∨¬q"与"¬(p∧q)"是逻辑等值的。两个公式虽然形式不同,但它们有共同的变元 p 和 q,并且从下列真值表可见,在变元的每一取值组合下两个公式都有相同的逻辑值:

| p q | ¬p | ¬q | p∧q | ¬p∨¬q | ¬(p∧q) |
|---|---|---|---|---|---|
| T T | F | F | T | F | F |
| T F | F | T | F | T | T |
| F T | T | F | F | T | T |
| F F | T | T | F | T | T |

这个例子说明,真值表给我们提供了一种方法,我们可以运用它来判定任意两个有共同变元的公式是否逻辑等值。

**例 1**  判定命题公式"(p∧q)→r"与"p∨(q→r)"是否逻辑等值。

证：建立真值表如下

| p | q | r | p∧q | q→r | (p∧q)→r | p∨(q→r) |
|---|---|---|-----|-----|---------|---------|
| T | T | T | T | T | T | T |
| T | T | F | T | F | F | T |
| T | F | T | F | T | T | T |
| T | F | F | F | T | T | T |
| F | T | T | F | T | T | T |
| F | T | F | F | F | T | F |
| F | F | T | F | T | T | T |
| F | F | F | F | T | T | T |

从真值表的第二行和第六行可见，两个公式不是逻辑等值的。

如果两个公式是逻辑等值的，如上面已证明的"¬p∨¬q"和"¬(p∧q)"，那么以这两个公式为子公式构造一个等值式

$$(¬p∨¬q)↔¬(p∧q)$$

这个等值式是恒真的，因为两个子公式总是等值的，等值式不可能假。由此可推知，一个等值式是重言式，那么它的两个子公式逻辑等值。

如果一个等值式是重言式，那么我们就用符号"⇔"代替等值联结词"↔"。公式"Φ ⇔ Ψ"表示 Φ 和 Ψ 逻辑等值，即"Φ↔Ψ"是重言式。因此我们有

$$(¬p∨¬q)⇔¬(p∧q)$$

## 二、十组重要的重言等值式

这里我们将讨论几个重要的重言等值式，它们在证明推理有效性中发挥着重要的作用。

1. 交换律　　(p∧q) ⇔ (q∧p)

　　　　　　(p∨q) ⇔ (q∨p)

由于合取式只在每个支公式都真才真，只要有一个子公式假就假；而析取式只在每个子公式都假时才假，只要有一个子公式真就真。因此，合取式或析取式的两个子公式可以任意交换位置，对公式的逻辑值没有影响。

2. 结合律　　((p∧q)∧r) ⇔ (p∧(q∧r))

　　　　　　((p∧q)∧r) ⇔ (p∧(q∧r))

结合律指出，对于多重的合取式和析取式来说，括号的位置不同并不影响公式的真假。因为无论括号在什么位置，一个合取式真当且仅当每个子公式都真，而一个析取式假当且仅当每个子公式都假。

3. 德摩根律　　　$\neg(p \wedge q) \Leftrightarrow (\neg p \vee \neg q)$
　　　　　　　　　$\neg(p \vee q) \Leftrightarrow (\neg p \wedge \neg q)$

德摩根律指出，否定一个合取式当且仅当至少否定它的一个合取支，而否定一个析取式当且仅当否定它的每一个析取支。我们前面已经用真值表证明了合取式的情况，关于析取式可做类似的证明。

4. 分配律　　　$(p \wedge (q \vee r)) \Leftrightarrow ((p \wedge q) \vee (p \wedge r))$
　　　　　　　　$(p \vee (q \wedge r)) \Leftrightarrow ((p \vee q) \wedge (p \vee r))$

现在用真值表证明其中的一条，另一条的证明可参照进行。

| p | q | r | q∨r | p∧q | p∧r | p∧(q∨r) | ↔ | (p∧q)∨(p∧r) |
|---|---|---|-----|-----|-----|---------|---|-------------|
| T | T | T | T | T | T | T | T | T |
| T | T | F | T | T | F | T | T | T |
| T | F | T | T | F | T | T | T | T |
| T | F | F | F | F | F | F | T | F |
| F | T | T | T | F | F | F | T | F |
| F | T | F | T | F | F | F | T | F |
| F | F | T | T | F | F | F | T | F |
| F | F | F | F | F | F | F | T | F |

5. 实质蕴涵　　　$(p \rightarrow q) \Leftrightarrow (\neg p \vee q)$

用真值表对其进行验证：

| p | q | ¬p | p→q | ↔ | ¬p∨q |
|---|---|----|-----|---|------|
| T | T | F | T | T | T |
| T | F | F | F | T | F |
| F | T | T | T | T | T |
| F | F | T | T | T | T |

6. 假言易位　　　$(p \rightarrow q) \Leftrightarrow (\neg q \rightarrow \neg p)$

假言易位指出，如果 p 蕴涵 q，那么非 q 就蕴涵非 p，即前件是后件的充分条件，当且仅当后件就是前件的必要条件。用真值表可以验证两个公式逻辑等值。

| p | q | ¬p | ¬q | p→q | ↔ | ¬q→¬p |
|---|---|---|---|---|---|---|
| T | T | F | F | T | T | T |
| T | F | F | T | F | T | F |
| F | T | T | F | T | T | T |
| F | F | T | T | T | T | T |

**7. 移出律**      $((p \wedge q) \rightarrow r) \Leftrightarrow (p \rightarrow (q \rightarrow r))$

用真值表可以验证两个公式逻辑等值：

| p | q | r | p∧q | q→r | ((p∧q)→r)↔(p→(q→r)) |
|---|---|---|---|---|---|
| T | T | T | T | T | T T T |
| T | T | F | T | F | F T F |
| T | F | T | F | T | T T T |
| T | F | F | F | T | T T T |
| F | T | T | F | T | T T T |
| F | T | F | F | F | T T T |
| F | F | T | F | T | T T T |
| F | F | F | F | T | T T T |

**8. 实质等值**      $(p \leftrightarrow q) \Leftrightarrow ((p \rightarrow q) \wedge (q \rightarrow p))$

用真值表可以验证两个公式逻辑等值：

| p | q | p→q | q→p | p↔q | ↔ | ((p→q)∧(q→p)) |
|---|---|---|---|---|---|---|
| T | T | T | T | T | T | T |
| T | F | F | T | F | T | F |
| F | T | T | F | F | T | F |
| F | F | T | T | T | T | T |

**9. 双否律**      $p \Leftrightarrow \neg\neg p$

双否律指出，一个公式与对该公式的否定之否定逻辑等值。两个公式的逻辑等值是显然的。

**10. 重言律**      $p \Leftrightarrow (p \wedge p)$

                    $p \Leftrightarrow (p \vee p)$

可以用真值表判定这两个公式逻辑等值：

| p | p∧p | p∨p | p↔(p∧p) | p↔(p∨p) |
|---|-----|-----|---------|---------|
| T | T   | T   | T       | T       |
| F | F   | F   | T       | T       |

这十组重言等值式将在命题演算中有重要作用。

### 三、命题联结词的相互定义

两个命题公式逻辑等值意味着它们表达同一个真值函项，而两个具体命题逻辑等值意味着两个命题描述的是同一个事件，因此它们都可以相互交替使用。如：

(1)如果李司是犯罪嫌疑人，那么李司有犯罪动机。

令"李司是犯罪嫌疑人"为 p，"李司有犯罪动机"为 q。命题(1)的逻辑形式是"p → q"。根据实质蕴涵律"(p → q) ⇔ (¬p∨q)"，命题(1)等值于形式为"¬p∨q"的命题：

(2)或者李司不是犯罪嫌疑人，或者李司有犯罪动机。

又根据德摩根律"¬(p∨q) ⇔ (¬p∧¬q)"可推知"(p∨q) ⇔ ¬(¬p∧¬q)"。用"¬p"代替"p"得到"(¬p∨q) ⇔ ¬(¬¬p∧¬q)"。最后根据双否律"p ⇔ ¬¬p"可推知"(¬p∨q) ⇔ ¬(p∧¬q)"。即形式为"¬p∨q"的命题(2)等值于形式为"¬(p∧¬q)"的命题：

(3)并非李司是犯罪嫌疑人并且没有犯罪动机。

虽然命题(1)、(2)和(3)的逻辑形式不同，但它们所例示的命题公式是逻辑等值的，即，

(p → q) ⇔ (¬p∨q) ⇔ ¬(p∧¬q)

由这三个命题是逻辑等值的，则它们描述的是同一个事件。如果描述符合事实，三个命题都是真的，如果不符合事实，则三个命题都假。因此，在人们日常交往以及在推理中，这三个命题可以相互进行替换。

我们在前面已经证明，如果两个命题公式逻辑等值，那么它们表达同一个真值函项，它们在任何情况下的逻辑值都是一样的，完全可以相互任意替换使用。

我们在讨论复合命题的基本形式时，就是采用这种替换的方式。本来有两种基本的选言命题形式，即相容的选言命题"p∨q"和不相容的选言命题"p∨̲q"。由于后者可以用"(p∨q)∧¬(p∧q)"来定义，我们就只取了"p∨q"作为选言命题的基本形式。对条件命题也是如此。本来有充分条件和必要条件这样两种不同的条件命题，由于必要条件联结词"←"可以用充分条件"→"来定义，我们就只取了"→"。

我们说有五种基本的命题公式，因为根据形成规则由五个不同的联结词¬，∧，∨，→和↔可以得到五个不同的基本命题公式。现在我们要指出，实际上这五个联结词我们只需要其中的某两个就够了，我们可以用它们来定义其他三个。因此，最基本的命题公式实际上只需要两

个,其他基本命题公式可以用这两个联结词构造的命题公式来定义。

能用于构造最基本命题公式的联结词有如下三组:

(1) $\neg$, $\wedge$

(2) $\neg$, $\vee$

(3) $\neg$, $\rightarrow$

这里我们只讨论用"$\neg$,$\vee$"定义出所有五种基本命题公式,其他两组的情况作为练习请读者自己证明。

例 证明用"$\neg$,$\vee$"构造的命题公式可以定义所有五种基本命题公式。

证:由于"$\neg p$"和"$p \vee q$"就是用"$\neg$,$\vee$"构造的,我们所需要证明的只有"$p \wedge q$","$p \rightarrow q$"和"$p \leftrightarrow q$"。

(1) 由德摩根律 $\neg(p \wedge q) \Leftrightarrow (\neg p \vee \neg q)$,可推得

$(p \wedge q) \Leftrightarrow \neg(\neg p \vee \neg q)$,

(2) 由实质蕴涵律 $(p \rightarrow q) \Leftrightarrow (\neg p \vee q)$

(3) 由实质等值律 $(p \leftrightarrow q) \Leftrightarrow (p \rightarrow q) \wedge (q \rightarrow p)$,再根据实质蕴涵律可推得

$(p \leftrightarrow q) \Leftrightarrow (\neg p \vee q) \wedge (\neg q \vee p)$

以上三步完成,证毕。

## 》 本章小结

任一个命题或者是真的,或者是假的,它必须且只能在真假中取一个为值,这就是命题的逻辑特征。

一个复合命题的支命题之间具有怎样的逻辑关联由复合命题的联结词决定。联结词不同,支命题之间的逻辑关联就不同。本章我们主要介绍了负命题、联言命题、选言命题和条件命题等复合命题的逻辑特征,以及构成这些复合命题的联结词之间的相互关系。

## 》 思考题

一、什么是复合命题?有几种基本的复合命题形式?

二、各个形式的复合命题具有什么样的逻辑性质?

三、什么是命题公式?分析命题公式与具体命题的关系。

四、分析命题公式的基本符号和形成规则,怎样判定一个表达式是否为命题公式?

五、什么是重言式、矛盾式和协调式?

六、能否用"$\neg$,$\wedge$"这一组联结词来定义所有命题公式,为什么?

## 练习题

**一、写出下列命题的逻辑形式：**

1. 不可能既要马儿跑,又要马儿不吃草。

2. 小王和小李都是学生,但并非都是好学生。

3. 除非经本人同意,不能以营利为目的使用公民的肖像。

4. 法人是具有民事权利能力和民事行为能力,依法独立享有民事权利和承担民事义务的组织。

5. 无民事行为能力人实施的行为,或者限制民事行为能力人依法不能独立实施的行为,是无效的民事行为。

6. 经人民法院两次合法传唤,原告无正当理由拒不到庭的,视为申请撤诉;被告无正当理由拒不到庭的,可以缺席判决。

7. 宁为玉碎,不为瓦全。

**二、设 A、B 为真,X、Y 为假,下列命题公式哪些能确定为真？**

1. A∧(X∨→Y)

2. (A∨(X∧B))→→( A∨(X∧B))

3. (A→Y)→(X→B)

4. (X→(X→Y))→((X→X)→Y)(X→B)→(A→Y)

5. (A→(B→X)→((A→B)→Y)

6. (X→A)→(→X→→A)

7. (X∨A)→(B∧Y)

8. ((A∨B)→Y)→X

**三、设 A、B 为真,X、Y 为假,p、Q 的值不确定,下列哪些命题公式的值能够确定？**

1. p∨(X∨→p)

2. p∨(Y∨→Q)

3. A∧(p∨→A)

4. Q∨(X∧→Q)

5. →p∨(A∧p)

6. X→(Q→A)

7. A→(Q→Y)

8. (A→p)→(B→Y)

9. (p→A)→(X→Q)

10. (X→p)→(A→Y)

11. (A∨p)→(B∧Q)

12. (B∧p)→(A∨Q)

13. →(p∧Q)∨(→p∧→Q)

14. →(p∨Q)∧(→p∨→Q)

15. (A∨(p∧Q))∧→((A∨p)∧(A∨Q))

16. (A∧(p∨Q))∨→((A∧p)∨(A∧Q))

17. (A→p)→(p→((Q→B)→A))

18. (A→p)→(p→((Q→B)→Y))

19. (A→Y)→(B→((A→Q)→Y))

20. A→((B→p)→(Y→(A→Q)))

21. (A→(B→p))→((B→Q)→Y)

22. (p → q)→((p∨X)→(Q∨A))

23. (p → q)→((A∧p)→(A∧Q))

24. (p∨Q)→((p∧A)→(Q∧A))

四、命题"如果商品价廉并且物美,那么商品畅销"与下列哪些命题逻辑等值?

1. 如果商品不畅销,那么价不廉并且物不美。

2. 如果商品不畅销,那么价不廉或者物不美。

3. 如果商品价廉,那么如果它物美就会畅销。

4. 如果商品价廉,那么或者它物美或者它不会畅销。

5. 如果商品价廉,那么或者它物不美或者它会畅销。

6. 或者商品物不美,或者如果价廉它就会畅销。

7. 如果商品价廉但是它不畅销,那么它物不美。

8. 如果商品畅销,那么它价廉物美。

五、将下列命题形式化,然后用只有联结词"∨,→"的命题公式表示其逻辑形式,并写出其相应的等值命题。

1. 如果一个人的行为严重危害了社会,那么他是在犯罪。

2. 只有年满18岁的人才有选举权。

3. 并非小王和小李都当选了,但也并非小王和小李都没当选。

4. 如果要增加销售利润,那么就要增加销售收入并且降低销售成本。

六、证明:用"→,∧"这一组联结词构造的命题公式可以定义所有五种基本命题公式。

# 第五章 命题逻辑演算

本章首先介绍什么是有效推理式,有哪些基本的有效推理式,它与具体的有效推理有何区别和联系,在此基础上理解形式化的逻辑系统与具体推理论证的关系。

## 第一节 基本的有效推理式

### 一、推理的有效性

推理是一个包含特殊词项的命题集合,根据这样的词项,我们可以区分出前提和结论。例如:

(1)如果郁金香是中国公民并且她有选举权,那么她年满18岁。郁金香是中国公民,但是她还没满18岁。所以,郁金香没有选举权。

这是由三个命题构成的集合,它中间出现了特殊词项"所以"。由此我们把在"所以"前面出现的两个命题称作前提,我们由这两个前提推导出结论"郁金香没有选举权"。因此这个命题集合是一个推理。

显然,作为推理的命题集合与一般的命题集合不同,它的元素的排列是有序的。排列在前面的是前提,排列在最后的一个是结论。因此推理是一个命题序列。推理描述的是一种推演关系,即作为结论的命题是由前提推导出来的,结论的真或可靠性依赖于前提。在(1)中,结论"郁金香没有选举权"是否为真依赖于两个前提。

如果前提真时结论必然是真的,我们就称前提和结论之间有必然的逻辑联系。这种联系保证了推理绝不会出现前提真而结论假的情况。因此,可以由前提的真来保证结论真,由前提可靠有效地推演出结论的可靠。前提和结论之间具有必然逻辑联系的推理就是有效推理。

如果前提和结论之间不具有必然的逻辑联系,那么前提真时结论是否为真不能确定,即不能由前提的真有效地推导出结论真,这样的推理就是无效推理。

推理的有效性是由推理的形式决定的。它表现为作为前提的命题同作为结论的命题之间的一种逻辑关联性,这种逻辑关联取决于构成推理的命题的形式结构特征。从(1)看,令 $p$ 表示命题"郁金香是中国公民",$q$ 表示"郁金香有选举权",$r$ 表示"郁金香年满18岁",(1)的形式如下:

(2)（p∧q)→r
　　p∧﹁r
　　所以 ﹁q

由(2)可见,(1)的第一个前提形式为蕴涵式"（p∧q)→r",第二个前提的形式是合取式"p∧﹁r"。假定这两个前提都真,那么根据合取式的逻辑特征:p∧﹁r 真时 p 和﹁r 都真;而﹁r 真时根据否定式的特征:r 为假。r 是蕴涵式（p∧q)→r 的后件,该蕴涵式是真的,根据蕴涵式的逻辑特征:其后件假则前件必假,因此 p∧q 是假的。再由合取式逻辑特征:合取式假其合取支至少有一个假,既然 p 是真的,q 就一定假,因此﹁q 必真。﹁q 是结论的形式,因此,当(1)的前提真时结论必真。(1)是一个有效推理。

推理的有效性只能从推理的形式上去分析,而内容各异的种种具体推理则只是推理形式的代换实例,简称为例示。因此,(1)是(2)的一个例示,如下推理也是(2)的一个例示:

(3)如果这种商品价格低廉并且品质优良,那么它就能够畅销。
　　该商品确实价格低廉,但是它不畅销。
　　所以,这种商品品质不优良。

(3)是用具体命题"这种商品价格低廉"代换(2)中的变元 p,用"这种商品品质优良"代换 q,用"这种商品畅销"代换 r 而得到的一个具体命题。

必须注意,一个具体推理是某个推理形式的代换例示,那么它必须符合对代换的要求:代换必须是处处进行。

所谓代换处处进行是指,用一个具体命题对一个变元进行代换,对该变元的每一处出现都必须用这同一个命题来代换。在上述命题形式(2)中,每个变元都出现了两次,(1)和(3)是(2)的代换例示,因为它们对(2)中的同一个变元的每次出现都是用同一个具体命题代换的。

现在可以给出有效推理的定义:

**有效推理的定义**　设命题序列 $\Gamma=\langle p_1,p_2,\cdots p_n,q\rangle$ 是一个推理形式,其中 $p_1,p_2,\cdots,p_n$ 是前提,q 是结论。$\Gamma$ 是一个有效的推理式,当且仅当 $\Gamma$ 的每一代换实例都使得:如果 $p_1,p_2,\cdots p_n$ 真那么 q 真。$\Gamma$ 是无效推理式,如果至少有一个 $\Gamma$ 的代换实例使得:$p_1,p_2,\cdots p_n$ 真但 q 假。

如下就是一个无效的推理形式:

(4)（p∧q)→r
　　p∧﹁q
　　所以﹁r

(4)之所以无效是因为我们可以找到一个该推理形式的例示,使得它前提真而结论假。假定李司是一个被剥夺了政治权利的成年印度公民,那么如下推理是(4)的一个例示,它的前提真而结论假:

如果李司是印度公民并且他有选举权,那么他年满 18 岁。李司是印度公民,但是他没有选举权。所以,李司还没满 18 岁。

## 二、基本的有效推理式

根据基本命题公式的逻辑特征,可推知如下一些推理形式是有效的。

### (一)根据合取式的逻辑特征

合取式的逻辑特征指出:一个合取式真,当且仅当两个支命题都真。由此可得到有组合式和分解式两种有效的推理形式。

组合式(简记为∧+)

$$\frac{p}{\begin{array}{c}q\\\hline p\wedge q\end{array}}$$

简化式(简记为∧-)

$$\frac{p\wedge q}{p}$$

显然,这两个推理形式都不可能由真前提推出假结论,因此它们都是有效式。如下是这两个推理形式的例示:

(1)玫瑰花可以观赏。玫瑰花可以入药。所以,玫瑰花既可观赏又可入药。

(2)当事人订立的合同既有书面形式又有口头形式。所以,当事人订立的合同有书面形式。

### (二)根据析取式的逻辑特征

析取式的逻辑特征指出:一个析取式真,当且仅当两个支命题至少有一个真,因此有选言三段论和附加式两个有效推理式。

选言三段论(简记∨-)

$$\frac{\begin{array}{c}p\vee q\\\neg p\end{array}}{q}$$

附加式(简记∨+)

$$\frac{p}{p\vee q}$$

如下是选言三段论的例示:

(1)拍卖的物品是委托人所有的或者是委托人依法可以处分的。该拍卖物品不是委托人所有的。所以,该拍卖物品是委托人依法可以处分的。

选言三段论的有效性是显然的。一个析取式是真的,那么其析取支至少有一个真。因此,由 p∨q 和 ¬p 为真推出 q 必为真。因为如果 q 不是真的则 p∨q 也不可能真,这与 p∨q 为真的假定是矛盾的。

但是由 p∨q 和 p 为真,却推不出 q 的真假,因为析取式只要有一个析取支真就是真的。因此,当 p∨q 和 p 为真时,q 可以是真的也可以是假的,即 q 的真假无法确定。所以,否定析取式的一个析取支必然推出肯定其另一个析取支的结论,但肯定析取式的一个析取支却推不出关于另一个析取支的结论。如下推理式是无效的：

p∨q

p
──
¬q

至于附加式在日常思维中用得很少,但在推理有效性证明中这个推理式有重要作用。

(三)根据蕴涵式的逻辑特征

一个蕴涵式只在前件真后件假时才是假的。因此,有分离式、逆分离式和假言三段论三个有效式。

1.分离式(简记 MP)

p → q

p
──
q

如下是这个推理式的代换例示：

如果是犯罪嫌疑人,那么必有犯罪动机。王武是犯罪嫌疑人。所以王武有犯罪动机。

分离式的有效性是显然的。一个蕴涵式是真的,那么其前件真时后件必真。因此,由 p → q 和 p 为真一定推出 q 为真。因为如果 q 不是真的,那么要么 p → q 不是真的要么 p 不可能真。这与 p → q 和 p 为真的假定相矛盾。

但是,由 p → q 和 q 为真,却推不出 p 的真假。因为如果一个蕴涵式的后件真,那么无论其前件真还是假该蕴涵式都真。因此,当 p → q 和 q 为真时,p 可以是真的也可以是假的,即 p 的真假无法确定。因此,肯定蕴涵式的前件必然推出肯定其后件的结论,但肯定其后件却推不出关于前件的结论。如下推理式是一个无效式：

p → q

q
──
p

2.逆分离式(简记 MT)

p → q

¬q
──
¬p

如下是逆分离式的例示：

如果天在下雨,那么地是湿的。外面的地不是湿的。所以,天没有下雨。

逆分离式的有效性也是显然的。一个蕴涵式是真的,那么其后件假时前件必假。因此,由 p → q 和 ¬q 为真一定推出 ¬p 为真。因为如果 ¬p 不是真的,即如果 p 不是假的,那么要么 p → q 不是真的要么 ¬q 不可能真。这与 p → q 和 ¬q 为真的假定是矛盾的。

但是,由 p → q 和 ¬p 为真,却推不出 q 的真假。因为如果一个蕴涵式的前件假,那么无论其后件真还是假该蕴涵式都真。因此,当 p → q 和 ¬p 为真时,q 可以是真的也可以是假的,即

q的真假无法确定。因此,否定蕴涵式的后件必然推出否定其前件的结论,但否定其前件却推不出关于后件的结论。如下推理式是无效的:

p → q
¬p
―――
¬q

3.假言三段论(简记 HS)

p → q
q → r
―――
p → r

根据蕴涵式的逻辑特征,假言三段论不可能由真前提推出假结论,因此它是一个有效式。如下是这个推理形式的例示:

如果这种商品定价过高,那么将使企业丧失部分销售市场。如果企业丧失了这部分销售市场,那么企业销售额将受到严重影响。所以,如果这种商品定价过高,那么企业销售额将受到严重影响。

(四)二难推理

我们将讨论的最后一个基本的有效推理式是二难推理。

4.二难推理(简记 CD)

(p → q) ∧ (r → s)
p ∨ r
―――――――
q ∨ s

二难推理的一个前提是合取式,其合取支是蕴涵式。另一个前提是析取式,两个析取支分别是对两个蕴涵式前件的肯定。结论也是一个析取式,两个析取支分别肯定了两个蕴涵式的后件。

由合取式、析取式和蕴涵式的逻辑特征可推知二难推理是一个有效的推理式。

假定两个前提真,那么由(p → q) ∧ (r → s)真根据合取式的逻辑特征可知:p → q 和 r → s 都真。由 p ∨ r 真根据析取逻辑特征可知:p 和 r 至少有一个真。p 和 r 分别是蕴涵式 p → q 和 r → s 的前件,根据蕴涵式的逻辑特征,蕴涵式真时前件真后件必真,因此 q 和 s 至少有一个真。由此根据析取式的逻辑特征可知:q ∨ s 必真。

如下推理式是二难推理的变形,又被称作二难推理的破坏式,显然它也是有效的:

(p → q) ∧ (r → s)
¬q ∨ ¬s
―――――――
¬p ∨ ¬r

这个推理式所以叫作二难推理,是因为它可以揭示我们日常思维中隐含的一些问题。以这些有问题的思想作前提,可以推出我们不能接受的结论,或者是使我们进退维谷的结论。

至此,我们讨论了八个基本的有效推理式。显然,构成推理式的基本命题公式的逻辑特征决定了这八个推理式的有效性。

## 第二节　推理有效性的形式证明

逻辑研究的目的是分析一个推理的有效性及其根据,我们上节讨论八个基本的有效推理式正是为了分析复合命题构成的推理的有效性及其根据。本节是与推理有效性证明相关的内容。

### 一、推理有效性与命题演算

对于简单的复合命题推理,我们可以直接根据这些基本有效式来判定推理是否有效,并说明理由。例如:

(1)如果是犯罪嫌疑人,那么必有犯罪动机。王武有犯罪动机。所以王武是犯罪嫌疑人。

这个推理是无效的。因为它的两个前提一个是蕴涵式,一个是对蕴涵式后件的肯定。而以蕴涵式为前提的推理只能通过肯定前件或否定后件而推出结论,即只有分离式(MP)和逆分离式(MT)两种有效式。肯定蕴涵式的后件,其前件是真假不定的。

但是对于复杂的推理这样做就不够了。例如:

(2)如果商品短缺日益严重,那么物价会上涨。如果存在生产过剩,那么物价不会上涨。如果存在通货膨胀威胁,那么财政控制将继续。如果政府改组,那么财政控制将取消。或者存在生产过剩,或者政府改组。因此,商品短缺不会日益严重,或者不再存在通货膨胀威胁。

仅仅孤立地运用八个有效式不可能对这个复杂推理的有效性及其根据做出说明。

虽然孤立地运用八条有效推理式不能证明复杂推理,但它们却提供了证明有效性的基本依据。我们只需以这些有效推理式为基础,增添新的规则和具体行为方法,就可得到一个证明系统。对于任意一个由复合命题构成的推理,只要它是有效的,其有效性就能在这个系统中得到证明。

推理的有效无效是由形式决定的,分析证明复合命题推理的有效性只能从形式方面入手。因此,在系统中证明推理的有效性纯粹是从形式上证明由前提到结论的推演关系。这样描述的推演关系就是一种数学意义上的演算关系。因此这样的系统被称作命题演算系统。

建立命题演算系统有两种方法,一是公理化方法,一是自然演绎方法。公理化的命题演算系统是在形式语言基础上增添公理和变形规则建构起来的。公理是推演的出发点,由公理根据变形规则推演出的是定理。显然,在公理化的系统中,所有定理的可靠性都依赖于公理和变形规则。这也使得公理化方法离我们的日常思维比较远,因为我们证明一个命题的可靠性并不需要追溯其出发点,往往是只需考虑给定前提的情况。

自然演绎系统与公理系统不同,它没有公理,只有一系列推理规则。它是以引入特定前提为假设,根据推理规则推演出结论而建构起来的演算系统。由于这个系统描述的推演关系比较直接而自然地反映了人们的思维过程,因而被称作自然演绎系统。我们将以自然演绎系统为基础讨论有效推理的证明。

需要说明的是,在下面对自然演绎系统的讨论中,是以有利于理解和运用为目的的,因此在规则的选择和引入顺序上并不太严格。

## 二、有效推理的形式证明

在命题演算系统中对推理有效性的证明称作形式证明。现在我们给出自然演绎系统中形式证明的定义:

一个形式证明是一个命题公式序列 $A_1, A_2, \cdots A_n$。其中的任一 $A_i(1 \leqslant i \leqslant n)$ 或者是前提,或者是由前面的公式根据推理规则得到的。序列的最后一个公式 $A_n$ 恰好是结论。

自然演绎系统形式证明是建立在推理规则基础之上的。这些规则大约可分为四部分:(一)基本推导规则,(二)等值替换规则,(三)条件证明规则和(四)间接证明规则。基本推导规则由上一节讨论的八个有效推理式构成。

(一)基本推导规则

1. 组合规则(∧+)

$$\frac{p}{q}$$
$$\overline{p \wedge q}$$

2. 简化规则(∧−)

$$\frac{p \wedge q}{p}$$

3. 选言三段论(∨−)

$$p \vee q$$
$$\frac{\neg p}{q}$$

4. 附加规则(∨+)

$$\frac{p}{p \vee q}$$

5. 分离规则(MP)

$$p \rightarrow q$$
$$\frac{p}{q}$$

6. 逆分离规则(MT)

$$p \rightarrow q$$
$$\frac{\neg q}{\neg p}$$

7. 假言三段论(HS)

$$p \rightarrow q$$

$$\frac{q \to r}{p \to r}$$

8. 二难推理(CD)

$$(p \to q) \land (r \to s)$$
$$\frac{p \lor r}{q \lor s}$$

仍以上面讨论的推理为例讨论如何运用规则建立形式证明。

例1 如果商品短缺日益严重，那么物价会上涨。如果存在生产过剩，那么物价不会上涨。如果存在通货膨胀威胁，那么财政控制将继续。如果政府改组，那么财政控制将取消。或者存在生产过剩，或者政府改组。因此，商品短缺不会日益严重，或者不再存在通货膨胀威胁。

解：设"商品短缺日益严重"为A，"物价会上涨"为B，"存在生产过剩"为C，"存在通货膨胀威胁"为D，"财政控制将继续"为E，"政府改组"为F。

首先将该推理形式化，在此基础上建立该推理有效性的形式证明。

① A→B                     P
② C→¬B                    P
③ D→E                     P
④ F→¬E                    P
⑤ C∨F                     P / ∴ ¬A∨¬D
⑥ (C→¬B)∧(F→¬E)          ②④ ∧+
⑦ ¬B∨¬E                   ⑥⑤ CD
⑧ (A→B)∧(D→E)            ②④ ∧+
⑨ ¬A∨¬D                   ⑦⑧ CD

我们看到，这个形式证明是由九个命题公式构成的。其中的前五个是前提，后四个是由前面的公式根据推理规则得到的。例如，第⑥个公式是由前面的第②和第④个公式根据组合规则"∧+"得到的。最后一个即第⑨个公式恰好就是结论。

整个形式证明的内容可分为三部分：第一部分是序号，它既标示了命题公式出现的顺序，同时又是在后面出现的那个公式的代表。第二部分是若干个命题公式，它们或者是前提，或者是由前面的公式根据推理规则得到的。第三部分则是一些根据，它说明每个命题公式为什么在形式证明中出现。形式证明的这三个构成部分缺一不可。

这个推理显然是有效的，因为基本推导规则的运用保证了由真前提只能推出真结论，即前提真时结论必真，不可能由真前提推出假结论。

(二)等值替换规则

仅有八条基本推导规则还不足以为所有有效的推理建立形式证明。例如如下推理：

(A∨B)→C \ ∴ A→C

因此我们还需要新的推理规则，这就是等值替换规则。

等值替换规则实际上就是引入一些逻辑等值式作为推理规则，并规定在形式证明中，等值式两边的公式可以相互替换使用。

1. 交换律(Com)

   (p∧q) ⇔ (q∧p)

   (p∨q) ⇔ (q∨p)

2. 结合律(Ass)

   ((p∧q)∧r) ⇔ (p∧(q∧r))

   ((p∧q)∧r) ⇔ (p∧(q∧r))

3. 德摩根律(DeM)

   ¬(p∧q) ⇔ (¬p∨¬q)

   ¬(p∨q) ⇔ (¬p∧¬q)

4. 分配律(Dist)

   (p∧(q∨r)) ⇔ ((p∧q)∨(p∧r))

   (p∨(q∧r)) ⇔ ((p∨q)∧(p∨r))

5. 实质蕴涵(Impl)

   (p→q) ⇔ (¬p∨q)

6. 假言易位(Tran)

   (p→q) ⇔ (¬q→¬p)

7. 移出律(Exp)

   ((p∧q)→r) ⇔ (p→(q→r))

8. 实质等值(Equi)

   (p↔q) ⇔ ((p→q)∧(q→p))

9. 双否律(DN)

   p ⇔ ¬¬p

10. 重言律(Taut)

    p ⇔ (p∧p)

    p ⇔ (p∨p)

在基本推导规则基础上增添等值替换规则,能为一般的有效复杂推理建立形式证明。例如:

例2　(A∨B)→ C　　　　　　\∴ A→C

解:①(A∨B)→ C　　　　　P  \∴ A→C

　　②¬(A∨B)∨ C　　　　　①Impl

　　③(¬A∧¬B)∨ C　　　　②DeM

　　④(¬A∨C)∧(¬B∨C)　　③Dist

　　⑤¬A∨C　　　　　　　④∧－

　　⑥A→C　　　　　　　　⑤Impl

例3 如果他主张减轻农民的税负,他将赢得农民的支持。如果他主张政府增加对社会福利的投入,他将赢得工人的支持。如果他既赢得农民的支持又赢得工人的支持,他就肯定能当选。但是他没有当选。所以,或者他不主张减轻农民的税负,或者不主张政府增加对社会福利的投入。

解:设"他主张减轻农民的税负"为 A,"他将赢得农民的支持"为 B,"他主张政府增加对社会福利的投入"为 C,"他将赢得工人的支持"为 D,"他肯定能当选"为 E。

将推理形式化并建立推理有效性的形式证明:

① A→B                    P
② C→D                    P
③ (B∧D)→E               P
④ ¬E                     P  ∴ ¬A∨¬C
⑤ ¬(B∧D)                ③④MT
⑥ ¬B∨¬D                 ⑤DeM
⑦ (A→B)∧(C→D)           ①②∧+
⑧ (¬B→¬A)∧(¬D→¬C)       ⑦Tran
⑨ ¬A∨¬C                 ⑥⑧CD

运用等值替换规则和基本推导规则必须注意两类规则之间的区别。

等值替换规则是用逻辑等值的命题去代换原命题,无论怎样替换都不改变原命题公式逻辑值。因此,等值替换可以随时进行。例如下列推理:

① (A→B)∧C
② (¬A∨B)∧C              ①Impl
③ (¬A∧C)∨(¬B∧C)?         ②Dist

它的公式②源自对公式①的一个子公式"A→B"运用实质蕴涵 Impl 规则,公式③则源自对公式②的整体运用分配律 Dist。这意味着等值替换规则既可以对公式的整体运用,也可以对公式的一部分运用,因为逻辑等值命题相互替换,从真命题只能推出真命题,推理总是有效的。

但基本推导规则不同。基本推导规则的运用实际上是一种代入,即用任意命题代换推理式中的命题变元。代入必须处处进行才能保证推理的有效性。例如,如下推理

① (A∧B)→(C∨E)
② A∧B
∴ C∨E                    ①②MT

该推理是用"A∧B"代换 p,"C∨E"代换 q,根据分离规则(MP)"p→q, p ⇒ q"得到的。在分离规则 MP 中 p 和 q 各出现了两次,在推理中 p 和 q 的每一次出现都是用相同的命题去代换的。因此推理是有效的。

由于基本推导规则的运用是代入,代入必须处处进行,这就决定了基本推导规则只能对公式的整体起作用。试分析如下推理:

① (A∧B)→C

②A　　　　　　　　　　　\∴ C
\* ③A→C　　　　　　　①∧－
④C　　　　　　　　　　②③Mp

当我们设 A 为真，B、C 为假时，该推理的两个前提"(A∧B)→C"和"A"都为真，而结论"C"为假。既然存在代换例示使得该推理式的前提真而结论假，这个推理是无效的。因此，这个形式证明一定是错误的。仔细分析我们看到，错误出在公式③，③是由①使用简化规则∧－得到的。然而∧－规则只适用于合取式，而公式①是一个蕴涵式，尽管该公式的前件是合取式，但作为基本推导规则，∧－必须施用于整个公式，而不是公式的一部分。由于第③步错了，整个形式证明因此都是错的。

（三）条件证明规则 CP

有了基本推导规则和等值替换规则还不足以为所有有效的复杂推理建立形式证明，例如下列推理：

A→(B→C)　　\∴ (A→B)→(A→C)

这个推理是有效的，但要证明其有效性还需要引入新的推理规则。因此我们引入条件证明规则 CP。引入这条规则还有一个作用，我们可以简化证明过程。

首先讨论条件证明规则的根据。

有效推理的逻辑特征是：前提真时结论必真，不存在前提真而结论假的例示。如果我们以有效推理的前提的合取为前件，结论为后件构造一个蕴涵式，那么这个蕴涵式就不可能前件真而后件假，即它一定是恒为真，一定是个重言式。相反，如果推理式不是有效的，那么存在这样的例示使得该推理式前提真而结论假。因此，与这个推理式相应的蕴涵式就不可能是重言式。

由此我们看到，如果用一个推理式前提的合取为前件，结论为后件构造一个蕴涵式，那么这个推理式与该蕴涵式之间存在这样一种等价关系：如果推理式是有效的，那么蕴涵式是重言式；如果推理式不是有效的，那么蕴涵式就不是重言式。

等值替换规则中的移出律 Exp 指出，如下两个蕴涵式是逻辑等值的：

((p∧q)→r) ⇔ (p→(q→r))

两个蕴涵式分别对应于如下推理式

(p∧q)→r 对应于　　　　　　　　　　p→(q→r) 对应于
p　　　　　　　　　　　　　　　　　p
·　　　　　　　　　　　　　　　　　·
·　　　　　　　　　　　　　　　　　·
·　　　　　　　　　　　　　　　　　·
q　　　　　　　　　　　　　　　　　·
∴ r　　　　　　　　　　　　　　　　∴ q→r

这两个推理式的区别在于：在左边的推理式中命题公式"q"是前提，而在右边的推理式中"q"是结论的构成部分。就是说，右边的推理式比左边的少了一个前提"q"，并且它们有不同的结论:左边推理式的结论是"r",右边推理式的则是"q→r","q"从前提中消去而变成了结论的前件。

由于两个蕴涵式是逻辑等值的,即如果一个是重言式,另一个也必是;一个不是重言式,另一个也必不是。因此这两个推理式是等价的:如果一个推理式有效,另一个必有效;一个是无效的,另一个也必无效。由此,我们得到了条件证明规则CP:

条件证明规则CP

    p
    ·
    ·
    q
∴ p → q

仍以上述推理为例讨论条件证明规则的运用。

例4　A→(B→C)　\ ∴ (A→B)→(A→C)

解:①A→(B→C)　　　　P
　　②(A∧B)→C　　　　① Exp
　　③(B∧A)→C　　　　② Com
　　④B→(A→C)　　　　③ Exp
　　┌─────────────────┐
　　│⑤A→B　　　　　　　　　　│
　　│⑥A→(A→C)　　④⑤ HS　│
　　│⑦(A∧A)→C　　⑥ Exp　│
　　│⑧A→C　　　　⑦ Taut　│
　　└─────────────────┘
　　⑨(A→B)→(A→C)　⑤-⑧ CP

由例4我们看到,第⑤步是将结论的前件作为一个附加前提引入形式证明中,到第⑧步推出了结论的后件,于是就运用CP规则消去⑤这个附加前提,即以⑤为前件⑧为后件而得到⑨,⑨恰好是结论。

我们在引入附加前提⑤的同时就用方框标明了这个附加前提的辖域。在辖域中出现的⑥、⑦和⑧这几个公式依赖于①和⑤这两个前提。而公式⑨出现在附加前提⑤的辖域之外,因为CP规则的运用已经将⑤从前提中消去。⑨就只依赖于前提①了。

因此,标明辖域在条件证明规则CP的运用中有很重要的意义。我们规定,凡引入附加前提必须标明该前提的辖域。而辖域没有封闭,证明就不能结束,因为这时推演出的公式还依赖于附加前提,即依赖于给定前提之外的东西。如果辖域已经封闭,那么在辖域中出现的公式不能再作为推演的根据,因为我们必须保证推出的结论只依赖于给定的前提。因此,如下形式证明是错误的:

①V∨﹁→U　　　　　P
②U∨W　　　　　　P

③(¬V∧¬X)→¬W　　　P　\∴ ¬V→¬X

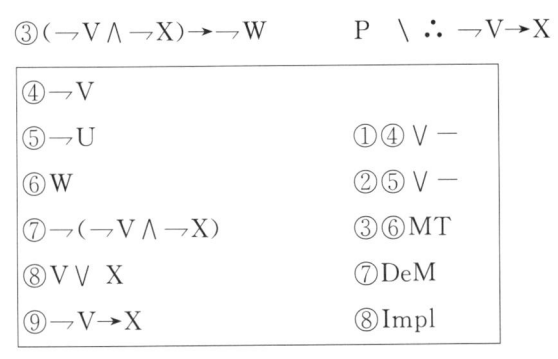

| | |
|---|---|
|④¬V | |
|⑤¬U | ①④ ∨ −|
|⑥W | ②⑤ ∨ −|
|⑦¬(¬V∧¬X) | ③⑥MT|
|⑧V∨X | ⑦DeM|
|⑨¬V→X | ⑧Impl|

这个形式证明的错误在于附加前提④的辖域没有封闭。虽然公式⑨与结论有完全相同的形式，但它是出现在附加前提④的辖域内，除给定前提①②③外，它还依赖于④，而④是原前提中没有的。

显然，如果要把结论的一部分作为附加前提引入证明，那么结论应该是形式为蕴涵式或等值于蕴涵式的命题，如析取式、等值式。

在形式证明中可以根据需要随时使用条件证明规则。

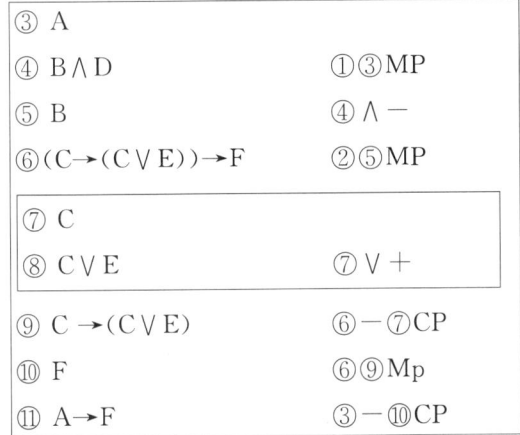

例5　A→(B∧D)，B→((C→(C∨E))→F)　/∴ A→F

解：① A→(B∧D)　　　　　　　　P
　　② B→((C→(C∨E))→F)　　　P

| | |
|---|---|
|③ A | |
|④ B∧D | ①③MP|
|⑤ B | ④ ∧ −|
|⑥ (C→(C∨E))→F | ②⑤MP|
|⑦ C | |
|⑧ C∨E | ⑦ ∨ +|
|⑨ C→(C∨E) | ⑥−⑦CP|
|⑩ F | ⑥⑨Mp|
|⑪ A→F | ③−⑩CP|

### （四）间接证明规则 RAA

间接证明又叫作归谬证明或反证法。这是一种在数学中经常用到的证明方法。当我们要证明某一命题时，先引入该命题的否定为假设。然后由这一假设推导出矛盾。由于矛盾是不可能的，假设一定错误，即该命题的否定不成立。由此就间接地证明了该命题成立。

间接证明规则就是根据这一思路得到的。当我们为一有效推理建立形式证明时，不是直接去证明由前提推演出结论，而是将结论的否定作为一个补充前提引入形式证明。然后由扩充的前提集合推演出一个矛盾：即推演出一个形式为"p∧¬p"的命题公式。由这个矛盾我们实际上推演出对这个补充前提的否定，即对结论的否定的否定，再根据双否律 DN，就相当于推演出结论。

例6　A→(B∧C)
　　　(B∨D)→E
　　　D∨A　　／∴E

解(1)A→(B∧C)　　　　P
　(2)(B∨D)→E　　　　P
　(3)D∨A　　　　　　P／∴E

　　(4)⌐E　　　　　　　RAA
　　(5)⌐(B∨D)　　　　(2)(4)MT
　　(6)⌐B∧⌐D　　　　(5)DeM
　　(7)⌐D　　　　　　(6)COM,∧ －
　　(8)A　　　　　　　(3)(7)∨ －
　　(9)B∧C　　　　　　(1)(8)Mp
　　(10)B　　　　　　　(9)∧ －
　　(11)⌐B　　　　　　(6)∧ －
　　(12)B∧⌐B　　　　(10)(11)∧ ＋

　(13)E　　　　　　　　(4)—(12)RAA

在这个形式证明中,公式(4)是结论"E"的否定,它是作为补充前提引入证明的。证明的最后一步是公式(12),它是一个矛盾式,恒为假。如果推理是有效的,前提真时结论必真。现在由于引入补充前提(4)而推出了假结论,因此公式(4)这个补充前提一定不成立。(4)不成立即结论的否定不成立,即"⌐⌐E",根据双否律推出"E"。"E"即结论,因此结论成立。

由例6可见,运用间接证明规则就是将结论的否定作为补充前提引入证明,最后推出矛盾。由此间接地证明结论成立,推理有效。

## 三、证明重言式

我们前面讨论的形式证明是关于有效推理的证明。在一个有效的推理中,结论是依赖于前提的,前提真时结论必真。因此结论的真是有条件的。然而有一种命题的真是无条件的,不依赖于其他命题。这样的命题就是重言式。形式证明同样适用于证明重言式。可以证明重言式是不需要任何前提就可以推演出的命题。

虽然证明重言式不需要任何前提,但建立形式证明需要有出发点。这意味着我们只能用条件证明或者间接证明的方法来证明重言式,因为只有这两种方法可以引入假设前提。我们以假设前提为出发点就能建立重言式的形式证明。

用条件证明方法证明重言式就是先引入假设前提,然后逐步消去所有假设前提而推演出一个公式,这个命题公式就是不依赖于任何前提的重言式。

例7　证明 A→(B→A)是重言式。

证：

| | |
|---|---|
| ① A | |
| ② A∨￢B | ① ∨＋ |
| ③ ￢B∨A | ② Com |
| ④ B→A | ③ Impl |

⑤ A→(B→A)　　　①－④ CP

再举一例：

**例 8**　证明((p → q)∧p)→q 是个重言式。

证：

| | |
|---|---|
| ①(p → q)∧p | |
| ② p → q | ① ∧－ |
| ③ p | ① Com，∧－ |
| ④ q | ②③ MP |

⑤((p → q)∧p)→q　　　①－④ CP

例 8 中的重言式"((p → q)∧p)→q"是一个与分离规则 Mp 等价的蕴涵式。实际上，任意一个有效推理都等价于一个重言的蕴涵式。因为在建立该推理的形式证明时，我们可以反复运用条件证明规则，消去每个前提而使其成为结论的构成部分。由此我们将得到一个蕴涵式，而有关推理有效性的形式证明同时也证明了这个蕴涵式是重言式。

用间接证明方法证明重言式则是将所证公式的否定引入作为假设前提，然后推出矛盾。否定一个公式将导致逻辑矛盾，那么这个公式一定是重言式。

**例 9**　证明 A→(A∨B)是重言式。

证：

| | |
|---|---|
| ①￢(A→(A∨B)) | |
| ②￢(￢A∨(A∨B)) | ①Impl |
| ③￢￢A ∧ ￢(A∨B) | ②DeM |
| ④ A ∧ (￢A∧￢B) | ③DeM |
| ⑤(A∧￢A)∧￢B | ④Ass |
| ⑦ A∧￢A | ⑤∧－ |

⑧ A → (A∨B)　　　①－⑦RAA

显然，作为重言式的命题不同于必须给定前提才能推演出的命题，后者的真是有条件的，重言式的真则是无条件的。正因为这样，一个命题公式是重言式，那么我们不需要任何其他公式为前提就可以把这个公式推演出来。因此，如果说形式证明是证明一个推理的有效性，那么关于重言式的形式证明就相当于证明一个只有结论而没有前提的推理的有效性。

## 第三节　无效推理的证明

一个推理是有效的,我们可以为其建立一个形式证明。形式证明运用推理规则说明,结论是从前提推演出来的,因此前提真时结论不可能假,推理当然就是有效的。

如果推理是无效的,那么运用推理规则不可能从前提推演出结论。所谓不可能是指:无论怎样推演都推不出结论形式的命题公式。形式证明并没有规定推演到多少步就必须中止。因此,对于无效推理我们面临的是一个无法穷尽的推演过程。这意味着形式证明方法不能证明推理是无效的。

我们的命题逻辑系统不仅要能证明有效推理,而且还应该证明推理的无效性。因此,必须给出证明无效推理的方法。

### 一、用真值表证明推理的无效性

真值表是判定推理是否有效的可靠方法。一个推理是有效的,那么前提真时结论必真。在真值表上表现为无论变元被赋予什么样的值,作为前提的命题公式真时,作为结论的命题公式一定是真的。如果一个推理是无效的,其前提真时结论可真可假。因此只要在真值表上找到一组变元的赋值使得前提真而结论假,那么推理就是无效的。

例1　用真值表判定下列推理是否有效。

C→(A∧B),A∨C　/∴ B→C

证:给出相应的真值表:

| A B C | A∧B | C→(A∧B) | A∨C | B→C |
|---|---|---|---|---|
| T T T | T | T | T | T |
| *T T F | T | T | T | F |
| T F T | F | F | T | T |
| T F F | F | F | T | T |
| F T T | F | F | T | T |
| F T F | F | T | F | F |
| F F T | F | F | T | T |
| F F F | F | T | F | T |

从标有"＊"号的一行可见,两个前提是真的,而结论却是假的,即存在一组赋值使得推理的前提真而结论假。所以推理是无效的。

真值表的行数是由变元的数目决定的,有 $n$ 个变元就有 $2^n$ 种赋值情况,真值表就有 $2^n$ 行。因此直接用真值表判定一个推理是否有效是很烦琐的。其实,如果推理是无效的,我们完全不需要把整个真值表都列出来。因为推理是无效的,那么至少有一个例示使得推理形式的前提真而结论假。我们只需要把这个例示,即把使推理形式前提真而结论假的赋值情况列出来,就足以说明推理是无效的。

通过列举使推理形式前提真而结论假的赋值情况,以证明推理无效,这种方法被称作简化真值表方法。

例2　判定如下推理是否有效:

如果水稻长得好,那么水分充足并且肥料充足。只要风调雨顺,这块地就水分充足。所以,只要风调雨顺,那么如果这块地肥料充足水稻就长得好。

证:首先将推理形式化:

令"水稻长得好"为 A,"水分充足"为 B,"肥料充足"为 C,"风调雨顺"为 D,该推理的形式如下:

A→(B∧C)
D→B
∴ D→(C→A)

只要找到一组对变元的赋值,使得推理的前提真而结论假,就足以证明该推理是无效的。现将这组赋值列举如下:

| A B C D | A→(B∧C) | D→B | D→(C→A) |
| --- | --- | --- | --- |
| F T T T | T | T | F |

显然,与列出整个真值表相比较,简化真值表能够更清晰地说明推理的无效性。

## 二、用归谬赋值法证明推理的有效或无效性

上述简化真值表方法通过列出一组赋值,使得推理前提真而结论假,简洁清晰地证明了推理的无效性。但这种方法只适用于无效推理,它不能说明推理的有效性。下面讨论简化真值表的另一种形式——归谬赋值法。这种方法能证明一个推理的有效性。

归谬赋值法的基本思路同间接证明方法类似。我们要证明一个推理是有效的,先假设它无效,这就是归谬。然后根据假设对前提和结论进行赋值,即给命题公式的变元指派确定的真值,以使得推理的前提真而结论假。如果找到这样一组赋值使得假设成立,那么就说明推理是无效的。我们可以运用上述简化真值表方法把这一组赋值列出来,以证明推理的无效性。

如果找不到使假设成立的赋值,那么就说明假设不成立,推理是有效的。所谓找不到使设成立的赋值是指,根据假设对前提和结论赋值必将导致矛盾,即不可避免地要对同一个变元既赋值 T 又赋值 F。

例3　判定下列推理是否有效:

A→(B∧C)
(C∨D)→F

∴ A→F

证： 假定推理无效,然后根据假定对前提和结论赋值：

| A→(B∧C) | (C∨D)→F | A→F |
|---|---|---|
| T T T T T | F F F T F | T F F |

从上表可见,假设推理无效,则前提真结论假。结论蕴涵式"A→F"是假的,当且仅当"A"赋值真且"F"赋值假。当"A"的值为真时,必须对"B∧C"赋值真才能使前提"A→(B∧C)"真,因此"B"和"C"都必须赋值真。而"F"的值为假时,"C∨D"必须赋值假才能使前提"(C∨D)→F"真,因此"C"和"D"都必须赋值假。由此不可避免地导致对同一个变元"C"既赋值真又赋值假,这是矛盾的。因此,假设不成立,该推理是有效的。

### 三、证明公式集合的协调性

简化真值表方法还可用于证明一个命题公式集合的协调性。一个公式集合的协调性也就是无矛盾性。一个命题公式集合是协调的,当且仅当存在一组赋值使得该集合的每个公式都真。因此,只要把这样一组赋值列出来,就证明了公式集合的协调性。

例4　证明公式集合{A→(B∧¬C),(B∨D)→E,A→E}是协调的。

证： 从如下简化真值表可见,该公式集合是协调的：

| A B C D E | A→(B∧¬C) | (B∨D)→E | A→E |
|---|---|---|---|
| F T F T T | T | T | T |

如果找不到使公式集合的每个元素都真的赋值,那么公式集合是不协调的。对于这样的公式集合,如果假定公式集合的每个元素都真,再根据假设进行赋值,那么一定会导致矛盾。因此,一个不协调的公式集合是不可满足的。

例5　证明公式集合{(A∨B)→C,C→D,A∧¬D}是不协调的。

证：先假定公式集合的每个元素为真,然后根据假设进行赋值：

| (A∨B)→C | C → D | A ∧ ¬D |
|---|---|---|
| F F F T F | F T F | T T T F |

在上表中首先假定公式集合的每个元素都真,"A∧¬D"真则"A"必须赋值真而"D"赋值假。由"D"是假的但"C→D"真,则必须对"C"赋值假。既然"C"是假的,要使"(A∨B)→C"真则"A∨B"必假,因此必须对"A"和"B"都赋值假。由此不可避免地导致了"A"既真又假的矛盾。这说明我们找不到满足假设的赋值,因此,假设不成立,该公式集合是不协调的。

我们在前面的讨论中已经提到,要推演出可靠的结论除了要求推理形式必须有效外,还要求前提是可靠的。而一个前提集合是可靠的它首先必须是协调的。不协调的公式集合可以推演出任何结论,包括推演出矛盾。

## 本章小结

如果前提真时结论必然是真的,我们就称前提和结论之间有必然的逻辑联系。这种联系保证了推理绝不会出现前提真而结论假的情况。因此,可以由前提的真来保证结论真,由前提可靠有效地推演出结论的可靠。前提和结论之间具有必然逻辑联系的推理就是有效推理。如果前提和结论之间不具有必然的逻辑联系,那么前提真时结论是否为真不能确定,即不能由前提的真有效地推导出结论真,这样的推理就是无效推理。

推理的有效无效是由形式决定的,分析证明复合命题推理的有效性只能从形式方面入手。因此,在系统中证明推理的有效性纯粹是从形式上证明由前提到结论的推演关系。这样描述的推演关系就是一种数学意义上的演算关系。因此这样的系统被称作命题演算系统。

自然演绎系统形式证明是建立在推理规则基础之上的。本章对这些规则做了逐一介绍,它们包括四部分:基本推导规则、等值替换规则、条件证明规则和间接证明规则。

## 思考题

一、什么是有效推理式?它与具体推理有何联系和区别?

二、什么是形式证明?如何建立有效推理的形式证明?

三、怎样理解自然演绎的命题演算系统的特点?

四、分析条件证明规则。

五、如何判定推理的无效性?

## 练习题

一、运用一定的符号将下列推理形式化,运用基本推导规则和等值替换规则为其建立有效性的形式证明:

1. 如果是金融专业(A)或者是企业管理专业的学生(B),那么都要学宏观经济学和微观经济学(C)。只有学了高等数学(D),才能学宏观经济学和微观经济学。王强是企业管理专业的学生。所以,王强要学高等数学。

2. 李威没有意识到这是对他人的伤害(A),或者他意识到这点但没有想到后果这样严重(B)。如果他没有意识到这是对他人的伤害,那么属于过失行为(C)。如果他意识到这是对他人的伤害但没有想到后果这样严重,那么是一种故意行为(D)。如果是过失行为或者故意行为造成的伤害,那么必须承担相应的法律责任(E)并且对受害人进行赔偿(F)。所以,李威必须对受害人进行赔偿。

3. 如果张进得知这个消息(A),他就会马上出发(B)。如果他不马上出发,他就会错过这次会议(C)。如果张进错过这次会议,董事会就会通过这个决议(D)。如果董事会通过这个决议,郑伟就会拒绝接受销售经理职位(E)。张进得到了这个消息,或者郑伟接受了销售经理职位。所以,张进马上出发。

4. 如果商品供应不足加剧(A),那么物价会上涨(B)。如果要提高生产商的积极性(C),国家就应放松财政控制(D)。如果生产过剩(E),那么价格不会上涨。如果存在通货膨胀危险(F),那么财政控制就不会放松。生产过剩或者需要提高生产商的积极性。所以,商品供应不足不会加剧或者通货膨胀危险不存在。

5. 犯罪嫌疑人是孙某(A)和李某(B)。如果是孙某作的案,那么案发当晚他在作案现场出现过(C)。如果当晚孙某出现在作案现场,那么王秘书的证词是真实的(D)。如果王秘书的证词是真实的,那么他有很好的视力(E)并且现场的光线不错(F)。但王秘书高度近视。所以,犯罪嫌疑人是李某。

二、运用基本推导规则和等值替换规则为下列推理建立有效性的形式证明:

1. A→(B∧C)
   (C∨D)→E
   A
   ∴ E∨F

2. A→B
   B→C
   (A→C)→(B→D)
   (A→D)→E
   ∴ E

3. (A→B)∧(F→D)
   (D→¬E)∧(F→A)
   (F→E)∧(C→¬B)
   ∴ ¬F∨¬C

4. (A∨B)→(C∧D)
   ¬A→(E→¬E)
   ¬C
   ∴ ¬E

5. A∨(B∧C)
   (A→D)∧(D→C)
   ∴ C

6. (A→(B→C)
   B→(C→D)
   ∴ A→(B→D)

7. A→B
   A∨B
   ∴ B

8. ¬A∨((B→C)∧(D→C))
   A∧(B∨D)
   ∴ C

9. (A→B)∧(C→D)
   (A→¬B)∧(C→¬D)
   A∨C
   ∴ B↔¬D

10. B∨(A∧C)
    (B→D)∧(D→C)
    ∴ C

三、用条件证明方法证明下列推理的有效性:

1. A→B
   B→((K→¬K)→C)

∴ A→C

2. (A→B)∧(C→D)
   (B∨D)→((E→(E∨K))→(A∧C))
   ∴ A↔C

3. A∨(B→C)
   (B→(B∧C))→(P∨Q)
   (P→A)∧(Q→E)
   ∴ A∨E

4. (A∨B)→(¬T∧¬S)
   (¬C→A)∧(¬D→B)
   (C→S)∧(D→T)
   ∴ T↔S

5. (S∨G)→(C→D)
   (C→(C∧D))→(S∧T)
   T→((¬E∨¬¬E)→(G∧F))
   ∴ S↔T

四、分别用间接证明方法和不用间接证明方法为下列推理建立有效性形式证明,再比较两种方法哪个更简便：

1. A∨(B∧C)
   A→C
   ∴ C

2. (A∨B)→(C→D)
   (¬D∨E)→(A∧C)
   ∴ D

3. (A→B)∧(C→D)
   (B∨D)→E
   ¬E
   ∴ ¬A∧¬C

4. (A∨B)→(C∧D)
   (C∨E)→(¬F∧H)
   (F∨G)→(A∧I)
   ∴ ¬F

五、证明下列公式是重言式：

1. (p→(q∧r))→((q→(s∧t))→(p→s))
2. ((p∨q)→r)→(((r∨s)→t)→(p→t))
3. (p → q)→(¬(q∧r)→¬(p∧r))
4. (p→(q→r))↔((p → q)→(q→r))
5. (p → q)∨(p→¬q)
6. (p → q)∨(¬p → q)
7. (p → q)∨(q→p)
8. (p → q)∨(q→r)
9. p∨(p → q)

**六、判定下列命题公式集合是否一致：**

1. {(A∨B)→C,¬D∨C,A∧¬C}

2. {(¬A∨C)∧(¬B∨D),¬B→A,¬(C∨D)}

3. {A→¬B,¬B→E,¬H∨¬S,A→¬S}

4. {A→(C∧D),(C∨E)→B,¬B→A,¬B}

5. {A→B,B→¬C,C∨(D∧E),E}

**七、用简化真值表方法判定下列推理是否有效：**

1. 如果得到的结论是不可靠的，那么论证方式是错误的或者论据是不可靠的。如果论据是不可靠的，那么论据的来源有问题。论据的来源确实有问题或者论证方式是错误的。所以，结论是不可靠的。

2. (A→B)
   (C→D)
   (B∨D)→(A∧C)
   ∴ A↔C

3. (A→B)∧(C→D)
   (A∨C)→F
   F→(B∨¬D)
   ∴ D→B

4. (A∨B)∧(C∨D)
   (A∧C)→F
   (F∨E)→¬D
   ∴ D→B

# 第六章 谓词逻辑

本章的内容属于一阶谓词逻辑。谓词逻辑又称量化逻辑,它不同于命题逻辑,它以命题逻辑为基础,将逻辑分析深入简单命题的内部。

通过本章学习,要理解什么是个体词、谓词和量词,什么是命题函数,明确命题函数、单称命题和谓词命题之间的联系。在此基础上掌握将具体命题形式化的逻辑方法,理解把握谓词命题的逻辑特征。要正确掌握和运用为有效的谓词命题推理建立形式证明的方法,以及判定谓词推理的无效性的基本方法。

## 第一节 简单命题

在我们前面讨论的命题逻辑中,构成推理的基本要素是复合命题。复合命题由原子命题和联结词构成,而在命题逻辑中,推理有效性只同联结词相关,与构成复合命题的原子命题内部的逻辑结构无关。有一些推理则不同,它们不仅与联结词相关,而且同原子命题内部的逻辑结构密切相关。如果不注意这两种推理的区别,仅仅根据联结词的逻辑性质进行分析,则无法对推理的有效性做出恰当的说明。例如

(1) 文学家的著作都是有价值的;(p)

鲁迅是文学家;(q)

所以,鲁迅的著作是有价值的。(r)

(1)是由两个前提和一个结论构成的演绎推理。它的前提和结论都是简单命题,没有联结词。因此,它的推理形式为:

p

q

所以 r

如果用命题逻辑理论分析,很容易为这个推理形式找到一个使其前提都真而结论假的代换实例,从而证明它是无效的。

但是,推理(1)是一个有效推理。在这里,命题逻辑的分析方法之所以是错误的,是因为它只把简单命题看作一个整体,它不能分析简单命题内部的逻辑结构,也就不可能分析说明(1)的有效性。因此,要解决推理(1)的有效性问题,就必须突破命题逻辑的局限,把逻辑分析深入

简单命题内部的结构。

虽然三段论推理也是建立在分析简单命题逻辑结构基础上的,但三段论的分析方法不适用于推理(1)。一个三段论推理只能包含三个词项,而推理(1)包含有五个词项:"文学家的著作"、"有价值的"、"鲁迅"、"文学家"以及"鲁迅的著作"。这意味着我们需要做的不是回到三段论去,而是要以命题逻辑为基础进行理论扩展,以进入一个新的逻辑理论——谓词逻辑。

### 一、个体词和谓词

如何分析简单命题呢?我们首先从单称命题开始分析。先考虑结构最简单的一种单称命题:即直言命题中的单称命题。直言命题是以一个主语和一个谓语为构成要素的性质命题。单称直言命题也是如此,它有一个主语和一个谓语,但单称命题的主语是单独词项。单独词项指称的是一个特定的个体,在谓词逻辑中,指称个体的词项被称作个体词。因此,单称直言命题是主语是个体词的直言命题。如下就是几个单称直言命题:

(1) 郁金香是花。
(2) 地球是行星。
(3) 印度是发展中国家。

在命题逻辑中,简单命题被当作一个最基本单位处理,所以这三个命题只需笼统地用三个不同的小写字母 p、q、r 表示。谓词逻辑则不同,我们必须区分每个命题的个体词和谓词。我们用小写字母 a、b、c 分别表示个体词"郁金香"、"地球"、"印度";用大写字母 P、Q、R 分别表示谓词"是花"、"是行星"和"是发展中国家",并规定代表个体词的 a、b、c 一律写在代表谓词的 P、Q、R 的右边括号中。这样,命题(1)、(2)和(3)的逻辑形式分别示为如下的(1*)、(2*)和(3*):

(1*) P(a)
(2*) Q(b)
(3*) R(c)

个体词就是指称个体的词项。谓词则是刻画个体的性质或个体间的关系的词项。如在命题(1)中,"是花"这个谓词刻画了"郁金香"这个个体具有的性质,命题(2)中,谓词"是行星"刻画了"地球"这个个体的性质。至于个体之间的关系,请看如下实例:

(4) 小张和小李是同学。
(5) 4 大于 1。
(6) 武汉位于上海与重庆之间。

命题(4)的谓词"……和……是同学"(用 F 表示)刻画两个人(用 a、b 表示)之间的关系。命题(5)的谓词"……大于……"(用 B 表示)刻画两个数(用 c、d 表示)之间的大小关系。命题(6)中的谓词"……位于……与……之间"(用 T 表示)刻画三个城市(用 e、f、g 表示)间的地理位置关系。这三个命题的逻辑形式如下：

(4*) F(a,b)

(5*) B(c,d)

(6*) T(e,f,g)

在上述公式中,个体符号出现的顺序是不能随意更换的。固然"小张和小李是同学"为真,且"小李和小张是同学"也为真,但是"4大于1"是真的而"1大于4"却是假的。"武汉位于上海与重庆之间"是真的,但"上海位于武汉与重庆之间"是假的。

刻画个体性质的谓词叫一元谓词,刻画两个个体之间的关系、三个个体关系的分别叫作二元谓词和三元谓词,以至于刻画 $n$ 个个体间关系的 $n$ 元谓词。

任何单称命题都有个体词和谓词两个构成要件,单独一个谓词不具有完整的意义。因为个体都是具有某种性质或处在某种关系之中的个体,而任何性质或关系也都是依存于个体的。像"是花"、"是行星"、"位于……与……之间"等这样单独的谓词都没有表达出完整的意义,我们总要问什么植物是花？什么东西是行星？谁位于谁和谁之间？等等。只有把谓词同个体相结合,如把"是花"同个体词"郁金香"相结合,把"位于……与……之间"同个体词"武汉"、"上海"和"重庆"相结合,才得到有完整意义的命题"郁金香是花"以及"武汉位于上海与重庆之间"。

因而谓词在简单命题逻辑形式中具有很重要的作用。我们分析如下命题：

"郁金香是植物,"

"茉莉花是植物,"

"玫瑰花是植物,"

这几个命题有相同的谓词"是植物",尽管它们的主词不同,我们还是可以说它们是同类型的命题,即都描述的是个体具有"植物"的性质。用"x"代表任一个体词,"S(……)"表示"……是植物",那么这几个命题具有共同的谓词模式"S(x)"。

谓词模式"S(x)"中的"x"与前面讨论过的代表特定个体的个体词不同,它代表任意一个个体,究竟是哪一个不确定,因此被称作个体变元。而指称特定个体的个体词则用"a,b,c"等表示,称作个体常元。

变元只有相对特定的变域即定义域才有意义,个体变元的定义域称作个体域。个体域说明变元代表什么范围内的个体。个体域可以是有限的,也可以是无限的。如果没有特别说明,个体变元的定义域就是客观存在的所有个体。

## 二、谓词公式与命题函项

如果用"H(……)"表示"……是行星",谓词模式"H(x)"表示的是：

x 是行星。

显然这个表达式的含义是不确定的,因为个体变元 x 的指称不确定。当我们把个体变元代换为个体常元如"地球"时,就可以得到一个真命题,用个体常元"太阳"代换变元 x,得到的就是一个假命题:

(1)地球是行星。

(2)太阳是行星。

因此,谓词模式"H(x)"就相当于一个函数式,函数式的值随变元的值而确定。这个函数式变元是个体变元,因此函数式的定义域是个体域。确定变元的值即用个体常元代换个体变元,得到的是或真或假的单称命题。因此,这个函数式的值域是单称命题的集合。

谓词模式又称作谓词公式,它是一个以个体域为定义域,以单称命题集合为值域的函数式,我们称这样的函数式为命题函项。

显然,谓词公式不是命题。一个命题的真假是确定的,"地球是行星"为真,"太阳是行星"为假。而谓词公式却没有确定的真假,我们无法确定"x 是行星"是真还是假,因为"x"不确定。

从认识的角度看,谓词公式即命题函项是从具体的单称命题中抽象出来的。但是从逻辑的角度看,单称命题是个体常元代换谓词公式中的个体变元得到的,单称命题是谓词公式的代换实例。如下命题:

(1)地球是行星。

(2)太阳是行星。

(3)月亮是行星。

(4)金星是行星。

它们都是谓词公式"H(x)"的代换实例,简称为谓词公式的例示。

谓词公式可以分为简单谓词公式和复合谓词公式两类,简单谓词公式即不包含命题联结词的谓词公式。如"H(x)","S(x)"等都是简单的谓词公式。由简单谓词公式运用联结词可以得到复合谓词公式,如下都是复合谓词公式:

(1)¬ H(x)

(2) H(x)∧S(x)

(3)(H(x)∧S(x))→T(x)

如果只有一个个体符号,谓词公式中的括号可以省略,即"H(x)∧S(x)"可简写为"Hx∧Sx"。

显然,复合谓词公式的例示是复合的单称命题。令"Px"表示"x 是年满 18 岁的人","Qx"表示"x 有选举权","a"表示"郁金","Px→Qx"的例示则是"Pa→Qa",即:

(1)如果郁金是年满 18 岁的人,那么郁金有选举权。

## 三、谓词命题

前面介绍的简单命题是单称命题，其主语是单独词项，只涉及个体词和谓词。但是更多简单命题主词不是单独词项而是普遍词项，它们涉及的是许多个体，因此涉及量词问题。我们把包含量词的命题称作谓词命题。

首先看谓词命题与单称命题的区别。如下是一个单称命题：

(1)地球是运动的。

我们用 Px 表示谓词"x 是运动的"，a 表示"地球"。此命题的逻辑形式为：

(1*)Pa

但是，如下全称命题：

(2)每一个物体都是运动的。

其逻辑形式就要复杂得多，它表达的含义可分析为：

(2*)对于每一个体 x，x 都是运动的。

引入谓词公式来表示，即

(2**)"对于每一 x，Px"。

上式中的短语"对于每一 x"表达的就是全称量词，我们用符号"∀x"表示。由此，全称命题"每一个物体都是运动的。"可以形式化为：

(2***)(∀x)Px

再看另一个谓词命题：

(3)有些物体是运动的。

逐步深入地分析该命题的逻辑形式，可得到：

(3*)存在这样的个体 x，x 是运动的，

(3**)存在着 x，Px。

上式中的短语"存在着 x"表达的就是存在量词，我们用符号"∃x"表示。命题"有些物体是运动的"因此被称作存在命题，其逻辑形式为：

(3***)(∃x)Px。

因此，量词有全称量词"∀x"和存在量词"∃x"两种。对应地，有两类不同的谓词命题，即基本形式为"(∀x)Px"的全称谓词命题和基本形式为"(∃x)Px"的存在谓词命题。

谓词命题是通过对一个谓词公式中的个体符号进行谓词概括得到的。全称命题"(∀x)Px"是对谓词公式"Px"中的个体符号"x"进行全称概括得到的，存在命题"(∃x)Px"则是对

"Px"中的"x"进行存在概括得到的。

由此可见,谓词公式在简单命题逻辑形式中发挥着关键作用。单称命题是谓词公式的例示,而谓词命题则是对谓词公式中的个体符号进行概括得到的。例如,有谓词公式

(4)Px→Qx

用个体常项"a"代换谓词公式中的个体变项"x",就得到单称命题:

(4*)Pa→Qa。

对谓词公式的"x"进行全称概括,就得到全称谓词命题:

(4**)($\forall$x)(Px→Qx)。

## 四、谓词逻辑的公式

从认识的角度看,谓词命题公式是从具体命题中抽象出来的。但是,从逻辑的角度看,谓词命题公式是用初始符号根据形成规则构造出来的。

但是谓词命题公式的初始符号与命题逻辑中的初始符号不完全相同。在谓词理论中,命题公式是以个体符号、谓词、量词为基础,再加上命题联结词构造而成的。而个体符号、谓词和量词这些符号是命题逻辑中所没有的,而命题联结词沿用于命题逻辑。这意味着命题逻辑中的公式在谓词理论中仍然是公式,因此,谓词逻辑被称作命题逻辑的扩展。而扩展后的谓词逻辑有了许多不同于命题逻辑的特殊性质。

现在讨论谓词逻辑的初始符号与形成规则。

### (一)初始符号

谓词逻辑有如下几类初始符号:

(1)个体符号,包括个体变元 $x_1, x_2, \cdots, x_n$ 和个体常元 $a_1, a_2, \cdots, a_n$。

(2)谓词符号:　　　　$F_1, \cdots, F_i, \cdots, F_1^n, \cdots, F_i^n, \cdots$

(3)逻辑联结词:　　　$\neg, \wedge, \vee, \rightarrow, \leftrightarrow$;

(4)量词:　　　　　　$\forall, \exists$;

(5)辅助符号:　　　　(  ,  )。

谓词逻辑初始符号与命题逻辑不同,它的个体符号、谓词符号和量词在命题逻辑中没有。如果只把个体符号中的个体变元看作变元,就得到一阶谓词逻辑。本教材只讨论一阶谓词逻辑,简称一阶逻辑,因此它的变元是个体符号。

第(2)类符号是谓词符号。对于任一 $n \geq 1$,$F^n$ 表示 $n$ 元谓词。当 $n=1$ 时,$F^n$ 是一元谓词,表示个体具有的性质。当 $n > 1$ 时,$F^n$ 是 $n$ 元谓词,表示 $n$ 个个体间的关系。

第(3)类符号是命题联结词,它们也是命题逻辑的初始符号。

第(4)类符号是量词,$\forall$ 是全称量词,$\exists$ 是存在量词。用量词对谓词公式中的个体符号进

行概括就得到谓词公式。辅助符号是构造一阶逻辑的公式所必需的。

并非所有用上述初始符号构成的表达式都是一阶谓词逻辑的公式。一个表达式是否是一阶谓词逻辑的公式只能从形式上来判定,形成规则提供了判定的标准。形成规则规定了怎样用谓词逻辑的初始符号构造合适的一阶谓词逻辑的公式。只有符合形成规则要求的表达式才是一阶谓词逻辑公式。

讨论形成规则前首先引入原子谓词公式概念。我们前面已经讨论过谓词公式,并指出谓词公式是很重要的一个概念,它是单称命题和谓词命题的基本构成要素。谓词公式是由 $n$ 元谓词同 $n$ 个个体符号组合而成的,若 $n=1$ 则谓词公式被称作一元谓词公式。为了统一起见,我们把命题看作 $n$ 元谓词公式的特殊情况:零元谓词公式,即把命题理解为不含个体变元的谓词公式。

如果谓词公式中不含有任何(3)类和(4)类符号,我们就称这个谓词公式是原子公式,即原子谓词公式是不包含联结词和量词的 $n$ 元谓词公式。其形式为:

$F^n(x_1, x_2, \cdots, x_n)$。

如下都是原子谓词公式:

$P(x)$,

$Q(x,y)$,

$P(a,x)$,

$R(x,b,z)$。

现在可以给出一阶谓词逻辑公式的形成规则。

(二)一阶谓词逻辑公式的形成规则

一阶谓词公式的形成规则:

(1)所有原子谓词公式是公式;

(2)如果 Φ 是公式,则 →Φ 也是公式;

(3)如果 Φ、Ψ 是公式,则(Φ∧Ψ)、(Φ∨Ψ)、(Φ→Ψ)、(Φ↔Ψ)也是公式;

(4)如果 Φ 是公式,x 是个体变元,则(∀x)Φ,(∃x)Φ 也都是公式;

(5)只有符合以上各条的才是公式。

根据形成规则,表达式 Px,→Px,→Px∧Qx,(∀x)Px,分别符合第(1)条、第(2)条、第(3)条和第(4)条,因而都是公式。

而表达式(∀x),(∃x)↔p,(∀x)∧p(x)都不符合一阶逻辑公式形成规则的要求,因而不是一阶逻辑公式。

(三)自由变元与约束变元

根据形成规则得到的一阶逻辑公式并不都是命题。为理解命题公式与谓词公式的区别,我们引入"辖域"概念。在谓词公式中紧随在量词后出现的最短公式叫作该量词的辖域。如下两个公式:

(1)∀x(Px → Ox)

(2) ∀x Px → Ox

量词"∀x"在公式(1)中的辖域是(Px→Ox)，在公式(2)中则是Px。

如果一个个体符号既作为量词组成部分出现并且还在量词辖域内出现，我们就称该个体符号是约束出现的，否则称其为自由出现的个体符号。个体符号x在公式(1)中出现了三次，一次是作为全称量词∀x的组成部分出现，另外两次都出现在量词的辖域内，因此它们都是约束出现的。x在公式(2)中也出现了三次，但只有在"∀x Px"中的两次是约束出现，在"Ox"中的出现则是自由出现。

自由变元，就是在公式中至少有一次自由出现的变元；约束变元，就是在公式中全部都是约束出现的变元。

显然，在公式(1)中，x是约束变元。而在公式(2)中，x在Px中是约束变元，在Ox中是自由变元。

在一阶逻辑的公式中，个体符号可以是约束出现的也可以是自由出现的，因此一阶逻辑公式就有了闭公式和开公式的区分。我们把所有个体符号都约束出现，即不包含自由变元的公式叫作闭公式。而包含有自由变元的公式就称作开公式。显然，上述公式(1)是闭公式，公式(2)是开公式。

只有闭公式才是命题公式，开公式不是命题公式。因此，(1)是一个命题公式，(2)不是命题公式，是一个谓词公式。

## 五、谓词命题的真假问题

谓词命题与谓词公式不同。谓词公式是命题函项，它无所谓真假；而谓词命题作为命题，它有确定的真假。由于谓词命题与谓词公式，以及谓词公式与其例示单称命题之间的密切相关性，我们可以结合谓词公式的例示来讨论谓词命题的真假问题。

谓词命题的真假条件如下：

(1)一个全称谓词命题(∀x)Φx是真的，当且仅当命题函项"Φx"的所有例示都真；如果"Φx"的例示有一个假，(∀x)Φx就是假的。

(2)一个存在谓词命题(∃x)Φx是真的，当且仅当命题函项"Φx"的例示至少有一个真；如果"Φx"的所有例示都假，(∃x)Φx就是假的。

命题函项"Φx"的例示即单称命题，它是用个体常项代换命题函项中的变元"x"得到的。命题函项"Φx"的所有例示都真，说明用个体域的任一个体代换"Φx"中的"x"都得到真的单称命题。因此，"对任一x，总有Φx"是真的，即"(∀x)Φx"是真的。如果"Φx"的例示至少有一个是假的，这意味着个体域中存在这样的个体，用它去代换"x"得到一个假命题。这意味着"对任一x，总有Φx"不可能是真的，即"(∀x)Φx"是假的。

例如，我们把个体域解释为"所有金属的集合"，把"Φx"解释为"x是导体"。在这个解释下，"Φx"的所有例示为真。因为，用任何一种金属去代替"x是导体"中的个体变元x都得到一个真命题。即：

(1)金是导体，
(2)银是导体，
(3)铜是导体，
……

总之，任何一种金属都是导体，即对金属这个个体域的任一个体而言，它总是导体。因此，就金属这个个体域而言，"任何 x，x 是导体"是真的，即"(∀x)Φx"是真的。

但是，如果把"Φx"解释为"x 是液体"，由于存在着不是液体的金属，如铁。用"铁"代换"Φx"中的"x"，得到的就是假命题"铁是液体"。因此，就金属这个个体域而言，"任何 x，x 是液体"是假的，即"(∀x)Φx"是假的。

对存在命题而言，命题函项的例示至少有一个真，说明个体域中存在着这样的个体，用其代换"x"将得到一个真命题。因此，"存在 x，使得 Φx"是真的，即"(∃x)Φx"是真的。如果"Φx"的所有例示都是假的，就说明个体域中不存在这样的个体，用它代换"x"可得到假命题。因此，"存在 x，使得 Φx"是假的，即"(∃x)Φx"是假的。

仍以金属个体域为例分析存在命题。如果把"Φx"解释为"x 是液体"，由于存在是液体的金属，如水银，用"水银"代换"Φx"中的"x"，得到的就是真命题"水银是液体"，即"Φx"的例示至少有一个真。因此，就金属这个个体域而言，"存在 x，使得 x 是液体"是真的，即"(∃x)Φx"是真的。如果把"Φx"解释为"x 是气体"，由于不存在是气体的金属，因此用任何个体代换"x"都只能得到假命题，即"存在 x，使得 x 是气体"是假的，也就是说"(∃x)Φx"是假的。

由谓词命题的真假条件可见，一个全称命题是假的，当且仅当其命题函项的例示至少有一个假；而一个存在命题是假的，当且仅当其命题函项的所有例示都假。由此，我们得到如下等值式：

(3) ¬(∀x)Φx ⇔ (∃x)¬Φx

(4) ¬(∃x)Φx ⇔ (∀x)¬Φx

这两个等值式说明，全称命题和存在命题实际上是可以相互定义的，即：

(5)(∀x)Φx ⇔ ¬(∃x)¬Φx

(6)(∃x)Φx ⇔ ¬(∀x)¬Φx

从上述例子我们还看到，对谓词命题公式的解释不同于复合命题。解释复合命题公式是通过直接对原子公式赋值进行。而对谓词命题公式进行解释首先要设定个体域。个体域可以有一个、两个、$n$ 个以至无限多个个体。个体域还可以是空的，即没有个体。只有相对个体域才能分析谓词命题的真假。

我们把对命题公式的一个解释称作该命题公式的一个模型。无论是谓词命题公式还是复合命题，它们在这点上是共同的：一个命题公式是重言式，当且仅当它在所有模型上都真；如果一个命题公式只在某些模型上真，那么它是协调式；如果一个命题公式我们无法建立使它为真的模型，那么它是矛盾式，即在任何情况下都假的命题公式。显然，"(∀x)Φx"和"(∃x)Φx"

都是协调式。

谓词命题还涉及谓词公式。我们已经指出,谓词公式不是命题,它没有真假,但它有一个是否可满足的问题。一个谓词公式是可满足的,如果可以建立一个模型,使得谓词公式的例示为真;如果找不到使其例示为真的模型,则谓词公式是不可满足的。

## 第二节　谓词命题的形式化

对命题进行形式化处理就是为了得到推理的形式化,进而从形式上讨论推理的有效性问题。本节我们分别介绍直言命题、一般量化命题、嵌套量词命题的形式化。

### 一、直言命题的形式化

在传统逻辑中,直言命题 A 被称作全称肯定命题,其逻辑形式是

所有 S 是 P。

"所有人是动物","所有天鹅是黑色的"都属于这种类型的命题。

A 命题的逻辑含义用谓词理论可逐层分析如下:

(1)对任一个体来说,如果它是 S,那么它是 P。

(2)对任一 x 来说,如果 x 是 S,那么 x 是 P。

(3)对任一 x,如果 Sx,那么 Px。

(4)($\forall$ x)(如果 Sx,那么 Px)。

(5)($\forall$ x)(Sx→Px)。

在 A 命题的谓词形式中,谓词公式是一个蕴涵式。也只有蕴涵式才能准确地表达 A 命题的逻辑含义。因为一个形式为"所有 S 是 P"的 A 命题是真的,当且仅当所有是 S 的个体一定也是 P 的个体。即,对任一个体,如果它是 S,那么它是 P。如果存在着是 S 但不是 P 的个体,则 A 命题是假的。蕴涵式恰好能准确描述 A 命题的这种逻辑含义,即:

($\forall$ x)(Sx→Px) $\Leftrightarrow$ $\neg$($\exists$ x)(Sx $\wedge$ $\neg$Px)

如果把 A 命题的谓词公式翻译成合取式,如把"所有人是动物"翻译成

($\forall$ x)(Sx $\wedge$ Px),

这个公式的含义是:

对任一 x 来说,x 是人并且 x 是动物,

即:

所有个体都既是人又是动物。

这显然是个假命题,而"所有人是动物"是真的。因此全称命题不能翻译为合取形式的谓词公式。

E命题即全称否定命题,其形式是"所有S不是P",其逻辑含义用谓词理论可逐层分析如下：

(1)对任一个体来说,如果它是S,那么它不是P。
(2)对任一x来说,如果x是S,那么x不是P。
(3)对任一x,如果Sx,那么→Px。
(4)(∀x)(如果Sx,那么→Px)。
(5)(∀x)(Sx→→Px)。

除两个全称命题外,传统逻辑中还有两个特称命题,即I和O。I命题是特称肯定命题,形式为"有S是P",如"有些百合花是黄色的","有人是网络迷"等都是I命题。

I命题的逻辑含义用谓词理论可以逐层分析如下：

(1)存在这样的个体,它是S并且它是P。
(2)存在x,使得Sx并且Px。
(3)(∃x)(Sx并且Px)
(4)(∃x)(Sx∧Px)

在I命题的谓词形式中,谓词公式是一个合取式。因为一个形式为"有S是P"的I命题是真的,当且仅当存在着是S也是P的个体。即存在着这样的个体,它是S并且也是P。如果任何是S的个体都不是P,那么I命题就是假的。合取式恰好能准确描述这些逻辑特征,即：

(∃x)(Sx∧Px)⇔→(∀x)(Sx→→Px)

O命题即特称否定命题,其形式是"有S不是P",其逻辑含义用谓词理论可逐层分析如下：

(1)存在这样的个体,它是S但它不是P。
(2)存在x使得Sx并且→Px。
(3)(∃x)(Sx并且→Px)。
(4)(∃x)(Sx∧→Px)。

至此,我们讨论A、E、I、O四类直言命题的谓词形式。它们分别是：

(1)A命题："所有S是P",谓词形式是：(∀x)(Sx→Px)
(2)E命题："所有S不是P",谓词形式是：(∀x)(Sx→→Px)
(3)I命题："有S是P",谓词形式是：(∃x)(Sx∧Px)
(4)O命题："有S不是P",谓词形式是：(∃x)(Sx∧→Px)

在传统逻辑中，A、E、I、O 四类命题之间存在对当关系，即

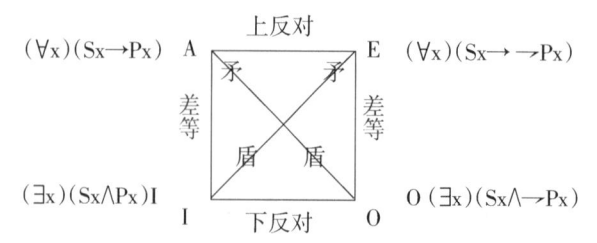

```
(∀x)(Sx→Px) A ──上反对── E (∀x)(Sx→﹁Px)
               矛    矛
            差        差
            等        等
               盾    盾
(∃x)(Sx∧Px) I ──下反对── O (∃x)(Sx∧﹁Px)
```

由上图，根据前面对传统直言命题的介绍，我们已经知道：

(1) 上反对关系是 A 与 E 之间的关系，其内容是：A 与 E 不能都真，一个真时另一个必假；

(2) 差等关系是 A 与 I、E 与 O 的关系，其中 A 和 E 是上位，I 和 O 是下位。差等关系的内容是：上位真时下位必真，下位假时上位必假；

(3) 下反对关系是 I 与 O 之间的关系，其内容是：I 与 O 不能同假，一个假时另一个必真；

(4) 矛盾关系是 A 与 O、E 与 I 的关系，其内容是：一个真时另一个必假，一个假时另一个必真。

用谓词理论分析，A、E、I、O 之间的对当关系只有矛盾关系成立，即：

(1) $(\forall x)(Sx \to Px) \Leftrightarrow \neg(\exists x)(Sx \wedge \neg Px)$

(2) $(\forall x)(Sx \to \neg Px) \Leftrightarrow \neg(\exists x)(Sx \wedge Px)$

(3) $(\exists x)(Sx \wedge Px) \Leftrightarrow \neg(\forall x)(Sx \to \neg Px)$

(4) $(\exists x)(Sx \wedge \neg Px) \Leftrightarrow \neg(\forall x)(Sx \to Px)$

A 与 E 之间的上反对关系不成立。假定不存在具有 S 性质的个体，即 Sx 是不可满足的，Sx 的所有例示都是假的。在这样的模型中，$(\forall x)(Sx \to Px)$ 和 $(\forall x)(Sx \to \neg Px)$ 的例示都是前件假的蕴涵式，根据蕴涵式的逻辑性质，它们都是真的。A 与 E 可以同时为真，上反对关系不成立。

A 与 I、E 与 O 之间的差等关系不成立。仍然假定不存在具有 S 性质的个体，即 Sx 不可满足，它的所有例示都是假的。在这样的模型中，两个全称命题是真的，而两个特称命题是假的。上位真而下位假，差等关系不成立。

I 与 O 之间的下反对关系不成立。仍以上述假定建立模型，由于 Sx 不可满足，它的所有例示都是假的，因而两个特称命题都是假的。I 与 O 可以同假，下反对关系不成立。

从上述讨论我们看到，只要假定主项不存在，即主项 Sx 不可满足，它的所有例示都是假的，对当关系就不成立。因此，传统直言命题的对当关系理论有一个预设前提：主项存在。而要使三段论推理的所有有效式成立，则还需要附加谓项也存在的预设。

## 二、一般简单命题的形式化

谓词逻辑适用于处理所有复杂形式的简单命题。直言命题只是特殊的主谓形式的简单命题，它们只是一般简单命题的特例。以下是一个简单命题。

例1　所有蔬菜和水果都是有营养的。

对该命题的逻辑含义逐步深入地分析如下：

(1)对任一个体而言，无论它是蔬菜还是水果，它都是有营养的。

(2)对任一 x,无论 x 是蔬菜或者 x 是水果,x 都是有营养的。

(3)对任一 x,无论 Vx 或者 Fx,都有 Yx。

(4)(∀x)(无论 Vx 或者 Fx,都有 Yx)。

(5)(∀x)((Vx∨Fx)→Yx)。

例1是一个全称命题，其谓词形式的谓词公式一定是一个蕴涵式。而(1)的蕴涵式其前件为析取式而不是合取式。如果用合取式表达，表达的含义就是"x 既是蔬菜又是水果"，显然(1)并不是说"既是蔬菜又是水果的东西有营养"，而泛指的所有蔬菜及所有水果。只有析取式才能准确表达命题(1)的含义。

再看如下命题：

例2　所有考试合格并且体检合格的人都能被录取。

逐步深入地分析这个命题的逻辑含义如下：

(1)对任一个体而言，如果它是考试合格并且体检合格的人，它都能被录取。

(2)对任一 x,如果 x 是人并且 x 考试合格并且 x 体检合格,x 都能被录取。

(3)对任一 x,如果 Mx 并且 Kx 并且 Tx,那么 Nx。

(4)(∀x)((Mx∧Kx∧Tx)→Nx)。

例2的谓词公式中出现的是合取式，合取式才正确表达了这个命题的含义。

再看命题：

例3　所有获奖者是教师或者是工人。

其谓词形式为

(∀x)(Jx→(Tx∨Wx))

而命题

例4　所有获奖者是教师或者所有获奖者是工人。

其谓词形式为

(∀x)(Jx→Tx)∨(∀x)(Jx→Wx)

这两个命题的谓词形式是完全不同的。

例5　有些获奖者是教师或者是工人。

其谓词形式为

(∃x)(Jx∧(Tx∨Wx))，

我们在后面的讨论将说明，该命题与命题"有些获奖者是教师或者有些获奖者是工人"的谓词形式是等值的。

我们看到，对一般命题的形式化处理首先需要的是准确分析和把握命题的逻辑含义，再根据命题的含义来考虑采用什么样的量词和谓词,考虑采用什么联结词能准确描述命题的逻辑含义。

不过有一点要注意:在全称命题的谓词形式中,谓词公式大多情况下是一个蕴涵式,形式为"(∀x)(Φx ∧ Ψx)"的命题只在极特殊的情况下可能真。而存在命题谓词形式中的谓词公式一般是合取式,说"有Φ是Ψ"就是说"存在这样的个体,它既是Φ又是Ψ","(∃x)(Φx ∧ Ψx)"恰好表达了这个含义。

### 三、含嵌套量词的命题形式化

我们前面讨论的谓词命题结构比较简单,它们都只有单个量词。但是有些命题的结构要复杂一些,它们往往含有多个量词,例如:

(1)如果所有中国儿童都要接受疫苗注射,那么有些中国人要接受疫苗注射。

令"Rx:x是儿童","Ex:x要接受疫苗注射","Cx:x是中国人",则该命题的逻辑形式为

(1*)(∀x)((Cx∧Rx)→Ex)→(∃x)(Cx→Ex)

我们看到,虽然在这个命题中出现了一个全称命题和一个存在命题,但全称量词的辖域独立于存在量词的辖域。因此,我们可以说这是一个条件命题,它以一个全称谓词命题为前件,一个存在谓词命题为后件,即它的前后件分别是独立的命题。

如下也是一个类似的命题:

(2)如果有手提包丢了,那么如果没有人报警,则有人会不高兴。

该命题具有如下逻辑形式:

(2*)(∃x)(x是手提包∧x丢了)→((∀y)(y是人→→(y报警)→(∃z)(z是人∧z会不高兴))

我们看到,这个命题中出现了三个量词,但量词的辖域都是相互独立的。因此,它是一个由三个独立的谓词命题构成的条件命题,它的前件是一个存在命题,后件是一个蕴涵式,蕴涵式的前件是全称命题,后件是存在命题。

但如下命题则不同:

(3)如果有手提包丢了,那么如果有人报警,则该手提包可以找回来。

显然,把它形式化如下

(3*)(∃x)(x是包 ∧ x丢了)→[(∃y)(y是人 ∧ y报了警)→x被找回来]

是错误的。因为上式不是命题,x在后件中是自由出现的,它是一个开公式。

这个命题的正确逻辑形式是:

(3**)(∃x)[(x是包∧x丢了)→((∃y)(y是人 ∧ y报了警)→x被找回来)]

尽管我们也可以把这个谓词命题公式的结构分为几部分,但并非每一部分都是独立的命题,它们整合在一起才表达一个谓词命题。

上述例子说明,我们有必要对复杂的谓词公式进行更深入的分析。一个谓词公式中可以包含多个个体符号,如 Fx∨Gy,(Fx∧Gy)→Hx,(Fx∧Gy)∨Hz 等等。当我们对这样的谓词公式进行例示时,对同一变项的每次自由出现都必须用同一个常项去代换。例如,对如下谓词公式:

(4)(Fx∧Gy)→Hx

如下公式都是其代换实例:

(4*)(Fa∧Gb)→Ha,

(4**)(Fb∧Ga)→Hb,

(4***)(Fb∧Gc)→Hb。

但如下公式则不是其例示:

(4#)(Fa∧Gb)→Hc。

同一个变项必须用同一个体常项去代换,而同一个体常项则可以代换不同的个体变项。当我们用同一个体常项去代换不同个体变项时,并不违反"同一变项的每次自由出现都必须用同一个常项去代换"的要求。因此,下列公式都是谓词公式"(Fx∧Gy)→Hx"的正确例示:

(Fa∧Ga)→Ha, (Fb∧Gb)→Hb, (Fc∧Gc)→Hc。

当谓词公式只包含一个个体符号时,对公式的谓词概括要简单得多,例如,如下都是对谓词公式"Gx→Hx"的全称概括:

(∀x)(Gx→Hx),(∀y)(Gy→Hy),(∀z)(Gz→Hz)。

这些谓词公式的区别仅仅是记法上的,它们相互之间逻辑等值,即它们具有相同的逻辑含义。

但是,对于包含多个个体符号的谓词公式,在谓词概括时情况就要复杂得多。假定谓词公式的形式是"Fx∧Gy",我们分别对公式中的 x 和 y 进行全称概括,得到

(∀x)(Fx∧Gy) 和 (∀y)(Fx∧Gy)

这两个公式的区别就不是记号上的,而是实质上的了。两个公式具有完全不同的逻辑含义。两个公式化的例示分别是:

(∀x)(Fx∧Ga) 和 (∀y)(Fa∧Gy)

"(∀x)(Fx∧Ga)"的含义是"所有个体具有性质 F 且个体 a 具有性质 G",而"(∀y)(Fx∧Ga)"的含义是"个体 a 具有性质 F 且所有个体具有性质 G"。显然这是两个不同的命题。

因此,对含有多个个体符号的谓词公式或者说命题函项而言,谓词概括是对公式中的个体符号进行的。我们就不能笼统地说"对命题函项进行谓词概括",而是要具体地说明对函项式中的哪个个体符号进行怎样的谓词概括。在上述例子中,"(∀x)(Fx∧Gy)"是对命题函项"Fx

∧Gy"中的"x"进行全称概括得到的,"(∀y)(Fx∧Gy)"则是对"Fx∧Gy"中的"y"进行全称概括得到的。

## 第三节　谓词推理规则

谓词推理是指用谓词命题构造的推理。谓词推理的有效性与命题逻辑推理有效性的概念类似,即前提真时结论必真,不可能前提真而结论假。但是,谓词命题的真假与个体域相联系。当且仅当对每一非空个体域中的所有代换实例,即对一个谓词推理的所有例示,都使得推理的前提真时结论必真,那么这个推理就是有效的。

建立形式证明必须要有推理规则。命题逻辑作为谓词逻辑的一个子系统,它的全部推理规则也都是谓词推理的规则。建立谓词推理的形式证明同样可以运用这些规则。但是,仅仅有命题逻辑的推理规则还不够。由于谓词逻辑还涉及个体词、谓词和量词等命题逻辑没有的符号,因此必须增加与这些符号相关的推理规则。

我们下面将要讨论的四条谓词规则,就是专门用于处理谓词和量词等谓词逻辑所特有的符号的规则。

### 一、全称例示规则(简记为 US)

全称例示规则可以做这样的直观描述:如果某类事物的全部对象都具有某种属性,那么任意列举该类事物中的任一对象,它也有这种属性。例如,断定所有的商品都是有价值的,那么任意列举一种商品也是有价值的;全部自然数都是整数,任意一个自然数当然也是整数。

全称例示规则的模式如下:

$(\forall x)\Phi x$

$\therefore \Phi v$

这个推理形式的有效性是显然的。一个全称命题是真的,当且仅当它的所有例示都真,因此,从一个全称命题可以推演出它任一个例示,前提真时结论必真。

推理模式中的"v"代表任一个体符号。根据这条规则,可以将前提$(\forall x)\Phi x$中的全称量词$(\forall x)$消去,用任一个体符号 v 代换 $\Phi x$ 中 x 的每一自由出现,从而得到结论 $\Phi v$。例如有如下推理,运用 US 规则可以建立该推理有效性的形式证明:

例1　所有植物如果等到了春天就会发芽。郁金香是植物。所以郁金香如果等到了春天那么它就会发芽。

令 Cx:x 是植物;Ex:x 等到了春天;Jx:x 会发芽;z:郁金香。先将前提和结论形式化,再建立形式证明:

(1)(∀x)(Cx→(Ex→Jx))

(2)Cz　　　　　　　　　　/∴ Ez→Jz

(3) Cz→(Ez→Jz)　　　　　(1) US
(4) Ez→Jz　　　　　　　　(2)(3)MP

## 二、存在概括规则(简记为 EG)

存在概括规则的内容是,如果有某个个体如 v 具有某种性质 Φ,那么个体域中存在着个体 x,使得 x 具有性质 Φ。例如,太阳是发光体,因此至少有一个个体是发光体。存在例示规则的模式如下:

Φv

所以($\exists$x)Φx

这条规则的有效性是显然的。一个存在命题是真的,当且仅当它所概括的命题函项的例示至少有一个真。因此,该推理形式的前提真时结论必真。

如下是运用存在概括规则的一个实例:

例1　李逵是人,李逵很勇敢。所以,有人很勇敢。
令 Mx:x 是人;Bx:x 很勇敢;s:李逵。先将前提和结论形式化,再建立形式证明:

(1) Ms
(2) Bs　　　　　　　　　/∴($\exists$x)(Mx∧Bx)
(3) Ms∧Bs　　　　　　　(1)(2)∧+
(4) ($\exists$x)(Mx∧Bx)　　　(3)EG

## 三、全称概括规则(UG)

在数学证明中,我们常常这样进行推演:从某类事物中的任意列举一个对象,证明它具有某种属性,由此推论该类事物的全部对象都具有这样的属性。例如,任意列举一个三角形,然后证明这个三角形的内角之和为 180°。由于这个三角形是任意列举的,不附加其他任何特殊条件,由此就可概括地得出结论,全部三角形都具有这个性质,即三角形三内角之和为 180°。

全称概括规则正是根据这一思想得到的一条推理规则。令"y"代表一个任意选出的个体,如果证明 y 具有某性质"Φ",即证明"Φy",那么就可以推演出所有个体都具有性质 Φ。就像证明了任意选择的一个三角形内角和是 180°,那么就可推演出所有三角形的内角和是 180°。

全称概括规则的模式如下:

Φy(y 代表任意列举的个体符号,它不是个体常项或存在命题的例示,并且不在任何关于 y 的假设辖域内出现)

∴($\forall$x)Φx

如下是全称概括规则的一个实际运用:

例1  所有人都是有感情的。所有机器人都没有感情。所以,所有机器人都不是人。

先将前提和结论符号化,再构造有效性的形式证明:

① (∀x)(Mx→Bx)
② (∀x)(Cx→¬Bx)    /∴ (∀x)(Cx→¬Mx)
③ My→By            ① US
④ Cy→¬By           ② US
⑤ By→¬Cy           ④ Tran
⑥ My→¬Cy           ③⑤ HS
⑦ Cy→¬My           ⑥ Tran
⑧ (∀x)(Cx→¬Mx)    ⑦ UG

在使用 UG 规则时,一定要注意该规则对 y 的两条限制:

(1) Φy 中的 y 不能是个体常项或存在命题的例示;
(2) Φy 不在任何关于 y 的假设辖域中出现。

如果违反这两条限制,就将导致逻辑错误。例如,如下推理是无效的:

例2  太阳是自身发光的。所以,所有物体都自身发光。

如果错误运用 UG 规则,却可以为这个推理建立形式证明:

① Ps              /∴ (∀x)Px
② (∀x)Px         ① UG(错误)

在这个形式证明中,第②行是对个体常项 s 使用 UG 规则,违反了第一条限制,因而是错误的。

再看如下推理:

例3  并非所有物体都是植物。所以,所有物体都不是植物。

该推理是无效的,如果错误运用 UG 规则,也可以为其构造一个形式证明:

① ¬(∀x)Sx         /∴ (∀x)¬Sx
② Sx              假设
③ (∀x)Sx         ② UG(错误)
④ Sx→(∀x)Sx     ②—③ CP
⑤ ¬Sx             ①④ MT
⑥ (∀x)¬Sx        ⑤ UG

这个形式证明的错误在第③行。由于在第②行出现的 Sx 是一个假设,对在假设辖域内出现的 x 使用 UG 规则,违反了对 UG 规则的第二条限制。错误运用 UG 规则,这个形式证明不可能正确。

运用 UG 规则来建立形式证明时,必须遵守有关该规则的限制。下面再举一例,说明怎样正确运用 UG 规则。

例 4  所有人都会犯错误。圣人都是人。而孔子是圣人。所以,圣人都会犯错误并且孔子会犯错误。

将前提、结论符号化,构造该推理有效性的形式证明:

① $(\forall x)(Mx \to Rx)$
② $(\forall x)(Sx \to Mx)$
③ $Sc$　　　　　　　　　　/∴ $(\forall x)(Sx \to Rx) \wedge Rc$
④ $My \to Ry$　　　　　　　①US
⑤ $Sy \to My$　　　　　　　②US
⑥ $Sy \to Ry$　　　　　　　④⑤HS
⑦ $(\forall x)(Sx \to Rx)$　　　⑥UG
⑧ $Sc \to Rc$　　　　　　　⑦US
⑨ $Rc$　　　　　　　　　　③⑧MP
⑩ $(\forall x)(Sx \to Rx) \wedge Rc$　⑦⑨ ∧+

## 四、存在例示规则(ES)

一个存在谓词命题是真的,当且仅当它所概括的命题函项的例示至少有一个真。根据存在谓词命题的这一逻辑特征,我们由一个存在命题可以推演出命题函项的一个例示。这就是存在例示规则所表达的内容:由一个存在命题推演出一个命题函项的例示。

但是必须注意,存在命题只断定个体域中存在有个体,至于是哪个或哪些个体存在命题是无法保证的。因此,为了有效地运用存在例示规则,我们必须对例示所使用的个体符号进行严格限制。例如,我们在这里规定,例示的个体符号必须是前面证明过程中没有出现过的个体符号,并且它不能是个体常项,即不能代表某个特定个体。

存在例示规则的模式如下:

$(\exists x)\Phi x$
∴ $\Phi v$(v 在前面没出现过,并且不是特定的个体常项)

在使用 UG 规则时,一定要注意该规则对例示的个体符号 v 的限制:

(1) v 是在前面的证明过程中没有出现过的个体符号;
(2) v 不是任何特定的个体常项,即不代表任何特定个体。

违反这些限制将导致错误的形式证明。看如下推理:

例 1  有的动物是马。有的动物是猪。所以,有的马是猪。

这本来是个无效推理,错误运用 ES 规则却可以建立形式证明:

①(∃x)(Ax ∧ Hx)
②(∃x)(Ax ∧ Px)　　　　　　/∴(∃x)(Hx ∧ Px)
③Aw ∧ Hw　　　　　　　　①ES
④Aw ∧ Pw　　　　　　　　②ES（错误）
⑤Hw　　　　　　　　　　　③Com，∧ －
⑥Pw　　　　　　　　　　　④Com，∧ －
⑦Hw ∧ Pw　　　　　　　　⑤⑥ ∧ ＋
⑧(∃x)(Hx ∧ Px)　　　　　　⑦EG

该证明错在第④行，因为第④行存在例示使用了一个在第③行已经出现过的个体符号，违反了对 ES 规则的第一条限制。违反限制就将导致错误的结论。

如下举例说明怎样正确运用存在例示规则，即 ES 规则：

例 2　所有马都是吃草的。有些动物是马。所以，有些动物是吃草的。

将推理符号化并建立有效性的形式证明：

①(∀x)(Hx→Cx)
②(∃x)(Ax ∧ Hx)　　　　　　/∴(∃x)(Ax ∧ Cx)
③Aw ∧ Hw　　　　　　　　②ES
④Hw→Cw　　　　　　　　①US
⑤Hw　　　　　　　　　　　③Com，∧ －
⑥Cw　　　　　　　　　　　④⑤MP
⑦Aw　　　　　　　　　　　③ ∧ －
⑧Aw ∧ Cw　　　　　　　　⑥⑦ ∧ ＋
⑨(∃x)(Ax ∧ Cx)　　　　　　⑧EG

这个形式证明既运用了 US 规则（第④行），又运用了 ES 规则（第③行）。这两条规则的运用都必须遵守相关的规则。我们看到，当既需要全称例示又需要存在例示时，我们必须先使用 ES 规则，再运用 US 规则。就是说，必须先进行存在例示，然后再进行全称例示。因为存在例示必须使用新的个体符号，全称例示则没有这样的限制。先进行存在例示再进行全称例示，才能使个体符号保持一致，正确建立推理有效性的形式证明。如果先进行全称例示，存在例示就必须使用新的个体符号，个体符号不一致，将使得推演无法进行，从而影响形式证明的建立。因此，为保证正确运用 ES 规则，当既需要使用 US 又需要使用 ES 以消去全称量词和存在量词时，必须先使用 ES 规则，再使用 US 规则。

# 第四节　无效谓词推理的判定

我们在分析谓词命题时已经指出,对谓词命题公式进行解释首先要设定个体域。个体域可以有一个、两个、$n$ 个以至无限多个个体。个体域还可以是空的,即没有个体。只有相对个体域才能分析谓词命题的真假。

## 一、谓词公式的真值函项展开式

假定个体域有有限的 $n$ 个个体,我们对这 $n$ 个个体依次编号为 $1,2,3,4,\cdots\cdots,n$。由于全称命题描述的是所有个体的情况,即述说的是个体 1 并且个体 2 并且……并且个体 $n$ 的情况,因此,在有限个体域上全称命题等同于一个合取式。而存在命题述说的是某个体或有些个体的情况,即述说的是个体 1 或者个体 2 或者……或者个体 $n$ 的情况,因此,在有限个体域上存在命题等同于一个析取式。这些合取式或析取式的子公式是与谓词命题相关的命题函项的例示。

假定个体域只有一个个体,即 $D=\{a\}$,则

($\forall$ x) Φx $\Leftrightarrow$ Φa,　　　　($\exists$ x) Φx $\Leftrightarrow$ Φa;

设个体域 $D=\{a,b\}$,则

($\forall$ x) Φx $\Leftrightarrow$ Φa∧Φb,　　　($\exists$ x) Φx $\Leftrightarrow$ Φa∨Φb;

设个体域 $D=\{a_1,a_2,\cdots,a_n\}$,则

($\forall$ x) Φx $\Leftrightarrow$ Φ$a_1$ ∧ Φ$a_2$ ∧ … ∧ Φ$a_n$,

($\exists$ x) Φx $\Leftrightarrow$ Φ$a_1$ ∨ Φ$a_2$ ∨ … ∨ Φ$a_n$ 。

这些等值式的恒真性是显然的。一个全称谓词命题真,当且仅当命题函项的所有例示都真,而这所有例示恰好是合取式的合取支,所有合取支都真则合取式必真。一个合取式是假的当且仅当其支命题至少有一个假,这意味着命题函项的例示有一个假,即全称谓词命题是假的。因此,全称谓词命题与这样的合取式逻辑等值。

一个存在命题是真的,当且仅当命题函项的例示至少有一个真,而这些例示就是析取式的析取支,析取支有一个真则析取式必真。一个析取式是假的当且仅当其所有支命题都假,这意味着命题函项的所有例示都假,而所有例示都假时存在谓词命题必假。因此,存在谓词命题与这样的析取式逻辑等值。

合取式和析取式都是复合命题,即都是真值函项式。因此,在个体域有限的假设下,一个谓词命题与一个复合命题,或者说一个真值函项式逻辑等值。

由这些等值式根据 DeM 律,我们还可以推导出全称命题与存在命题之间的逻辑关系:

设 $D=\{a_1,a_2,\cdots,a_n\}$,则

¬($\forall$ x) Φx $\Leftrightarrow$ ¬(Φ$a_1$ ∧ Φ$a_2$ ∧ … ∧ Φ$a_n$)

　　　　$\Leftrightarrow$ ¬Φ$a_1$ ∨ ¬Φ$a_2$ ∨ … ∨ ¬Φ$a_n$ $\Leftrightarrow$ ($\exists$ x)¬Φx

$$\neg(\exists x)\Phi x \Leftrightarrow \neg(\Phi a_1 \vee \Phi a_2 \vee \cdots \vee \Phi a_n)$$
$$\Leftrightarrow \neg\Phi a_1 \wedge \neg\Phi a_2 \wedge \cdots \wedge \neg\Phi a_n \Leftrightarrow (\forall x)\neg\Phi x$$

即

$$\neg(\forall x)\Phi x \Leftrightarrow (\exists x)\neg\Phi x$$
$$\neg(\exists x)\Phi x \Leftrightarrow (\forall x)\neg\Phi x$$

必须指出,如果个体域是无限的,那么这种等值关系就不再成立。因为如果个体域无限,那么命题函项就有无限多个例示,有无限多个支命题的合取式或析取式其真假是无法确定的。而谓词命题有确定的真假:一个全称谓词命题真,当且仅当找不到一个假的例示;一个存在命题假,当且仅当找不到一个真的例示。

## 二、无效谓词推理的判定

与命题逻辑所讨论的无效推理概念是一样的,一个谓词推理是无效的,那么前提真时结论可以是假的,即存在着一个解释,或者说一个模型,使得推理的前提真而结论假。对于命题逻辑而言,我们可以使用简化真值表方法,又叫作归谬赋值法来证明推理的无效性:只要能找到一组赋值使得推理的前提真而结论假,就证明了推理是无效的。但是谓词推理的无效性不能简单运用赋值的方法来证明,因为赋值方法只适用于复合命题。

然而,如前所述,在个体域有限的假设下,谓词命题与一个复合命题逻辑等值:全称命题等值于一个合取式,存在命题等值于一个析取式。由此,我们可以在有限的非空个体域上将谓词命题展开为相关复合命题公式,将谓词推理转化为复合命题的推理。既然是复合命题推理,其无效性就可以用赋值的方法来判定。

现在我们结合实例说明怎样用赋值方法来证明谓词推理的无效性。

例1 所有人是动物。所有猫是动物。所以,所有猫是人。

先将命题符号化,令 Hx:x 是人,Cx:x 是猫,Ax:x 是动物。

有如下推理形式:

$(\forall x)(Hx \rightarrow Ax)$

$(\forall x)(Cx \rightarrow Ax)$

$\therefore (\forall x)(Cx \rightarrow Hx)$

设个体域 D = {a},则上述推理展开为:

Ha→Aa

Ca→ Aa

$\therefore$ Ca→Ha

对展开式进行归谬赋值:

| Ha | Aa | Ca | Ha→Aa | Ca→Aa | Ca→Ha |

| | F T T | T | T | F |
|---|---|---|---|---|

在上述赋值下推理的前提真而结论假,即我们找到了一个模型使得推理前提真而结论假,因此,推理是无效的。

如果在只有一个个体的个体域上不能使展开式的前提真而结论假,即不能证明推理无效,但这并不意味推理一定是有效的。看如下推理:

例 2　有些学生是学法律的。有些年轻人是学生。所以,有些年轻人是学法律的。

首先将命题符号化,令 Sx:x 是学生,Lx:x 是学法律的,Yx:x 是年轻人。其推理形式化为:

(∃x)(Sx ∧ Lx)
(∃x)(Yx ∧ Sx)
∴ (∃x)(Yx ∧ Lx)

设个体域 D = {a},则上述推理展开为:

Sa ∧ La
Ya ∧ Sa
∴ Ya ∧ La

显然,对个体域 D = {a}上的展开式,没有使其前提真结论假的赋值。

再设 D = {a,b},则上述推理的展开式为:

(Sa ∧ La)∨(Sb ∧ Lb)
(Ya ∧ Sa)∨(Yb ∧ Sb)
∴ (Ya ∧ La)∨(Yb ∧ Lb)

对展开式进行归谬赋值:

| Sa La Ya Sb Lb Yb | (Sa∧La)∨(Sb∧Lb) | (Ya∧Sa)∨(Yb∧Sb) | (Ya∧La)∨(Yb∧Lb) |
|---|---|---|---|
| T T F T F T | T | T | F |

我们看到,在上述赋值下推理的前提真而结论假,即我们找到了一个模型使得推理前提真而结论假。因此,尽管在 D = {a}时推理是有效的,但是它并非在所有模型上都有效,所以该推理仍然是一个无效推理。

## 》 本章小结

谓词逻辑对简单命题进行分析,分解成个体词、谓词、量词和联结词等成分,通过揭示简单命题的内部结构形式,来更加细致、更加严格地表示命题之间的推理。个体包括个体常元和个体变元两类,处在量词辖域内的个体变元叫作约束变元,如果在一个公式中,一个变元没有出现在任何量词的辖域中,也就是说它不受任何量词的约束,那么就称它为自由变元,含自由变元的公式叫作开公式,不含任何自由变元的公式叫作闭公式。

为了说明一个谓词推理的有效性问题,我们引入了模型和赋值等概念。一个谓词推理是有效的,当且仅当在所有模型上推理都有效;只要有一个模型使得推理的前提真而结论假,推理就是无效的。因此,在设定个体域上展开谓词推理式,再进行归谬赋值的方法,能够证明推理的无效性。因为我们由此可以找到使推理无效的模型。然而,由于个体域的设定是无限的,一个推理可以有无限多个模型,要穷举这些模型事实上是不可能的。因此,这种方法只能证明谓词推理的无效性,而不能证明其有效性。要证明一个谓词推理是有效的,必须正确运用推理规则建立推理有效性的形式证明。

## 》思考题

一、什么是个体词、谓词和量词?

二、什么是命题函数?什么是单称命题?什么是谓词命题?

三、分析命题函数、单称命题和谓词命题之间的联系。

四、传统直言命题的 A、E 就是全称谓词命题吗?为什么?

五、什么是自由变元、个体变元?什么是开公式、闭公式?

六、分析谓词推理规则 UG 与 EI。

七、如何判定谓词推理的无效性?

## 》练习题

**一、用给定的符号,把下列命题翻译成谓词命题公式,量词前面不带否定符号:**

1. 重庆是西南重镇。($Px$:$x$ 是西南重镇,$c$:重庆)

2. 秦岭隔断黄河与汉水。($Sxyz$:$x$ 隔断 $y$ 与 $z$,$a$,$b$,$c$)

3. 商品都有使用价值。($Sx$:$x$ 是商品,$Px$:$x$ 有使用价值)

4. 并非每个人都是可以信赖的。($Hx$:$x$ 是人,$Qx$:$x$ 是可以信赖的)

5. 没有不闪光的金子。($Ax$:$x$ 是金子,$Gx$:$x$ 是闪光的)

6. 只有有贡献的人才有津贴。($Mx$:$x$ 是人,$Px$:$x$ 有贡献,$Jx$:$x$ 有津贴)

7. 并非所有的商品都信得过。($Sx$:$x$ 是商品,$Qx$:$x$ 是信得过的)

8. 有的学生既聪明又勤奋。($Sx$:$x$ 是学生,$Ix$:$x$ 聪明,$Hx$:$x$ 勤奋)

9. 只有高级干部才有警卫员。($Ex$:$x$ 是高级干部,$Sx$:$x$ 有警卫员)

10. 并非每个讲道德理论的人都是很有道德的。($Mx$:$x$ 是人,$Tx$:$x$ 是讲道德理论的,$Dx$:$x$ 有道德)

11. 张海迪坚强,但并非每个人都坚强。($Mx$:$x$ 是人,$Dx$:$x$ 坚强,$c$:张海迪)

12. 有的药品有危险仅当其使用过量。(Mx:x 是药品,Dx:x 危险,Ex:x 使用过量)

13. 并非每个爱说话的人都有很多话要说。(Px:x 是人,Tx:x 爱说话,Hx:x 有很多话说)

14. 有的马驯服并受过好的训练。(Hx:x 是马,Gx:x 驯服,Tx:x 受过训练)

15. 除非受过好的训练,不然没有马驯服。(Hx,Gx,Tx)

16. 马只有受过良好的训练,才是驯服的。(Hx,Gx,Tx)

17. 如果有家具被损坏,那么所有房客都会不高兴。(Jx:x 是家具,Fx:x 是房客,Hx:x 不高兴)

18. 香蕉如果是黄色的,那么它就是成熟的。(Bx:x 是香蕉,Hx:x 是黄色的,Sx:x 是成熟的)

19. 如果有香蕉是黄色的,那么若是所有黄香蕉都是成熟的,则它们是成熟的。(Bx,Hx,Sx)

20. 如果有人报名参加并且只有大三的人才能报名参加,那么他们是大三的。(Px:x 是人,Bx:x 报名参加,Tx:x 是大三的人)

**二、用给定的符号,将下列推理符号化,并为它们构造有效性的形式证明:**

1. 客观规律是不以人们意志为转移的,价值规律是客观规律,所以,价值规律是不以人们意志为转移的。(Lx,Mx,Nx)

2. 逻辑学是科学,科学能增进人们的知识,能增进人们知识的东西是有用的。所以,逻辑学是有用的。(Px,Qx,Rx,Sx)

3. 运动员都很健壮并且很有技巧。张宁不很健壮。所以,张宁不是运动员。(Ax,Bx,Cx,Dx)

4. 只有售货员是零售商,并非所有零售商都是旅游者。因此,有的售货员不是旅游者。(Sx,Rx,Tx)

5. 制服都是能洗的,没有能洗的天鹅绒。因此,没有天鹅绒的制服。(Ux,Wx,Vx)

6. 香蕉和葡萄都是水果,水果和蔬菜都富有营养。所以,葡萄富有营养。(Bx,Gx,Fx,Vx,Nx)

7. 所有外交官都是公仆,有些外交官是能言善辩的,一切能言善辩的公仆都是演说家。所以,有的外交官是演说家。(Cx,Px,Ex,Ox)

8. 商品都是劳动产品,空气和水都不是劳动产品,所以,空气不是商品。(Fx,Dx,Qx)

9. 任何作者取得成功当且仅当他的作品被广泛阅读。所有的作者都是知识分子。有的作家的书未被广泛阅读却取得成功。所以,所有知识分子都是作者。(Ax,Sx,Wx,Ix)

**三、为下列推理建立有效性形式证明**

1. (∀x)(Fx→Gx)
   →Ga
   ∴ →Fa

2. (∀x)(Ax→Dx)
   (∀x)(Cx→ →Dx)
   ∴ (∀x)(Ax→ →Cx)

3. (∀x)(Ax→Bx)
   (∀x)(Cx→Bx)
   ∴(∀x)((Ax∨Cx)→Bx)

4. (∀x)(Px→Qx)
   (∃x)(Px∨Qx)
   ∴(∃x)Qx

5. $(\forall x)(Ax \to (Bx \to Cx))$
   $(\forall x)(Cx \to (Bx \land Dx))$
   $\therefore (\forall x)(Ax \to (Bx \to Dx))$

6. $(\forall x)((Fx \lor Gx) \to (Tx \land Sx))$
   $(\forall x)((Tx \lor Sx) \to (Fx \land Gx))$
   $\therefore (\forall x)(Fx \leftrightarrow Tx)$

7. $(\forall x)((Ax \to Bx) \land (Cx \to Dx))$
   $(\forall x)\{(Bx \lor Dx) \to [(Px \to (Qx \to Px)) \to (Ax \land Cx)]\}$
   $\therefore (\forall x)(Ax \leftrightarrow Cx)$

四、判定下列推理是否有效。若是无效的推理,就将推理在有限个体域上展开,用真值表加以证明;若是有效推理,就为它构造有效性的形式证明。

1. $(\exists x)(Px \land Qx)$
   $Pa$
   $\therefore Qa$

2. $(\forall x)(Px \to Mx)$
   $(\forall x)(Sx \to Mx)$
   $\therefore (\forall x)(Px \to Sx)$

3. $(\forall x)(Dx \to Rx)$
   $Db$
   $\therefore Rb$

4. $(\forall x)(Gx \to Ex)$
   $(\exists x)(Fx \land Ex)$
   $\therefore (\forall x)(Gx \to Fx)$

5. 有的话是空话,有的话是假话,所以,有的空话是假话。

6. 翻译工作者都必须学好外语,教师不是翻译工作者,因此,教师不必学好外语。

7. 宇航员是勇敢的,李勇是勇敢的,所以,李勇是宇航员。

8. 只有公民是选举人,并非所有居民是公民,因此,有的居民不是选举人。

9. 有的大发明家没有受过高等教育,瓦特是大发明家,所以,瓦特没有受过高等教育。

# 第七章 规范逻辑概述

模态逻辑是现代各种应用逻辑和逻辑应用的基础，在人工智能和逻辑哲学中有广泛应用，已经成为从事现代逻辑研究和学习的一门重要工具和方法。所谓模态，是指事物或认识的必然性和可能性等这类性质。其中的"等这类性质"是说，模态并不仅仅指必然性与可能性，比如还有不可能性、偶然性，以及必然的必然性、可能的必然性，甚至必然的必然的可能性，等等，以至于任意有穷次这类性质的组合。仅仅由此便可以看出，实际上有着无穷多的模态。本章结合规范命题，介绍模态逻辑的基本内容。

通过本章学习应明确规范命题与一般命题的不同点和共同点，为什么可以把规范词看作特殊的模态算子，以及规范模态算子的逻辑性质。在此基础上理解掌握如何为有效的规范推理建立形式证明。

## 第一节 模态命题

所谓模态逻辑就是研究模态推理形式及其规律的逻辑，其中模态推理形式又是通过命题的模态形式来表示的。由此可以看出，模态和命题的模态形式是了解模态逻辑的两个基本概念。下面对这两个基本概念做一些说明。

### 一、模态词与模态命题

"模态"一词译自英文的"modal"，它有"形式的、情态的、语气的或模式的"等含义。从字面上看，模态词是一些表示情态、语气等的特殊语词。例如：

(1)太阳系有8颗行星是必然的。
(2)火星上有生命是可能的。
(3)9大于7是必然的。
(4)一个有黑眼睛的人没有眼睛是可能的。

在上述语句中出现的特殊语词"必然"和"可能"就是模态词。

"必然"和"可能"这两个模态词也是重要的哲学概念，它们的哲学含义直接关系到对"必然性"和"可能性"这两个哲学范畴的解释。在哲学中，"必然"被解释为一定如此的趋势，那么究竟应该怎样理解"一定如此"呢？进一步的说明则需要对"必然"和"可能"两个概念的哲学含义做深入的逻辑分析。

从逻辑的角度分析,语句(1)—(4)如果没有模态词,它们都表达一个完整的命题,这些命题都有确定的逻辑值,它们或者是真的,或者是假的。模态词的出现则使这些命题的逻辑值发生了变化。如果去掉模态词,语句(1)—(4)分别表达如下命题：

(1*)太阳系有8颗行星。

(2*)火星上有生命。

(3*)9大于7。

(4*)一个有黑眼睛的人没有眼睛。

其中的(1*)和(3*)是真的,因为它们所表达的都符合事实,而(2*)和(4*)则不是真的。但是在语句中增添模态词后,语句的真假出现了变化。我们看到,虽然(1*)是真的,但(1)却是假的。17世纪的著名学者开普勒曾用6颗行星和5个等边体来构造太阳系的模型,因此,虽然事实上太阳系有八颗行星(1*)是真的,但在开普勒理论中(1*)就不是真的,这意味着并不是在任何情况下"太阳系有八颗行星"都真,所以,"太阳系有八颗行星是必然的"是个假命题,即(1)是假的。

而命题(2*)"火星上有生命"不是真的,但增添模态词"可能"后得到的命题(2)"火星上有生命是可能的"却是真的。

上述分析说明了两点。首先,模态命题是一般命题加上模态词而形成的。有两个逻辑模态词,即"必然"和"可能",我们分别用"L"和"M"表示。因此,模态命题语言是在一般命题语言基础上增添模态符号L和M得到的。因此,模态命题语言有如下基本符号：

(1)命题变元：p,q,r,…；

(2)命题联结词：∧,∨,→,↔,¬；

(3)模态词：L,M；

(4)辅助符号：(,)。

其中第3类符号模态词与第2类符号即联结词一样,都是逻辑常元。

有了新的符号,则需要有新的形成规则。模态命题公式的形成规则如下：

(1)所有1类符号是模态命题公式；

(2)如果Φ和Ψ是模态命题公式,那么¬Φ,Φ∧Ψ,Φ∨Ψ,Φ→Ψ以及Φ↔Ψ也是；

(3)如果Φ是模态命题公式,则LΦ与MΦ也是模态命题公式；

(4)只有符合以上3条的才是模态命题公式。

由形成规则可见,不包含模态词的公式我们也称作模态公式,它们是特殊的模态公式,即包含有0个模态词的模态命题公式。

上述讨论还说明,与命题联结词相类似,逻辑模态的出现将使命题的逻辑值发生变化。例如,命题(1*)"太阳系有8颗行星"是真的,增添模态词后得到的命题(1)"太阳系有8颗行星是必然的"却是假的。从这个意义上讲,模态词与命题联结词有相同的功能,即它们都是逻辑算子,作用于命题将改变命题的逻辑值。

但是,模态算子与命题联结词有完全不同的逻辑性质。命题联结词是真值函项算子,它的逻辑值是由支命题的逻辑值唯一确定的。例如,由合取联结词作用于支命题得到合取式"p∧q",当 p 真且 q 真时,该合取式是真的,否则它就是假的,即"p∧q"的值是由 p 和 q 的值确定。

逻辑模态词则不同,它作用于支命题从而得到模态命题,而模态命题的值不由支命题的值确定。例如,上述命题(1*)"太阳系有 8 颗行星"是真的,增添模态词"必然"后得到的命题(1)"太阳系有 8 颗行星是必然的"是假的,而命题(3*)"9 大于 7"是真的,增添模态词后得到的(3)"9 大于 7 是必然的"仍然是真的。

命题(2*)"火星上有生命"和(4*)"一个有黑眼睛的人没有眼睛"都是假的,增添模态词"可能"后得到的命题(2)"火星上有生命是可能的"是真的,而命题(4)"一个有黑眼睛的人没有眼睛是可能的"仍然是假的。

因此,模态命题公式"Lp"和"Mp"的逻辑值不是由支命题"p"的逻辑值确定的。

## 二、模态命题的逻辑性质

为讨论模态命题公式的逻辑性质,即分析模态命题公式在什么情况下真,在什么情况下假,我们需要引入"可能世界"概念。

我们可运用维特根斯坦的图式论来解释"可能世界"。维特根斯坦在《逻辑哲学论》中指出,命题是现实的图式。图式在逻辑空间中描述事态,描述存在的原子事态或不存在的事态。在维特根斯坦那里,事态是与事实相联系但也相互区别的概念。事态只同可能情况相关,事实则是指实际发生的情况。举例来说,命题"李白生活在唐代"与"李白并非生活在唐代"描述两个不同事态,前一个符合实际,是真的,因此它描述事实;另一个的内容不是事实,但它并非逻辑不一致,即不是自相矛盾,因此它描述的是一个不存在(非现实)的可能事态。

维特根斯坦指出:世界是事态决定的。世界是事态的总和。事态可以存在或者不存在,存在的原子事态就是事实。就是说,可能世界是由事态构成的。如果构成世界的事态都是事实,即都是事实上存在的事态,那么其总和就是一个真实的世界。显然,有若干个可能世界,真实世界只是各种可能世界中的一部分。

对于非模态命题而言,判定其真假我们只需要考虑真实世界的情况。如果命题描述的事态在真实世界中存在,这个命题就是真的;如果它描述的事态在真实世界中不存在,这个命题就是假的。而模态命题就不同,判定其真假必须考虑我们所能想象的其他可能世界的情况。

首先,由于有各种各样的可能世界,我们总是在一个特定世界中讨论形式为"Lp"或"Mp"的模态命题的真假。因此,我们不能泛泛地说"Lp"或"Mp"真或假,而是具体地说"Lp"或"Mp"在世界 w 中的真或假。

其次,我们在世界 w 中讨论"Lp"或"Mp"的真假,必须要考虑其他可能世界的情况。但这里所谓的其他可能世界不是任意的,而是与世界 w 有可及关系的可能世界。"可及关系"是一个非常重要的概念,我们可以用"想象"来理解"可及关系"。命题"Lp"在 w 真,当且仅当,我们在 w 所能想象的所有可能世界中 p 都真。如果我们在 w 能够想象一个世界 w∗,p 在 w∗ 中为假,"Lp"在 w 就是假的。

我们用字母"R"表示"可及关系",用字母"W"表达所有可能世界的集合,w 是 W 的任一元素,即 w 表示任一可能世界。用"V(p, w) = T"表示"p 在 w 真",现在我们可以对模态命题公式的逻辑性质做出如下严格的描述:

命题"Lp"在 w 真,即 V(Lp, w) = T,当且仅当,对于所有的 w∗ ∈ W,如果 wRw∗ 那么 V(p, w∗) = T。

命题"Lp"在 w 假,即 V(Lp, w) = F,当且仅当,存在着 w∗ ∈ W,使得 wRw∗ 并且 V(p, w∗) = F。

命题"Mp"在 w 真,即 V(Mp, w) = T,当且仅当,存在着 w∗ ∈ W,使得 wRw∗ 并且 V(p, w∗) = T。

命题"Mp"在 w 假,即 V(Mp, w) = F,当且仅当,对于所有的 w∗ ∈ W,如果 wRw∗ 那么 V(p, w∗) = F。

由以上描述我们看到,分析模态命题公式的逻辑性质相对于分析非模态命题公式要复杂得多。我们必须既要考虑可能世界的组合情况,又要考虑可及关系的种种性质。

例如,分析命题公式"Lp → p"的真假,我们考虑如下两种情况:

(1) 设 W 是所有可能世界的集合,而 R 是一个具有自反性质的关系,即对任一 w,都有 wRw。

在这一解释模型中,命题"Lp → p"总是真的。证明如下:

假定"Lp → p"在 w 是假的,根据联结词"→"的逻辑性质,则有

① V(Lp, w) = T,且

② V(p, w) = F

由①根据模态算子"L"的逻辑性质,可推知

③ 对于所有 w∗ ∈ W,如果 wRw∗,那么 V(p, w∗) = T

由于这里的 R 是自反关系,即对所有的 w ∈ W,都有 wRw。由此根据③可推出

④ V(p, w) = T

②与④相矛盾。所以,命题"Lp → p"在该模型中不可能是假的,即它是一个有效式。

这一模型的特征是它的可及关系 R 具有自反性,因此,只要 R 具有自反性,以其为基础建立的模型都使命题"Lp → p"是一个有效式。

(2) 现在对解释模型做些改变。令 W = {w, $w_1$},R = {⟨w, $w_1$⟩, ⟨$w_1$, w⟩},即 w 与 $w_1$ 有关系 R 且 $w_1$ 与 w 有关系 R。显然 R 不再具有自反性,而是具有对称性。

在这一解释模型中,命题"Lp → p"可以是假的。

假设① V(p, w) = F,且② V(p, $w_1$) = T。

由于 w 只与 $w_1$ 有关系 R,由②V(p, $w_1$) = T 可推知:对于所有 w* ∈ W,都有 V(p, w*) = T。由此根据必然算子"L"的逻辑性质,可推出

③V(Lp, w) = T

由 ①和③,根据"→"的逻辑性质可知

④V(Lp → p, w) = F

这意味着我们在该模型中找到了一个使"Lp → p"假的解释。该模型的特征是 R 具有对称性,因此命题"Lp → p"在这样的模型中不是有效式。

上述例子说明,分析模态命题公式的真假需要考虑两个因素:可能世界的集合 W 以及可能世界之间的可及关系 R。我们称 W 和 R 一起构成特定的框架,这些框架是分析模态命题公式逻辑特征的基础,我们总是相对特定框架建立模态命题公式的解释模型。

有些模态公式只在特定的框架中有效,如上例所证明的,命题"Lp → p"在自反框架中有效,而在对称框架中非有效。也有对所有框架而言都是有效公式的模态公式。如下被称作"K公式"的就是其中一个。

(K)　　L(p→q)→(Lp→Lq)

证明:"L(p→q)→(Lp→Lq)"相对所有框架都有效。

证:假定"L(p→q)→(Lp→Lq)"不是相对所有框架都有效,即有一个框架的某个可能世界 w,使得

①V(L(p→q)→(Lp→Lq), w) = F

由①根据"→"的逻辑特征,可推知

②V(L(p→q), w) = T,且

③V(Lp→Lq, w) = F

由③根据"→"的逻辑特征,可推知

④V(Lp, w) = T,但

⑤V(Lq, w) = F

由②和④根据模态算子"L"的逻辑性质推出,对于所有 w* ∈ W,如果 wRw*,那么

⑥V(p→q, w*) = T,且 V(p, w*) = T

由⑥根据分离 Mp 规则,可推出

⑦V(q, w*) = T

由⑤根据模态算子"L"的逻辑性质推出,存在 w* ∈ W,使得 wRw* 且

⑧V(q, w*) = F

⑧和⑦是矛盾的。因此,假定不成立,即不存在什么框架能使得"L(p→q)→(Lp→Lq)"无效。所以该公式在所有框架上有效。

根据模态算子的逻辑性质,可以推知必然模态算子"L"和可能模态算子"M"之间具有如下关系:

Lp ⇔ ¬M¬p

Mp⇔ →L→p

至于模态命题构造的推理其有效性依赖于模态命题的逻辑特征,由于本教材重在讨论逻辑学的基本知识,对模态推理不做深入分析。

## 第二节 规范命题

规范命题是一种特殊的模态命题,即模态词是规范模态词的命题。规范命题描述的是行为规范,即要求人们在特定条件下必须如此或者可以如此,或者不准如此行为的规定或命令。因此,规范命题往往以祈使句的形式出现。

### 一、规范命题概述

如下都是规范命题:

(1)所有教师上课必须讲普通话。

(2)公民、法人可以通过代理人实施民事法律行为。(《民法通则》第六十三条)

(3)公民、法人享有名誉权,公民的人格尊严受法律保护,禁止用侮辱、诽谤等方式损害公民、法人的名誉。(《民法通则》第一百零一条)

从上面的例子我们看到,作为一个祈使句,规范命题描述的是规定或命令而不是事件,因此它无所谓真假。如"所有教师上课必须讲普通话"不同于"所有教师上课讲的是普通话",后者依教师上课的实际情况或者为真或者为假,而前者是对教师行为的规定,与事实无关。正由于描述规范的语句无所谓真假,严格地讲它不表达命题。

但是虽然描述规范的语句无所谓真假,但它所描述的规范有一个合法不合法的问题。如果一个学校的教师条例规定了"所有教师上课必须讲普通话",那么对于每一个在这个学校从教的人来说,这个语句的描述是合法的;恐怕没有哪个学校会规定"所有教师上课必须先唱歌",因为这个语句的描述是不合法的。尽管一个描述规范的语句没有真假,但它所描述的规范一定或者是合法的或者是不合法的。并且如果一个规范是合法的它就不可能不合法,如果是不合法的就不可能合法。因此,任一描述规范的语句都必根据其描述的内容在"合法"与"不合法"中取一个为值。由此,我们可以把"合法"对应于真,"不合法"对应于假,认为描述规范的语句也是或真或假的,因而它们都表达命题,即表达规范命题。

描述规范的命题不同于一般命题。一般命题描述的事件如果符合事实它就是真的,不符合事实就是假的,"真"和"假"的含义非常确定。而规范命题情况就要复杂得多。规范命题描述的是要求人们如此行为的规定或命令,这些规定命令所适用的行为人我们称作规范的承受者。规范命题的"合法"或"不合法"是指它所描述的规范对承受者的效力而言的,凡合法规范将对承受者形成约束,使他按规范的要求行事。然而究竟根据什么来判定一个规范命题是否合法却是很复杂的问题。

一个规范命题可能因为人们的价值观而被认为合法或不合法。例如很多人认为讲信用是人必须具备的基本道德,因此就他们的价值观而论"人必须讲信用"是合法的,他们愿意自觉地用这一规范约束自己的行为。但是还有一些人并不这样认为,对他们来说这一规范没有效力。由此,我们称这样的规范是基于价值理由而合法的规范,其特征在于承受者是自觉地接受规范的约束。价值理由是伦理学的范畴,解释伦理规范的合法性显然是伦理学问题。

一个规范命题也可能因为法律或其他强制性原因而被认为是合法的。这类规范命题合法是因为它是由特定的权力机构或权力人所制定颁布的。它的强制性表现在,如果规范承受者不遵守命题所描述的规范,就将受到某种惩罚和制裁。我们称有关承受者必须遵守的规范为命令规范,称有关制裁和惩罚的规范为制裁规范。一般来说,在一个法律体系中,法律命令规范总有一条相关的制裁规范,如果命令规范的承受者没有履行规范所规定的责任,就将根据后一条规范给予其相应的制裁或惩罚。法律体系中还有所谓"无效性制裁",这种规范比较特殊,它规定的是,如果承受者不遵守规范所规定的特定行为规则,他的行为结果将得不到法律的保护。

显然,一个伦理规范命题的合法性与规范承受者的价值观相关,命令性或制裁性规范命题的合法性则与特定的法律体系或规章制度体系相关。但规范命题的合法性问题却是与事实无关的,就是说由规范承受者的实际行为推不出一个规范是否合法,并且由一个规范命题是合法的也推不出规范承受者事实上就是如此行为的。例如,绝不能因为事实上有些执法者有贪赃枉法行为就认为"执法者可以贪赃枉法"是一个合法规范,也不能够由"禁止用任何方法对公民进行侮辱、诽谤和诬告陷害"是个合法规范就推出每个公民都不会受到侮辱、诽谤和诬告陷害。

我们在对规范命题进行逻辑分析时必须考虑它们的这些特殊性质。

## 二、规范命题的逻辑形式

一般认为规范模态词有三种:"必须"、"允许"和"禁止"。根据规范词的不同,规范命题也分为三类。

(一)必须命题

这类命题表达承受者一定要如此行为的规范。规范算子"必须"通常可以用这样一些语词来表达:"必须"、"应当"、"有义务"、"有责任"等等。如下语句都表达必须规范命题:

(1)公安机关逮捕人的时候必须出示逮捕证。
(2)父母有抚养教育未成年子女的义务,成年子女有赡养扶助父母的义务。
(3)企业法人应当在核准登记的经营范围内从事经营。
(4)当事人对自己提出的主张,有责任提供证据。

我们用"O"表示规范模态算子"必须",必须命题的逻辑形式是"Op",读作"必须p"。

(二)允许命题

这类命题表达承受者可以,或者说被允许如此行为的规范。规范算子"允许"通常可以用

这样一些语词来表达:"允许"、"可以"、"有权"等等。如下语句都表达允许规范命题:

(1)公民、法人可以通过代理人实施民事法律行为。

(2)中华人民共和国劳动者有休息的权利。

(3)原告可以放弃或者变更诉讼请求。被告可以承认或者反驳诉讼请求,有权提起反诉。

我们用符号"P"表示规范算子"允许",允许命题的逻辑形式是"Pp",读作"允许 p"。

(三)禁止命题

这类命题表达禁止,或者说不允许规范承受者如此行为的规范。规范算子"禁止"通常可以用这样一些语词来表达:"禁止"、"不得"、"不准"、"不可"等等。如下语句都表达禁止规范命题:

(1)公民享有肖像权,未经本人同意,不得以营利为目的使用公民的肖像。

(2)中华人民共和国公民的住宅不受侵犯。禁止非法搜查或者非法侵入公民的住宅。

(3)车间内不准抽烟。

(4)我们用符号"F"表示规范算子"禁止",禁止命题的逻辑形式是"Fp",读作"禁止 p"。

## 三、规范命题的逻辑特征

从前面的分析我们看到,规范命题作为一种特殊的模态命题,它具有如下一些逻辑特征:

1."必须 p"相当于要求承受者在符合规范要求的任何情况下都一定要履行 p,没有例外。我们可以把一种符合规范要求的情况看作一个可能世界,用 w 表示,所有符合规范要求情况的集合即所有可能世界的集合为 W。仍然用"V(Op, w)= T"表示"Op 在世界 w 真",即表示"'必须 p'在情况 w 下是合法规范",那么:

$V(Op, w) = T$,当且仅当,对于任一 $w* \in W$,如果 $wRw*$,那么 $V(p, w*) = T$;

$V(Op, w) = F$,当且仅当,存在 $w* \in W$,使得 $wRw*$,且 $V(p, w*) = F$。

我们将上述关于必须算子"O"逻辑特征的描述称作"V(O)"。由"V(O)"可见,在规范逻辑系统中,算子"必须"的性质相当于逻辑模态算子"必然"。

2."允许 p"是指允许承受者在符合规范要求的任何情况下都可以履行 p。既然是可以履行,不履行也就没有关系,因此承受者不一定在任何情况都履行 p。所以,

$V(Pp, w) = T$,当且仅当,存在着 $w* \in W$,使得 $wRw*$ 且 $V(p, w*) = T$;

$V(Pp, w) = F$,当且仅当,对于任一 $w* \in W$,如果 $wRw*$,那么 $V(p, w*) = F$。

我们将上述关于允许算子"P"的逻辑特征的描述称作"V(P)"。由"V(P)"可见,在规范逻辑系统中,算子"允许"的性质相当于逻辑模态算子"可能"。

3."禁止 p"相当于承受者在符合规范要求的任何情况下都不得采用行为 p,即一定要履行 ¬p。因此,V(F)的含义如下:

V(Fp, w) = T,当且仅当,对于任一 w*∈W,如果 wRw*,那么 V(¬p, w*) = T。

显然,"对于任一 w*∈W,如果 wRw*,那么 V(¬p, w*) = T"意味着"必须¬p"。因此,"禁止 p"可以用"必须¬p"来定义,即

Fp ⇔ O¬p

根据上述对规范命题逻辑特征的分析,我们可以推演出,在规范命题逻辑系统中,如下等值式是普遍有效的。这些等值式描述了三类规范命题之间的逻辑关系。

(D1)"不必须 p"等值于"允许非 p",即"¬Op ⇔ P¬p";
(D2)"不禁止 p"等值于"允许 p",即"¬Fp ⇔ Pp";
(D3)"不允许 p"等值于"禁止 p",即"¬Pp ⇔ Fp";
(D4)"允许 p"等值于"不必须非 p",即"Pp ⇔ ¬O¬p"。

这里,我们只证明(1),其他几个等值式读者可作为练习自己证明。

证明"¬Op ⇔ P¬p",就是要证明如果"不必须 p"合法那么"允许非 p"也合法,并且如果"允许非 p"合法那么"不必须 p"也合法,即证明"如果 V(¬Op, w) = T,那么 V(P¬p, w) = T",并且"如果 V(P¬p, w) = T,那么 V(¬Op, w) = T"。

首先证明"如果 V(¬Op, w) = T,那么 V(P¬p, w) = T"。

证:① 假设 V(¬Op, w) = T,

由①根据 V(¬)可推知

② V(Op, w) = F

由②根据 V(O)推得

③ 存在 w*∈W,使得 wRw* 且 V(p, w*) = F

由③根据 V(¬)推得

④ 存在 w*∈W,使得 wRw* 且 V(¬p, w*) = T

由④根据 V(P)推得

⑤ V(P¬p, w) = T

再证明"如果 V(P¬p, w) = T,那么 V(¬Op, w) = T"。

⑥ 假设 V(P¬p, w) = T

根据⑥由 V(P)推得

⑦ 存在着 w*∈W,使得 wRw* 且 V(¬p, w*) = T

根据⑦由 V(¬)推得

⑨ 存在着 w*∈W,使得 wRw* 且 V(p, w*) = F

由⑨根据 V(O)推得

⑩ V(Op, w) = F

由⑩根据 V(¬)推得

⑪ V(¬Op, w) = T

与分析逻辑模态词的性质相类似,分析规范命题的逻辑特征时我们运用了"可能世界 w"和可能世界之间的"可及关系 R"这样两个基本概念。关于"可能世界"的含义前面已经做了解释,它代表符合规范要求的各种情况,而解释规范算子所需要的"可及关系 R"具有怎样的性质,我们首先需要分析规范算子"必须"和"允许"的逻辑关联。

显然,如果一个行为是承受者必须履行的,那么该承受者履行这一行为就是允许的。因此如下蕴涵式一定成立:

(D5)"必须 p"蕴涵"允许 p",即"Op ⇒ Pp"。

就是说在规范逻辑系统中,"Op→Pp"是一个普遍有效的公式。

然而,要使"Op→Pp"普遍有效,解释规范算子所需要的"可及关系 R"一定要具有如下性质:

对于所有的 w∈W 都存在一个 w*∈W,使得 wRw*。

连续性(seriality)。

关于关系 R 性质的严格证明许多模态逻辑书都有阐述(周北海,1996),这里不再讨论。直观上看,解释规范命题的 R 具有连续性也很容易理解。既然规范命题描述的是要求承受者如此行为的规范,那么这些规范一定具有可操作性,即它所规定的行为一定是承受者在其他满足特定条件的情况中能够履行的行为。就是说,对使规范合法的任一特定情况 w 而言,都存在情况 w*,w* 与 w 类似(即 wRw*)且规范规定的行为在 w* 中被承受者履行。

在"可及关系 R"具有持续性的解释模型中,公式"Op→Pp"是普遍有效的。现证明如下:

假定在 R 具有持续性的解释模型中公式"Op→Pp"不是有效的。即在这样的模型中有

①V(Op→Pp,w)= F

由①根据 V(→),可推得

②V(Op,w)= T,且

③V(Pp,w)= F

由②根据 V(O),可推得

④对于所有 w*∈W,如果 wRw*,那么 V(p, w*)=T

由于 R 是连续的,因此对于 w,

⑤存在 w*∈W,使得 wRw* 且 V(p, w*)=T

然而由③根据 V(P),可推得

⑥对于所有 w*∈W,如果 wRw*,那么 V(p, w*)=F

显然,⑤和⑥是矛盾的。因此,假定不成立,即在 R 具有持续性的解释模型中,公式"Op→Pp"是有效式。

必须指出的是,在规范命题逻辑系统中,由"必须 p"推不出"p"。因此"Op → p"不是有效式。

## 第三节 规范推理

规范逻辑涉及许多复杂的问题，它还没有建立起像命题逻辑和谓词逻辑那样具有普遍适用性的推理系统。这里我们不可能对规范逻辑的所有问题进行深入的讨论，我们只是运用比较成熟的理论来讨论规范命题之间的推理问题。

我们讨论的规范推理是指由规范命题推演出规范命题的推理。讨论规范推理的目的是要为有效推理建立形式证明，并给出可行的方法判定什么样的推理是无效的。由于规范命题是对一般命题增添规范算子得到的，规范命题逻辑是命题逻辑的扩张。因此，命题逻辑的所有规则在规范推理中仍然适用。

规范命题逻辑的讨论也包括两方面的内容，一是给出推理规则以建立有效规范推理的形式证明，二是给出特定的方法以判定什么样的规范推理是无效的。

### 一、规范命题的对当关系推理

规范命题作为一种特殊的模态命题，从逻辑的角度看，它是通过对任一命题增添规范算子 O（必须）、P（允许）或 F（禁止）得到的。这意味着给定命题 p，通过增添规范算子可以得到"Op"、"Pp"和"Fp"这样三种形式的命题，再加上否定词还可以得到"O¬p"、"P¬p"和"F¬p"三种形式的命题。我们称这六个命题是相同素材的规范命题。所谓规范命题间的对当关系推理，就是讨论在这些相同素材不同规范命题之间存在着哪些有效的逻辑推演关系。

规范命题的对当关系推理如图 7.1 的逻辑方阵所示：

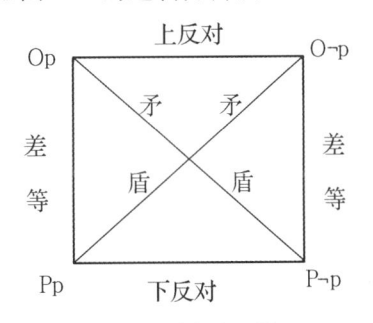

```
        上反对
  Op ───────────── O¬p
   │╲    矛  矛    ╱│
 差 │ ╲          ╱ │ 差
   │   ╲      ╱   │
 等 │    盾  盾    │ 等
   │   ╱      ╲   │
   │ ╱          ╲ │
  Pp ───────────── P¬p
        下反对
```

**图 7.1 对当关系推理**

由上图描述的相同素材规范命题之间的对当关系可知，有如下一些有效推理式：

(1) Op ⇒ ¬O¬p　　　（上反对关系，一个真另一个必假）

(2) O¬p ⇒ ¬Op　　　（上反对关系，一个真另一个必假）

(3) Op ⇒ Pp　　　（差等关系，上位真下位必真）

(4) O¬p ⇒ P¬p　　　（差等关系，上位真下位必真）

(5) ¬Pp ⇒ ¬Op　　　（差等关系，下位假上位必假）

(6) ┐P→p ⇒ ┐O→p　（差等关系，下位假上位必假）

(7) ┐Pp ⇒ P→p　（下反对关系，一个假另一个必真）

(8) ┐P→p ⇒ Pp　（下反对关系，一个假另一个必真）

(9) Op ⇔ ┐P→p　（矛盾关系，一个真当且仅当另一个必假）

(10) O→p ⇔ ┐Pp　（矛盾关系，一个真当且仅当另一个必假）

(11) Pp ⇔ ┐O→p　（矛盾关系，一个真当且仅当另一个必假）

(12) P→p ⇔ ┐Op　（矛盾关系，一个真当且仅当另一个必假）

第五章第二节指出，一个推理式总有一个与之等价的蕴含式。证明了与规范对当关系所描述的推理式等价的蕴涵式都是普遍有效式，就证明这些推理是有效的。

证明需要运用在第七章第二节中讨论的几个有效公式，它们是：

(D1) ┐Op ⇔ P→p

(D2) ┐Fp ⇔ Pp

(D3) ┐Pp ⇔ Fp

(D4) Pp ⇔ ┐O→p

(D5) Op ⇒ Pp

除上述 5 个已证明在规范逻辑中普遍有效的公式外，我们不需要其他任何前提就可以根据推理规则把这些蕴涵式推演出来。由于根据推理规则从有效式只能推演出有效式，这些蕴涵式就是有效式，因此与这些蕴涵式等价的推理式就是有效推理式。

显然式(3)"Op ⇒ Pp"就是(D5)，(11)式就是(D4)，(12)式 P→p ⇔ ┐Op 就是(D1)。

我们这里只证明(1)和(7)。

证明：Op ⇒ ┐O→p，

即证明"Op→┐O→p"是个普遍有效式

证：① Op　　　　　假设

② Op→Pp　　　由 D5 推得

③ Pp　　　　　①②Mp

④ ┐O→p　　　③根据 D4 等值替换

⑤ Op→┐O→p　　①－④C.P

再证明：┐Pp ⇒ P→p

即证明"┐Pp→P→p"是个普遍有效式。

证：① ┐Pp　　　　假设

② Op→Pp　　　由 D5

③ ┐Op　　　　①②MT

④ P→p　　　　③D1 等值替换

⑤ ┐Pp→P→p　　①－④C.P

由"禁止算子"F 的逻辑性质 V(F)可知，"禁止 p"等于"必须非 p"，即

(D6) Fp ⇔ O→p

由 D6 可得到规范对当关系方阵的如下变形：

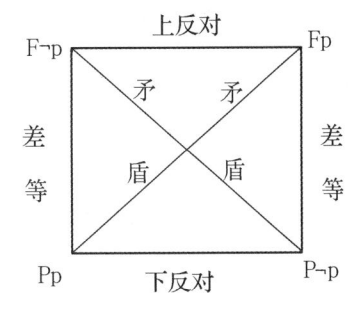

```
       F¬p   上反对    Fp
         ╲   矛  矛   ╱
       差   ╲      ╱   差
       等     ╲ ╱     等
              ╱ ╲
       盾   ╱      ╲   盾
         ╱          ╲
       Pp    下反对   P¬p
```

图 7.2  对当关系方阵

由图 7.2 可得到 10 个新的有效推理式：

(13) Fp ⇒ ¬F¬p        （上反对关系，一个真另一个必假）
(14) F¬p ⇒ ¬Fp        （上反对关系，一个真另一个必假）
(15) Fp ⇒ P¬p         （差等关系，上位真下位必真）
(16) F¬p ⇒ Pp         （差等关系，上位真下位必真）
(17) ¬Pp ⇒ ¬F¬p       （差等关系，下位假上位必假）
(18) ¬P¬p ⇒ ¬Fp       （差等关系，下位假上位必假）
(19) Fp ⇔ ¬Pp         （矛盾关系，一个真当且仅当另一个必假）
(20) F¬p ⇔ ¬P¬p       （矛盾关系，一个真当且仅当另一个必假）
(21) Pp ⇔ ¬Fp         （矛盾关系，一个真当且仅当另一个必假）
(22) P¬p ⇔ ¬F¬p       （矛盾关系，一个真当且仅当另一个必假）

## 二、复合规范命题的推理

复合规范命题是指其中有二元联结词出现的规范命题。推理涉及复合规范命题，要建立其有效性的形式证明，除了在前面第五章第二节中已运用过的推理规则外，还需要引入一个新的普遍有效式作为推理的根据，这就是我们在本章中证明过的 K 公式。由于 O 相当于全称算子 L，K 公式可以变形如下：

(K)      O(p→q) → (Op→Oq)

既然 K 是普遍有效式，由它可以推导出如下规范推理规则：

(K*)     O(p → q) ⇒ (Op→Oq)

我们这样定义"⇒"，即 (K*) 可重写为

$$\frac{O(p \to q)}{\therefore Op \to Oq}$$

此外，我们还需要引入一条新的规范推理规则：

(N) 如果 p 是一个普遍有效式，那么 Op 也是一个普遍有效式。即

⊢ p ⇒ ⊢ Op

N 规则的合理性不难理解。如果 p 是普遍有效的,意味着在任何情况下 p 都真,即对于任意 $w \in W$ 都有 $V(p, w) = 1$。因此,给定任一世界 $w_1$,对所有 $w_2 \in W$,如果 $w_1 R w_2$ 那么必有 $V(p, w_2) = 1$;根据 V(O) 即 $V(Op, w_1) = 1$。由于 $w_1$ 是任一世界,这意味着 Op 也是在任何情况下都真,即 Op 是普遍有效的。

由于规范命题逻辑是以命题逻辑为基础的扩张,因此所有命题逻辑的重言式都是规范命题逻辑的普遍有效式。如我们在前面说明的,它们也同其他规范逻辑的普遍有效式一样,在形式证明中有重要作用。

我们用"Tp"表示引入命题逻辑的重言式。

现在我们举例说明如何建立复合规范命题推理的有效性形式证明。

**例 1**  证明"$O(p \wedge q) \rightarrow (Op \wedge Oq)$"是规范逻辑中的普遍有效式。

证: ① $O(p \wedge q)$                假设
    ② $(p \wedge q) \rightarrow p$              Tp
    ③ $O((p \wedge q) \rightarrow p)$          ②N
    ④ $O(p \wedge q) \rightarrow Op$        ③K*
    ⑤ $Op$                             ①④MP
    ⑥ $(p \wedge q) \rightarrow q$              Tp
    ⑦ $O(p \wedge q) \rightarrow Oq$        ⑥K*
    ⑧ $Oq$                             ①⑦MP
    ⑨ $Op \wedge Oq$                ⑤⑧∧+
    ⑩ $O(p \wedge q) \rightarrow (Op \wedge Oq)$   ①—⑨C.P

**例 2**  证明 $(Op \wedge Oq) \rightarrow (O(p \wedge q))$ 是普遍有效式。

证: ① $Op \wedge Oq$                 假设
    ② $(p \wedge q) \rightarrow (p \wedge q)$       Tp
    ③ $p \rightarrow (q \rightarrow (p \wedge q))$        ②Exp
    ④ $O(p \rightarrow (q \rightarrow (p \wedge q)))$    ③N
    ⑤ $Op \rightarrow O(q \rightarrow (p \wedge q))$    ④K*
    ⑥ $Op$                             ①∧—
    ⑦ $O(q \rightarrow (p \wedge q))$         ⑤⑥MP
    ⑧ $Oq \rightarrow O(p \wedge q)$         ⑦N
    ⑨ $Oq$                             ①Com,∧—
    ⑩ $O(p \wedge q)$                 ⑧⑨MP
    ⑪ $(Op \wedge Oq) \rightarrow (O(p \wedge q))$   ①—⑩C.P

由得证的两个公式可推出"$(Op \wedge Oq) \leftrightarrow O(p \wedge q)$"是个普遍有效式,即

(D7)      $O(p \wedge q) \Leftrightarrow (Op \wedge Oq)$

由 D7 可推出"P(p∨q) ↔ (Pp∨Pq)"也是个普遍有效式。

例3　证明"P(p∨q) ↔ (Pp∨Pq)"在规范逻辑中是普遍有效式。

证：① (Op∧Oq)↔O(p∧q)　　　　　　　　由 D7
　　② (O¬p∧O¬q)↔O(¬p∧¬q)　　　　　对①用¬p,¬q 分别代入 p,q
　　③ (O¬p∧O¬q)→O(¬p∧¬q)　　　　　②Equi，∧ －
　　④ ¬O(¬p∧¬q)→¬(O¬p∧O¬q)　　　③Trans
　　⑤ ¬O(¬p∧¬q)→(¬O¬p∨¬O¬q)　　④Dem
　　⑥ P¬(¬p∧¬q)→(Pp∨Pq)　　　　　由⑤根据 D4 用算子 p 等值替换 O
　　⑦ P(p∨q)→(Pp∨Pq)　　　　　　　⑥Dem
　　⑧ O(¬p∧¬q)→(O¬p∧O¬q)　　　　　②Equi，∧ －
　　⑨ ¬(O¬p∧O¬q)→¬O(¬p∧¬q)　　　⑧Trans
　　⑩ (¬O¬p∨¬O¬q)→¬O(¬p∧¬q)　　⑨Dem
　　⑪ (Pp∨Pq)→P¬(¬p∧¬q)　　　　　由⑩根据 D4 用算子 p 等值替换 O
　　⑫ (Pp∨Pq)→P(p∨q)　　　　　　　⑪Dem
　　⑬ (P(p∨q)→(Pp∨Pq))∧((Pp∨Pq)→P(p∨q))　　⑦⑫∧＋
　　⑭ P(p∨q) ↔ (Pp∨Pq)　　　　　　　⑬Equi

我们还可以证明"O(p∨q)→(Op∨Oq)"与"(Pp∧Pq)→P(p∧q)"也是普遍有效式。留给读者作为练习。

但是"(Op∨Oq)→O(p∨q)"与"P(p∧q)→(Pp∧Pq)"不是普遍有效式。

建立形式证明可以说明规范命题推理的有效性，但却不能说明一个规范命题推理为什么是无效的。

对于一般的复合命题推理来说，推理的无效性可以用真值表方法来判定，但这种方法不能直接用于复合规范命题推理。因为规范命题作为一类特殊模态命题，对其进行解释需要考虑两个因素：可能世界的集合 W 以及可能世界之间的可及关系 R。W 和 R 一起构成特定的框架，我们总是相对特定框架建立模态命题公式的解释模型。

但是，如果在考虑解释框架基础上运用归谬赋值法，就可以得到对规范模态命题进行解释的方法，我们称其为模态语义图方法。我们运用模态语义图判定一个规范模态命题推理是否有效。

由于本书是逻辑学基础教材，因此不讨论模态语义图理论。读者若有兴趣可参考专门讨论模态逻辑的教材或专著。

## 本章小结

规范命题作为一种特殊的模态命题,一般认为规范模态词有三种:"必须"、"允许"和"禁止"。根据规范词的不同,从逻辑的角度看,它是通过对任一命题增添规范算子 O(必须)、P(允许)或 F(禁止)得到的。这意味着给定命题 p,通过增添规范算子可以得到"Op"、"Pp"和"Fp"这样三种形式的命题,再加上否定词还可以得到"O¬p"、"P¬p"和"F¬p"三种形式的命题。我们称这六个命题是相同素材的规范命题。

规范推理是指由规范命题推演出规范命题的推理。讨论规范推理的目的是要为有效推理建立形式证明,并给出可行的方法判定什么样的推理是无效的。由于规范命题是对一般命题增添规范算子得到的,规范命题逻辑是命题逻辑的扩张。因此,命题逻辑的所有规则在规范推理中仍然适用。

本章主要讨论了规范命题的对当关系推理,以及由复合规范命题构成推理的有效性问题。要建立其有效性的形式证明,需要引入一个新的普遍有效式作为推理的根据,对这些普遍有效式本章进行了详细的介绍。

## 思考题

一、分析规范命题与一般命题的不同点和共同点。

二、为什么可以把规范词看作特殊的模态算子?

三、分析规范模态算子的逻辑性质。

四、如何为有效的规范推理建立形式证明?

## 练习题

一、令"所有出席者都必须持有邀请函"是有效规范,即这个规范命题为真,根据对当关系可以推出如下哪些规范命题为真?如果令这个规范命题为假呢?

1. 所有出席者都允许持有邀请函。

2. 禁止所有出席者都不持邀请函。

3. 所有出席者都不允许不持邀请函。

4. 所有出席者都允许不持邀请函。

5. 禁止所有出席者都持邀请函。

6. 并非所有出席者都允许不持邀请函。

7. 并非所有出席者都必须不持邀请函。

8. 并非禁止所有出席者都不持邀请函。

9. 并非所有出席者都允许持有邀请函。

10. 并非所有出席者都不允许不持邀请函。

## 二、证明如下推理式是有效式：

1. p ⇒ ¬O¬p

2. O¬p ⇒ P¬p

3. ¬Pp ⇒ ¬Op

4. ¬P¬p ⇒ ¬O¬p

5. ¬Pp ⇒ ¬F¬p

6. Fp ⇔ ¬Pp

7. Pp ⇔ ¬Fp

8. P¬p ⇔ ¬F¬p

## 三、证明如下公式是规范命题逻辑中的普遍有效式：

1. (Op ∨ Oq) → O(p ∨ q)

2. P(p ∧ q) → (Pp ∧ Pq)

# 第八章 模态逻辑的其他发展

目前,现代逻辑学已从单一学科逐步发展成为理论严密、分支众多、应用广泛的学科群。现代逻辑学的基本理论是多方面的,大致包括数理逻辑、哲学逻辑、自然语言逻辑、逻辑与计算机科学的交叉研究、现代归纳逻辑、逻辑哲学等方面的内容。现代逻辑学研究的范围还在不断扩大,许多新的逻辑分支不断涌现出来。逻辑学与其他学科的交叉和融合,预示着逻辑学将进入一个新的发展时期。

20世纪80年代以来,逻辑学在计算机科学和人工智能领域获得了基础性地位。从此以后,现代逻辑学与哲学、语言学、计算机科学与技术、人工智能等学科不断交叉与融合,进一步推动了经典逻辑理论的应用和发展。现代逻辑学与其他学科的相互渗透,既为逻辑学本身的发展注入了活力,也为现代逻辑学开辟了广阔的应用途径。现代逻辑应用于哲学而产生了哲学逻辑,应用于自然语言而产生了自然语言逻辑,应用于计算机科学和人工智能而产生了人工智能逻辑等等。在逻辑理论应用的过程中,逐步形成了既相对独立又有内在联系的众多学科组成的逻辑学科群。逻辑的应用研究还延伸到其他学科领域,出现了量子逻辑、控制论逻辑、概率逻辑、价值逻辑、法律逻辑、科学逻辑等。本章在参考现有文献的基础上选取现代逻辑理论中几个有代表性的、发展得较为成熟的分支进行简略的介绍,它们是:时态逻辑、认知逻辑和自然语言逻辑。涉及的内容主要有各个分支的发展脉络、研究现状和研究方法等。希望通过本章的介绍,拓展读者对现代逻辑学的认识。

## 第一节 时态逻辑概述

时态逻辑简而言之是关于时间的逻辑,它主要采用模态逻辑的研究方法,把可能世界看作是由时间点或时间段组成的,然后进行语义解释。然而,由于研究对象的特殊性,时态逻辑又涉及人工智能、语言学等领域与逻辑学的交叉研究。随着它的发展和壮大,时态逻辑已经成为现代逻辑里的一个重要分支。本节将介绍时态逻辑产生的动因、时态逻辑的发展现状、时态逻辑的系统以及时态逻辑的意义等内容。

随着20世纪人工逻辑语言的兴起,用形式化语言表达时态概念和命题是一种很自然的趋势。时态逻辑的产生有着深远的哲学背景和语言学背景。另外,在计算机科学中,对程序执行进程的描述自然而然地会涉及在时间渐变中的推理。人工智能对设计便于计算的时态公式和时态表示方法也很感兴趣。这是由于这一领域经常涉及诸如在不断变化的环境中制订合理的行动模式、为机器人构建常识推理机制等一些智能任务。因此,智能设计的基本要求是要具有时态知识并能做出时态预言。一个优秀的人工智能研究程序像"常识实体(common sense physics)"的开发甚至已经把时态模拟(temporal modeling)作为最受欢迎的检测依据之一。

时态逻辑最早可以追溯到20世纪50年代,Arthur Prior 第一个提出了时态逻辑系统。从那时起时态逻辑便作为一个独立的研究领域蓬勃发展起来。下面我们介绍一个基本时态逻辑系统 Kt,其他各种时态逻辑系统都是在它的基础上进行扩展的。

设定:p,q,r 和 s 表示原子命题,A,B,C 和 D 表示时态公式。

定义1(基本时态命题逻辑的语言)  令 P 是命题变元集,基本时态命题公式集 Lkt 归纳定义如下:

A::= p | $\neg$A | (A∧B) | PA | FA

其中 p∈P。PA 表示"在过去的某个时间 A 是真的"。FA 表示"在将来的某个时间 A 是真的"。

其他布尔联结词的定义依照通常的做法。当不会引起歧义时,我们把最外层的括号省略。

时态算子 PA,FA 的对偶算子可以分别定义如下:

GA := $\neg$F$\neg$A    HA := $\neg$P$\neg$A

其中,GA 表示"在将来 A 一直是真的",HA 表示"在过去 A 一直是真的"。我们把 P 和 F 称为弱时态算子,把 H 和 G 称为强时态算子。

对于任意时态公式 A,我们把 A 中所有的 P 换成 F 并且把所有的 F 换成 P,这样所得到的公式 B 称为 A 的像公式。同样的,A 也是 B 的像公式。因此,像公式总是成对出现。

下面给出基本时态逻辑的语义。

定义2(时态框架)  时态框架 F=⟨T,<⟩是一个满足下列条件的一个二元组:

(1)T 是时间点的非空集合;

(2)< 是 T 上的一个反自返和传递的二元关系。

其中"<"表示时间点上的早于—晚于关系,即对于任意两个时间点 t, u∈T,u<t 的直观意思就是 u 早于 t 并且 t 晚于 u。因此这里的时态框架是双向框架,"早于"和"晚于"是两个绑定在一起的互逆关系。这里我们要求关系"<"是反自返的,即不存在时间点是它自身的过去或未来,并且要求关系"<"是传递的,即如果 t 早于 u 并且 u 早于 v,那么 t 早于 v。

定义3(时态模型)  时态模型 M 是一个三元组 M=(T, <, ρ),其中(T, <)是一个时态框架,ρ是一指派函数,它给 T 上的每个时间点 t 指派一个命题集ρ(t)⊆P,该命题集中的命题在时间点 t 上都为真。

定义4(基本时态逻辑的语义)  给定时态模型 M=⟨T, <, ρ⟩,任给 A∈Lkt ,公式 A 在模型 M 中的时间点 t 上为真,记作 M, t⊨A,它可以归纳定义如下:

M, t⊨p         当且仅当      p∈ρ(t)。

M, t⊨$\neg$A        当且仅当      M, t⊭A。

M，t⊨（A∧B）　　当且仅当　　　M，t⊨A 且 M，t⊨B。
M，t⊨PA　　　　当且仅当　　　存在 s∈T，s＜t 且 M，s⊨A。
M，t⊨FA　　　　当且仅当　　　存在 s∈T，t＜s 且 M，s⊨A。

如果对每个模型 M=⟨T，＜，ρ⟩（其中⟨T，＜⟩∈κ，κ 是时态框架类）中的每个时间点 t∈T，都有 M，t⊨A，我们称公式 A 在时态框架类 κ 上有效，并记作 κ⊨A。不同的时态框架类有不同的有效公式集。

定义 5（公理系统 Kt）　基本的时态命题逻辑的公理系统由以下公理和推理规则组成。

组成基本的时态命题逻辑的公理系统的公理有：

A0，所有经典命题逻辑的重言式；

A1a，G（p→q）→（Gp→Gq）；

A1b，H（p→q）→（Hp→Hq）；

A2a，p→GPp；

A2b，p→HFp；

A3a，Hp→HHp；

A3b，Gp→GGp；

组成系统 Kt 的推理规则有：

US（普遍代入规则）：可以从 A(q) 得到 A(B/q)，其中 A(B/q) 是用 B 替换 A 中 q 的所有出现所得到的公式。

MP（分离规则）：从 {A，A→B}，可以得到 B。

TG（时态化规则）：从 A，可以得到 HA 和 GA。

以上分别由 a 和 b 表示的成对出现的公理彼此互为像公式。A1（包括 A1a 和 A1b）是基本时态命题语言的 K 公理；A2（包括 A2a 和 A2b）表达了时态框架上"早于"和"晚于"是互逆关系；公理 A3（包括 A3a 和 A3b）则保证了时态框架的传递性。

对任意时态公式 A，如果 A 在系统 Kt 中是可证的，则记为 ⊢A。如果 A 在系统 Kt 中是有效的，则记为 ⊨A。

定理 1（Kt 系统可靠性和完全性）　对 Kt 中任意时态公式 A 来说，⊢A 当且仅当 ⊨A。

容易证明所有的公理都是有效的，并且四条推理规则都具有有效性，因此该系统是可靠的。系统 Kt 的完全性在很多文献中都有证明。这里简要地给出它的证明思路。假定我们的讨论范围是一个有限的公式集，例如一个公式 φ 和它所有子公式的集合。如果一个有限公式集 Γ 中所有公式的合取在 Kt 系统中都是可满足的（即 ¬(∧Γ) 不是 Kt 中的定理），那么我们称公式集 Γ 是一致的。极大一致集 Σ 和通常的定义一样（不过这里限于一个有限公式集上的极大一致集），那么它们满足以下各式：

(1) φ∈Σ　　　　　当且仅当　　　Kt⊢∧Σ→φ；

(2) φ∧ψ∈Σ　　　当且仅当　　　φ∈Σ 且 ψ∈Σ；

(3) ¬φ∈Σ　　　　当且仅当　　　并非 φ∈Σ。

下面在这类集合 Σ,Σ′之间定义一个二元关系 <,使得

Σ<Σ′　当且仅当　　φ∈Σ′时都有 Fφ∈Σ,并且 φ∈Σ 时都有 Pφ∈Σ′。

那么进一步有下列式子成立:

(1) Fφ∈Σ　　当且仅当　　存在某一 Σ′,Σ<Σ′　　且 φ∈Σ′;

(2) Pφ∈Σ′　　当且仅当　　存在某 Σ,Σ<Σ′　　且 φ∈Σ。

现在,可以定义一个有限的典范模型 Mt,其中可能世界集是所有相应的极大一致公式集的集合,二元关系是 <,以及在 Σ 中的命题变元上的赋值。通过对相应公式 φ 施用结构归纳法,容易证明这个模型在以下意义上是"典范的":

φ∈Σ　　当且仅当　　Mt,Σ⊨φ。

假设某一时态公式 φ 在 Kt 中不是可推导的,那么它的否定形式{¬φ}是一个一致集且可以被扩展成一个极大一致集。那么根据典范模型 Mt 的定义,若该极大一致集是模型 Mt 中的一个可能世界且 φ 在其中不成立,则 φ 不是有效的(Gabbay 等,1995)。

以上证明了 Kt 系统可靠性和完全性。这是最基本的命题时态逻辑系统,体现了命题逻辑的基本特征。

Kamp 扩展了 Prior 的时态逻辑,他提出了两个时态算子 S(Since)和 U(Until)。这两个算子的直观含义为:

S(p, q):自从 p 在过去某个时间为真,q 一直为真。"S(p, q)现在为真"的直观含义可以用图形表示如下,见图 1:

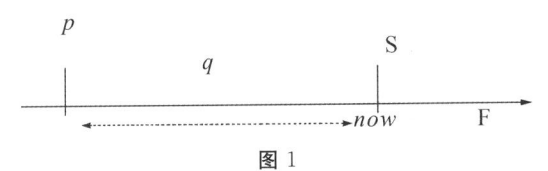

图 1

其中单箭头直线 F 表示时间,箭头所指方向表示未来,now 表示当前时间点,P 表示过去某一时间点,双箭头表示在过去与现在这段时间里 q 一直是真的。

U(p, q):直到 p 在将来某个时间为真,q 一直为真。"U(p,q)现在为真"的直观含义可以用图形表示如下图 2:

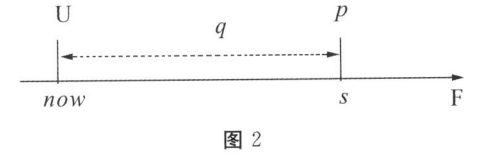

图 2

其中单箭头直线 F 表示时间,箭头所指方向表示未来,now 表示当前时间点,s 表示将来某一时间点,双箭头表示现在与将来这段时间 q 一直为真。

下面我们给出一系列带 S 和 U 算子的时态命题逻辑。这些逻辑具有相同的语言,但是用它们可以描述不同的时态框架特性。

定义 6(S,U 时态命题逻辑的语言)　令 P 是命题变元集,$L_{S,U}$ 的语句归纳定义如下:

A ::= p|¬A|(A∧B)| S(A, B)| U(A, B)

其中 p∈P,S(A,B)表示"自从 A 在过去某个时间为真,B 一直为真"。U(A,B) 表示"直到 A 在将来某个时间为真,B 一直为真"。同样的,对于任意时态公式 A,我们把 A 中所有的 S 换成 U 并且把所有的 U 换成 S,这样所得到的公式 B 称为 A 的像公式。

有了 S 和 U 两个时态算子之后,过去算子 P 和将来算子 F 这两个时态算子可以定义如下：

FA:= U(A,T)

PA:= S(A,T)

从直观上看,U(A,T)在当前时间点成立即"直到 A 在将来某个时间为真,T 一直为真",因为 T 在任何时间都成立,因此,U(A,T)在当前时间点成立当且仅当 A 在将来某个时间为真当且仅当 FA 在当前时间点成立。同理,S(A,T)在当前时间点成立当且仅当 PA 在当前时间点成立。这表明 S 和 U 两个时态算子的表达力更强,过去算子 P 和将来算子 F 只是它们的一种特殊情况。下面我们给出 S,U 时态命题逻辑的语义。

**定义 7(S,U 时态命题逻辑的语义)**  给定时态模型 $M=(T,<,\rho)$,任给公式 $A\in L_{S,U}$,公式 A 在模型 M 中的时间点 t 上成立,记作 $M,t\models A$,它可以归纳定义如下：

M,t⊨p,           当且仅当        p∈ρ(t)。

M,t⊨¬A           当且仅当        M,t⊭A。

M,t⊨A∧B          当且仅当        M,t⊨A 且 M,t⊨B。

M,t⊨S(A,B)       当且仅当        存在 s∈T,s<t 且 M,s⊨A 且∀u∈T,如果 s<u<t,那么 M,u⊨B。

M,t⊨U(A,B)       当且仅当        存在 s∈T,t<s 且 M,s⊨A 且对∀u∈T,如果 t<u<s,那么 M,u⊨B。

**定义 8(S,U 时态命题逻辑的极小公理系统)**  S,U 时态命题逻辑系统的极小公理系统由下列公理和推理规则组成：

A0        所有经典命题逻辑的重言式

A1a       G(p→q) →(U(p, r)→ U(q, r))

A1b       H(p→q) →(S(p, r)→ S(q, r))

A2a       G(p→q) →(U(r, p)→ U(r, q))

A2b       H(p→q) →(S(r,p)→ S(r,q))

A3a       (p∧U(q,r)) →U(q∧S(p, r), r)

A3b       (p∧S(q,r)) →S(q∧U(p, r), r)

推理规则是：

US(普遍代入规则):可以从 A(q)得到 A(B/q),其中 A(B/q)是用 B 替换 A 中 q 的所有出现所得到的公式。

MP(分离规则):从{A, A→B},可以得到 B。

TG(时态化规则):从 A,可以得到 HA 和 GA。

注意以上分别由 a 和 b 表示的成对出现的公理彼此互为像公式。A1 到 A2 是 S,U 时态命题逻辑系统的 K 公理。A3 表示时态框架中"早于"和"晚于"是互逆关系。

一个推演是一个有限的公式串,其中的每个公式要么是公理,要么是由前面的公式通过推理规则得到的。从推演中得到的最后一个公式 A 是定理,我们用 ⊢S,U A 表示。用 ⊢S,U 表示推理系统,⊢S,U 可以通过增加一组约束时态框架的公理 Σ 得以扩充,从而生成另一个推理系统 ⊢S,U(Σ)。当 Σ 为空集时,有 ⊢S,U 等于 ⊢S,U(Σ)。

定理 2(S,U/κ0 的可靠性和完全性)  推理系统 S,U 在所有时态框架类 κ0 上是可靠的和完全的。

这个定理的一个简洁证明可参见(Xu,1988)。

传递的线性时态框架类 klin 可以通过在时态框架类 k≠κ 的基础上增加以下公理 Σ 和它们各自的像公式(b 公式)得到。Burgess(1982)给出了推理系统 ⊢S,U(Σ) 在传递的线性时态框架类 klin 上的完全性证明。

A4a  U(p,q)→U(p, q∧ U (p,q))

A5a  U(q∧U (p, q), q)→U(p,q)

A6a  U(p, q) ∧U(r, s)→U(p∧r, q∧s)∨U(p∧s,q∧s)∨U(q∧r, q∧s)

公理 A4 和 A5a 将时态框架类限制在传递的时态框架类上。公理 A6 将时态框架类限制到线性的时态框架类上。所谓的线性时态框架是指所有的时间点间是线序关系,每个时间点都有唯一一个后续时间点。如果加上公理 A7a(p∧Hp)→FHp 以及它相应的像公式,那么将会把时态框架限制在一个离散的时态框架类上。Burgess(1984)讨论了在有更多限制的框架类上的完全性的证明。通过加入公理 A0—A7,可以得到在线性离散且传递的时态框架类上系统的完全性。

Gabbay 等(1990)和 Reynolds(1992)分别证明了公理系统 S,U/R 在实数性时态框架类上的完全性。所谓实数性框架,顾名思义就是指通过增加刻画实数特征的公理使该类时态框架具有实数所特有的一些性质。Reynolds 还证明公理系统 S,U/Z 在整数性时态框架上的完全性。

S,U 时态命题逻辑系统是基本时态逻辑系统的扩张,因为 S 和 U 算子能够分别定义 P 和 F 算子,而由 P 和 F 不能定义出来 U。例如在实数性框架( R,<)上 P 和 F 不能定义出来 U(Blackburn,2001)。逻辑学家和计算机科学家在基本时态逻辑的基础上扩展得到了各种时态逻辑。譬如线性时态逻辑 LTL(Linear time Temporal Logic),分支时态逻辑 BTL(Branching—time Temporal Logic)等。

时态逻辑的发展具有重大的理论意义。首先从哲学上看,日常语言已经被时态化了;而人工语言恰好相反,通常都是数学语言没有时态的标志。时态逻辑有利于区分时态语言和非时态语言,从某种角度看它对澄清和分析语言的用法和意义具有极其重要的作用,这是分析哲学关注的主要问题。另外,时间性质问题也引起了一部分哲学家的兴趣,尤其引起了科技哲学家的关注。时态逻辑为从哲学上分析时间性质、时态关系等问题提供了一种逻辑工具。其次,从语言学上看,自然语言中表达时态的词语在句中往往只担任一种句子成分,而不能无限制地重复使用。时态逻辑语言则不然,它允许系统内的时态算子无限制地重复使用。因此,时态逻辑在对日常时态语句的分析方面具有重要的理论价值。再次,从计算机科学方面看,时态逻辑在计算机科学研究领域有着巨大的潜在作用。时态逻辑与传统逻辑最大的不同就在于它考虑了对时间的处理,这对于计算机尤其是人工智能方面的研究有着积极的推动作用。综上所述,时态逻辑的发展无论是在哲学、语言学还是计算机科学等方面都有着重大的理论价值。

## 第二节　认知逻辑概述

　　认知逻辑是有关知识的逻辑,同时也关注像知识、信念、断定、怀疑、问题和回答等认识论概念范围内产生的逻辑问题。因此,现在我们看到的认知逻辑已经从知识扩充到了信念,甚至涉及更多的认识论概念,换一种宽泛的说法就是形式认知。这一点充分体现在对认知逻辑的定义或描述上,认知逻辑的定义主要有以下几种:其一,认知逻辑,又称作认识逻辑,但与认识论逻辑颇有大小之别,主要是研究知识和信念的形式化问题的逻辑分支;其二,认知逻辑就是用逻辑演算的方法来研究含有诸如知道、相信、断定、认为、怀疑等认识模态词的认识模态命题形式的一门学科;其三,认知逻辑是以认知语言学为基础,关于认知过程及其规律的逻辑系统。无论怎样,认知逻辑都已经成为现代逻辑学的又一分支。本节从认知逻辑的发展脉络、研究对象和研究方法等角度对认知逻辑做一介绍。

　　认知逻辑研究的是知识推理,从公理系统角度来说是模态逻辑的一个分支。众所周知,认识论有一个悠久的哲学传统,可以追溯到古希腊。而认知逻辑作为现代逻辑的一个分支,却是在20世纪60年代才发展起来的,20世纪80年代广泛运用于哲学、计算机科学、人工智能、经济学和语言学等学科中。从某种意义上说,认知逻辑也可以说是由亚里士多德建立起来的,在他的前分析篇和后分析篇中可以看到他研究了现代认知逻辑所研究的基本问题。1947年,卡尔纳普(R. Carnap)发表了《意义与必然》一书,书中讨论了带有"相信"和"断定"认知模态词的语句。这可能是最早的有关认知逻辑的研究。而第一本详细讨论认知逻辑的书却是1962年辛提卡写的《知识和信念》。辛提卡使用模型来刻画知识的语义,从一种全新的视角来审视从模态逻辑到认知逻辑的对应转换问题,使认知逻辑发展到了一个新的水平。至此,认知逻辑研究趋于成熟,并开始为越来越多的人所重视。

　　与此同时,20世纪70年代以奥曼为代表的博弈论者也独立发展了认知逻辑,并用它表示博弈者对于他人行为的知识,试图根据理性主体的优选行为给博弈论的均衡概念提供逻辑解释。这实际上是第一个对公共知识给出形式化定义的人,标志性的文章就是1976年的《不一致的达成》。对于公共知识的讨论早在1969年刘易斯的《约定》和费里德尔(Friedell)的《共享觉知的结构》中就已经得到了讨论。1988年巴威斯(Barwise)《三种公共知识的观念》中就对公共知识进行了进一步的详细讨论。辛提卡的《知识与信念》一书虽然奠定了认知逻辑研究的基本范式,然而到了20世纪80年代和90年代研究范式有了一些改变。认知逻辑从其他学科中吸收一些思想，如：将认知逻辑与其他非经典逻辑、形式语言学，特别是与计算机学科和博弈论的研究相结合，诞生出一些新的认知逻辑研究方向，并带动了认知逻辑的具体实际应用。

学科之间的交叉研究，也就产生了应用逻辑和逻辑应用的研究。正是这些研究促使研究范式悄悄地发生了变化，开辟了一些新的研究方向，如认知语言的更新语义，模态逻辑动态化，信念修正，动态逻辑的认知研究以及认知逻辑的动态研究，而其中信念修正对认知逻辑的发展起到了重要的作用。1985 年阿尔罗若、梅肯森和加德福斯三人正式提出了理性信念的修正理论。正是在这一系列的研究成果上，新的形式系统应运而生，也就是动态认知逻辑的诞生。而这主要体现在公开宣告认知行动加入到了认知逻辑的研究行列中来。1989 年普拉扎（Plaza）的《公开宣告的逻辑》一文被认为是动态认知逻辑研究的起点。应用逻辑和逻辑应用的研究相互促进，认知逻辑除了在计算机科学、博弈论等学科中的应用外，目前有一个更加宽泛的说法，那就是社会软件（social software），帕里克（Rohit Parikh）2002 年用它表示使用认知逻辑、博弈论、信念修正和决策理论等来研究社会现象。可以说，认知逻辑的发展经历了一个从单主体到多主体、从单模态到多模态、从不活跃的主体到活跃的主体的过程。这也就是辛提卡所说的从第一代认知逻辑的研究进入了第二代认知逻辑的研究。

认知逻辑是通过形式系统的公理来分析知识和信念这两个认识论概念，即知识和信念的形式化及其属性。辛提卡用 $K_i\varphi$ 表示主体 i 知道 $\varphi$，$B_i\varphi$ 表示主体 i 相信 $\varphi$。这个表达式仅仅是句法上的构造，而表达式的语义解释是采用模型集给出的。这样，两个二元认知算子可以被解释为：$K_i\varphi$ 表示与 i 所知相容的所有可能世界中，有情形 $\varphi$；$B_i\varphi$ 表示与 i 所信相容的所有可能世界中，有情形 $\varphi$。这里就有一个基本的预设，可能世界划分为两个部分，一个是与认知主体的命题态度相容，另一个是与命题态度不相容。这样不相容的可能世界构造的模型就被排除在认知主体的相容世界外。而这一点亨德里克斯（Hendricks）认为是一个强制性观点的变体。而依照克里普克语义学，对于认知系统的模型 $M = <W, R, V>$，若 W 为任一非空的可能世界集，R 为 W 上可及关系（$R = W \times W$），V 是赋值函数，$w \in W$ 为其中任一可能世界。一个公式 $\varphi$ 在 w 中为真（M 模型中），记为 $M, w \vDash \varphi$。辛提卡的两个二元认知算子的语义可以相应地改写如下：

$K_i\varphi$ 在世界 w 中为真：$M, w \vDash K_i\varphi$ 当且仅当对于任意 $w' \in W$，如果 $Rww'$，那么 $M, w \vDash \varphi$。

$B_i\varphi$ 在世界 w 中为真：$M, w \vDash B_i\varphi$ 当且仅当对于任意 $w' \in W$，如果 $Rww'$，那么 $M, w \vDash \varphi$。

显然，有了认知算子且给出了语义解释，一个系统的基本建构就有了一个开端。仿照模态逻辑系统，认知逻辑的公理系统也可以类似地建立起来，以下就是一些常见的公理：

K      $K_i(\alpha \to \beta) \to (K_i\alpha \to K_i\beta)$

D      $K_i\alpha \to \neg K_i \neg \alpha$

T      $K_i\alpha \to \alpha$

4      $K_i\alpha \to K_iK_i\alpha$

4.1　¬Kiα→Ki¬Kiα

4.2　¬Ki¬Kiα→Ki¬Ki¬α

4.3　Ki（Kiα→Kiβ）∨Ki（Kiβ→Kiα）

4.4　α→（¬Ki¬Kiα→Kiα）

除了 K 公理以外，以上其他公理在模型中有效需要一些条件，也就是可能世界之间的可及关系，这可以从模态逻辑的对应理论直接迁移过来，而这些可及关系在一定程度上反映了知识的属性。有了这些公理可以建立不同的公理系统，适合刻画知识的常见系统有：

KT4＝S4

KT4＋4.2＝S4.2

KT4＋4.3＝S4.3

KT4＋4.4＝S4.4

KT5＝S5

知识与信念的不同在于公理 T。类似地，我们可以把上述的公理系统中 T 公理换成 D 公理，产生了比较适合刻画信念系统的 KD4，KD45 系统。这实际上也开启了知识与信念之间的交互作用研究。

以上是单主体的认知系统解释。知识不是一个人的事情，它负载着信息，而信息需要交流。这样，多主体认知逻辑就发展成为研究主体之间的相互行动，如博弈论问题。在这样的情境中，人们在讨论主体的知识共享时，公共知识就是一个重要的概念。主体之间的互知而得到的公共知识，从某个层面上来说它还是一种静态的，也就是说到目前为止所说的刻画知识（信念）的系统所刻画的是一种命题知识而不是过程知识。而知识在主体之间，抑或说个体的知识与知识之间的关系，绝不会是处于一种静态，而是一种动态，如知识（信念）的更新。而这一切就预示认知逻辑的研究对象需要从命题知识转移到过程知识上来，这也就是辛提卡所说的第二代认知逻辑的发展，即动态认知逻辑。动态认知逻辑目前主要研究公开宣告等认知行动。

动态认知逻辑中的核心概念就是认知行动算子，表示可以改变认知主体的知识形成，而不能够改变事实。认知行动算子[α]ψ，意思是通过行动 α 得到 ψ。α 可以通过定义而表示不同的认知行动。认知逻辑的动态转向暗含了认知逻辑的研究对象从讨论知识和信念的属性转而讨论认知主体在知识和信念中的认知活动，也就是认知主体的学习、获得知识的过程。这一研究目前已经成为逻辑学的一个重点内容，并取得了一系列的重要成果。

认知逻辑对知识和信念的刻画主要有两类模型，一类是概率模型，另一类是非概率模型。概率模型的代表是哈桑尼类型空间，而非概率模型的代表是克里普克结构和奥曼结构。采用克里普克结构来刻画知识和信念也称为基于逻辑的方法，而基于事件的方法采用的就是奥曼结构。前面阐述的就是克里普克结构，这里就不再对奥曼结构以及概率模型（贝叶斯结构）进行描述了，感兴趣的读者可以参见相关资料。

认知逻辑产生以后还有很多学者就认知逻辑与认识论之间的关系进行了讨论，也就是对认知逻辑进行哲学反思。从认知逻辑的研究对象来看，认知逻辑似乎是离开了认识论而独立进行研究。辛提卡1962年的《知识与信念》一书出版后，就有很多的哲学家对认知逻辑进行哲学反思。认知逻辑和认识论之间是否存在一个结合点？它们之间的研究对象、研究主题是否相同？亨德里克斯和西姆斯认为认知逻辑与认识论之间存在这么一个结合点。传统认识论中的三个主要概念是：知识、信念和怀疑，而形式认识论中的目前三个主要概念是学习、信息和策略。认识论主要围绕两个主题来研究：(1) 从长远来看，认识论要给知识概念提供一个合适的定义同时回答怀疑论的挑战；(2) 给动态的知识和信念提供一个合适的模型。而形式认识论与传统认识论之间的桥梁就是对理性探究的理解问题。从更细微的角度来考察认知逻辑的哲学反思主要有四个方面：(1) 基本认知概念的本质（如知识和信念），以及相关联的概念（如真和证成）；(2) 信念的一致性和逻辑全能问题；(3) 认知算子的叠置问题，如相信某人知道；(4) 认知逻辑的量化问题。对于这些问题的探讨还在不断地深入下去。

## 第三节　自然语言逻辑概述

自然语言逻辑是20世纪70年代以来在现代逻辑基础上发展并与现代语言学相结合而产生的新学科，是当今逻辑学领域极具生命力的分支。自然语言逻辑以20世纪70年代著名的"蒙太格语法"诞生为标志，经历了近四十年的发展过程，形成了包括若干理论学派的学科群体，对现代逻辑、理论语言学以及计算机人工智能科学等研究领域产生了积极而广泛的影响。它以现代逻辑为主要研究工具，以自然语言为主要研究对象，其目的在于深刻分析自然语言的深层语义，把自然语言转换为计算机可以处理的符号信息。

### 一、蒙太格语法

蒙太格语法（Montague Grammar，简称MG）是美国数理逻辑学家理查德·蒙太格（Richard Montague）在20世纪七十年代初提出的一种自然语言逻辑分析理论，是现代逻辑学与现代语言学相结合的产物。MG推广并发展了逻辑语义学的重要思想，极大地丰富了内涵语义学的概念；还在类型论与模态逻辑的基础上发展了现代逻辑的重要分支——内涵逻辑理论；MG在逻辑学领域做出了重大贡献，有着极其重要的理论价值。MG以"普遍语法"思想为其基本出发点，认为自然语言与逻辑人工语言之间没有实质的区别，用现代逻辑的手段对自然语言（英语）进行形式刻画可以实现自然语言语义的形式化处理。逻辑学、语言学和人工智能等领域都对它产生了极大的兴趣，MG有着重要的研究价值。本小节从蒙太格语法产生的背景入手，然后着重介绍PTQ系统，所谓PTQ系统是指蒙太格建立的一个专门处理英语量化结构的内涵逻辑系统，该系统充分体现了蒙太格语法的内涵，可以说是蒙太格语法中最成功、最成体系的系统。

蒙太格的PTQ系统体现了MG的基本思想和方法，本小节将通过对PTQ系统的介绍，阐述MG精要。蒙太格使用内涵类型逻辑作为工具，通过它来翻译自然语言的语义，也就是先把自然语言进行语形分析，然后翻译成内涵类型论语言，以期获得形式化的精确语义解释。这种方法能够行得通的根本原因在于,蒙太格提出了普遍语法的思想,并建立了 PTQ 系统。

PTQ 系统是 MG 思想的完整体现,蒙太格认为语言理论中最重要的是意义理论,即语义是语言的中心。然而,语义理论是建立在语形理论基础上的,对一个复杂表达式进行语义解释并不是仅仅对表达式进行解释,而是要首先给出它的语形分析。逻辑人工语言与自然语言是不同的,通过对逻辑语言表达式的语形分析,我们可以得出结论:每一个复合表达式都是由其组成部分根据形成规则组合而成的。因此,对复合表达式的语义解释也是建立在其组成部分的语义解释的基础之上的。逻辑语言的表达式和语形分析是一致的,每一个表达式都有一个确切的语形树;语义理论就是指派一个意义到每一个逻辑表达式,表达式是由规则构造的,语形分析提供的结构决定了语义的唯一性,逻辑表达式的语形和语义是一一对应的,因此,逻辑人工语言中没有歧义问题。然而自然语言中却经常出现具有歧义的句子,即一个表达式经过语形分析后可以产生不同的结果,不同的语形分析就会产生不同的意义,我们只有根据语形分析来决定表达式的意义。例如,有下列句子:

(1)John sees old men and women

句子(1)有两种读法:其一,John sees women and old men;其二,John sees old women and men。产生歧义的关键在于"old"修饰的范围,如果修饰的范围是"men"就是第一种读法;如果修饰的范围是"women"就是第二种读法。句子(1)中的歧义是由于句子结构引起的,因此,这种歧义可以通过语形结构分析消解。也就是说,自然语言的歧义可以通过逻辑语形分析进行消解,逻辑语言不仅能对自然语言进行语义分析,还能够在一定程度上消解其歧义性,因此,用逻辑语言来解释自然语言的语义是一种行之有效的方法。有时候,直接采用逻辑人工语言的语义模型对自然语言进行解释,这种是直接的方法;还有另外一种方法是把自然语言先翻译成逻辑语言,然后通过模型论解释使得自然语言最终获得语义解释,这种是间接的方法。蒙太格在 PTQ 系统中所采用的就是后一种间接的方法,他首先对部分英语语句系统进行语形分析,在此基础上,把自然语言翻译成内涵类型论语言,然后通过给出内涵类型论语言的语义解释最终使得自然语言获得语义解释。下面,我们具体阐述 PTQ 系统,首先给出部分英语语句系统的语形分析,然后给出 PTQ 系统中的内涵逻辑语言,最后给出翻译规则,即根据翻译规则自然语言的语形表达式可以翻译成内涵类型论语言。

(一)语形范畴

蒙太格受范畴语法的影响,把部分英语语句系统的语形看作是由一些基本范畴构成的。一个范畴应该由四部分组成:其一,有穷的基本范畴;其二,派生范畴定义;其三,一个词典;其四,语形演算的特殊组合规则。蒙太格在 PTQ 系统的语形规则中,使用了各种语形范畴;每一个复杂的表达式都是由两个合适的语形范畴生成的。他先给出了九个基本语形范畴,然后给出了每个范畴的基本表达式,基本表达式只相当于我们日常语言中的词或词组,通常说来具有独立意义的单位不是词或词组,而是语句。为了把这些词或词组组合成语句,蒙太格又给出了十七条语形规则,通过这些规则,基本表达式便可以生成句子。对于九个语形范畴的基本表达式,用集合的方式逐一列举,每一个范畴的基本表达式都是明确规定的,并且是有限的。因此,我们说 PTQ 系统只研究了有限的英语语句,并不是全部的自然语言;但是由于该系统中包含了丰富的算子,已经十分接近自然语言,所以有着极其重大的理论价值。

CAT 要表示英语范畴的集合,则 Cat 需要满足如下定义:

定义 1(1)S,CN,IV∈CAT;

(2)如果 A,B∈ CAT,则 A/B∈ CAT。

定义 1 中包括三个基本的范畴:S,语句的范畴;CN,普通名词短语的范畴;IV,不及物动词短语的范畴。派生范畴 A/B 是一个函项范畴(functor categories);一个范畴为 A/B 的表达式是一个以范畴为 B 的表达式作为主目,产生一个范畴为 A 的新表达式。事实上,定义 1 中的(2)可以派生出无数的范畴,而 PTQ 系统中所能够使用的只是其中很少的一部分。下面是使用到的九个语形范畴,其中五个范畴有特殊的标记,在括号内加以标注;四个范畴没有特殊的标记。他们的用法与普通英语中用法相同,分别表示如下:

(1)不及物动词范畴(IV),记为:t/e;

(2)专有名词范畴(T),记为:t/IV;

(3)及物动词范畴(TV),记为:IV/T;

(4)修饰不及物动词的副词范畴(IAV),记为:IV/IV;

(5)普通名词范畴(CN),记为:t//e;

下面的四个范畴没有特殊的标记,分别是:

(6)修饰句子的副词范畴,记为:t/t;

(7)修饰副词(这些副词是用来修饰不及物动词的)的介词范畴,记为:IAV/T;

(8)带从句的动词短语的范畴,记为:IV/t;

(9)不及物动词短语的范畴,记为:IV//IV。

以上是蒙太格在部分英语语句系统的语形中给出的九个基本语形范畴,然后他进一步给出了每一个范畴的基本表达式。

令 A 是上述的任一范畴,$B_A$ 表示范畴为 A 的基本表达式的集合,则 $B_A$ 是:

(1)$B_{IV}$={run,walk,talk,rise,change};

(2)$B_T$={John,Mary,Bill,ninety,$he_0$,$he_1$,$he_2$,……};

(3)$B_{TV}$={find,lose,eat,love,date,be,seek,conceive};

(4)$B_{IAV}$={rapidly,slowly,voluntarily,allegedly};

(5)$B_{CN}$={man,woman,park,fish,pen,unicorn,price,temperature};

(6)$B_{t/t}$={necessarily};

(7)$B_{IAV/T}$={in, about};

(8)$B_{IV/t}$={believe that,assert that};

(9)$B_{IV//IV}$={try to,wish to}。

除此以外,还规定如果 D 是除了上述范畴以外的任意范畴,则 $B_D$= ∅,即:不存在范畴为 D 的基本表达式,集合 $B_D$ 是空集;并且规定了系统中英语片段的所有表达式都是 $\bigcup_{A\in Cat} B_A$ 的元素。这样我们给出了基本范畴、派生范畴规则和词典,对于上面提出的四个条件还有语形演算规则没有给出。

令 A 仍是上述的任一范畴,$P_A$ 表示范畴为 A 的短语的集合,即:$P_{CN}$ 是普通名词短语的集合,$P_{TV}$ 是及物动词短语集合等等。基本表达式是构成语句的要素,但并非基本表达式的任意组合都构成语句,要通过语形演算规则才能形成语句,$P_A$ 引入正是为了语形演算规则服务的,下面我们介绍语形演算规则。

(二)语形规则

语形演算规则应该具备三方面的信息:其一,规则适用的表达式范畴;其二,运用规则所产生的新表达式属于哪个范畴;其三,能够用来得到新的表达式的语形算子。具备了这三点的语形规则就能够用来定义语言中的表达式。蒙太格在 PTQ 中使用了十七条语形规则,分别用 S1—S17 标注,下面做详细叙述。这十七条语形规则,完全是针对前面的九个语形范畴中所列出的基本表达式,通过这些语形规则,使得上面列出的这些词能够组合成具有完整意义的独立语句。

在前面,我们引入 $P_A$ 表示范畴为 A 的短语的集合,并且指出 $P_A$ 的引入是为语形规则服务的,相应于这些语形规则,$P_A$ 需要一个更精确的定义:

定义 2  $P_{A(A\in Cat)}$ 的集合是满足于 S1—S17 最小的集合;也就是说,$<P_A>_{A\in Cat}$ 是由 Cat 索引唯一确定的集合族,使得:

(1)$<P_A>_{A\in Cat}$ 满足 S1—S17;

(2)$<P'_A>_{A\in Cat}$ 是由 Cat 索引的集合族,如果 $<P'_A>_{A\in Cat}$ 满足 S1—S17,则 $P_A\subseteq P'_{A(A\in Cat)}$。

对于我们目前讨论的英语片断来说,它的有意义的表达式可以看作是集合 $P_{A(A\in Cat)}$ 任意一个元素。

以上是对 $P_A$ 进行的更详细的定义,但是在前面我们涉及的只是 $B_A$,所以有必要把 $B_A$ 与 $P_A$ 之间的关系加以描述清楚。名词是组合语句最基本的类型之一,尤其是对于一般名词的使用,即对于 $B_{CN}$ 的所有元素。他们的使用都需要在前面加上限制,如定冠词 the,不定冠词 a、an 以及 every 等;对于这些一般名词,有时还需要通过 such that 与陈述句再组合成语句,这些限制都是需要说明的。对于这几点蒙太格给出了三条基本规则(分别用 S1— S3 表示):

S1:对于每一个范畴 A 来说,$B_A\subseteq P_A$;即对任意范畴 A 的基本表达式集合是所构成短语集合的子集。

这条基本规则说明范畴 A 中的每一个元素都是范畴 A 的一个表达式;所有的基本表达式都包括在表达式的集合之中。这条规则是十分重要的,由于下面的各条规则都是用 $P_A$ 形式表示的,这样用第一条就把 $B_A$ 与 $P_A$ 之间的关系描写清楚了,例如 $B_{CN}\subseteq P_{CN}$。

S2:如果 $\zeta\in P_{CN}$,则 $F_0(\zeta),F_1(\zeta),F_2(\zeta)\in P_T$。其中,

$F_0(\zeta)=$ every $\zeta$

$F_1(\zeta)=$ the $\zeta$

$F_2(\zeta)=$a 或 an $\zeta$，根据 $\zeta$ 中的词的第一个字母的发音是否为元音，决定用 a 或 an；比如 $\zeta=$ woman，就用 a，因为它第一个字母的发音不是元音；$\zeta=$unicorn，就用 an，因为它第一个字母的发音为元音。

对于 S2 这条规则再举一例说明一下。

例如：

若 $\zeta=$man

则 $F_0(\zeta)=$every man

若 $\zeta=$man

则 $F_1(\zeta)=$the man

若 $\zeta=$ man

则 $F_2(\zeta)=$a man

S3：如果 $\zeta\in P_{CN}$ 且 $\varphi\in P_t$，那么 $F_{3,n}(\zeta,\varphi)\in P_{CN}$；

$F_{3,n}(\zeta,\varphi)=\zeta$ such that$\varphi'$，$\varphi'$ 是根据 $\zeta$ 中的第一个 $B_{CN}$ 是（阳性、阴性、中性）决定用（he, she, it）或（him, her, it）分别代替 $\varphi$ 中出现的每一个 $he_n$ 或 $him_n$ 得到的。

对于这条规则直观上是不易于理解的，举例说明一下；

例如：

若 $\zeta=$woman（$\zeta\in P_{CN}$），$\varphi=he_n$ loves a man，根据规则 $\varphi'$ 对 $\varphi$ 的替换得 $\varphi'=$she loves a man，根据 S3 得：$F_{3,n}(\zeta,\varphi)=$Woman such that she loves a man。

这三条基本规则，只是最基本地介绍了 $B_A$ 与 $P_A$ 之间的关系，还有一般名词的一些用法。对于其他的一些范畴的基本表达式还没有涉及，他们的用法是怎样的，哪些范畴可以与哪些范畴连用，规则又是什么样的等等一些问题还没有得到解决，所以我们还需要更多的规则来形成语句。为了解决这些问题蒙太格给出了函项运用规则（分别用 S4－S10 表示）。

函项运用规则描述的是一个函项范畴是如何表达的，即：一个形如范畴 A/B 的表达式同一个范畴为 B 的表达式组合后，产生一个范畴为 A 的新表达式。

S4：如果 $\alpha\in P_{t/IV}$ 并且 $\delta\in P_{IV}$，则 $F_4(\alpha,\delta)\in P_t$；

$F_4(\alpha,\delta)=\alpha\delta'$，$\delta'$ 是通过把 $\delta$ 中第一个动词（$B_{IV}$，$B_{TV}$，$B_{IV/t}$ 或 $B_{IV//IV}$）用它的现在时第三人称单数形式代替得到的。

这条规则是说明专名与不及物动词词组可以组成陈述句。

例如：

若 $\alpha=$Mary， $\delta=$walk

则 $F_4(\alpha,\delta)=$ Mary walks

S5：如果 $\delta\in P_{IV/T}$ 且 $\beta\in P_t$，则 $F_5(\delta,\beta)\in P_{IV}$；

若 $\beta\neq he_n$，

则 $F_5(\delta,\beta)=\delta\beta$

若 $\beta=he_n$，

则 $F_5(\delta,\beta)=\delta him_n$

这条规则是说明专名与及物动词词组可以组成不及物动词词组,分为两种情况,分别举例如下:

例如:

(1)若 $\beta=$John, $\delta=$love

则 $F_5(\delta,\beta)=$ John loves

(2)若 $\beta=he_0$, $\delta=$love

则 $F_5(\delta,\beta)=$ love him$_0$

S6:如果 $\delta\in P_{IAV/T}$ 且 $\beta\in P_T$,则 $F_5(\delta,\beta)\in P_{IAV}$

这条规则是说明修饰副词的介词与专名可以组成修饰不及物动词的副词词组。

例如:

若 $\delta=$about, $\beta=$ninety

则 $F_5(\delta,\beta)=$about ninety

S7:如果 $\delta\in P_{IV/t}$ 且 $\beta\in P_t$,则 $F_6(\delta,\beta)\in P_{IV}$;$F_6(\delta,\beta)=\delta\beta$

这条规则说明带从句的动词短语与陈述句组成不及物动词词组。

例如:

若 $\delta=$believe that, $\beta=$John loves Mary

则 $F_6(\delta,\beta)=$ believe that John loves Mary

S8:如果 $\delta\in P_{IV//IV}$ 且 $\beta\in P_{IV}$,则 $F_6(\delta,\beta)\in P_{IV}$

这条规则说明不及物动词短语与不及物动词组成不及物动词词组。

例如:

若 $\delta=$try to, $\beta=$run

则 $F_6(\delta,\beta)=$ try to run

S9:如果 $\delta\in P_{t/t}$ 且 $\beta\in P_t$,则 $F_6(\delta,\beta)\in P_t$

这条规则说明陈述句前面加修饰句子的副词,仍旧是陈述句。

例如:

若 $\delta=$necessarily, $\beta=$John seeks a unicorn

则 $F_6(\delta,\beta)=$ Necessarily John seeks a unicorn

S10:如果 $\delta\in P_{IV/IV}$ 且 $\beta\in P_{IV}$,$(\delta,\beta)\in P_{IV}$;$F_7(\delta,\beta)=\beta\delta$

这条规则说明修饰不及物动词的副词与不及物动词组合还是不及物动词。

例如:

若 $\delta=$rapidly, $\beta=$run

则 $F_7(\delta,\beta)=$run rapidly

通过以上的这七条规则,语形部分除在基本规则中提过的专名范畴以外的所有范畴都涉及了,并且通过这些规则明确了它们的用法。虽然至此,基本规则和函项运用规则已经对所有范畴的用法一一列举了,但是英语中还有两个词即"and""or"是很常用的,所以对这两个词还需要规则加以说明。他们分别相当于逻辑里的合取和析取算子,下面来介绍合取和析取规则(分别用 S11— S13 表示):

S11:如果 $\varphi,\psi \in P_t$,则 $F_8(\varphi,\psi), F_9(\varphi,\psi) \in P_t$,

其中 $F_8(\varphi,\psi) = \varphi$ and $\psi$,$F_9(\varphi,\psi) = \varphi$ or $\psi$

这条规则说明陈述句合取、析取后仍旧是陈述句。

例如:

若 $\varphi =$ John loves Mary,$\psi =$ Mary loves John

则 $F_8(\varphi,\psi) =$ John loves Mary and Mary loves John

$F_9(\varphi,\psi) =$ John loves Mary or Mary loves John

S12:如果 $\gamma, \delta \in P_{IV}$,则 $F_8(\gamma,\delta), F_9(\gamma,\delta) \in P_{IV}$

这条规则说明不及物动词合取、析取后仍旧是不及物动词。

例如:

若 $\gamma =$ walk,$\delta =$ talk

则 $F_8(\varphi,\psi) =$ walk and talk

$F_9(\varphi,\psi) =$ walk or talk

S13:如果 $\alpha, \beta \in P_T$,则 $F_9(\alpha,\beta) \in P_T$

这条规则说明专有名词不同,只有析取后是专有名词。

例如:

若 $\alpha =$ John,$\beta =$ Bill

则 $F_9(\alpha,\beta) =$ John or Bill

蒙太格为了使构建的语言系统更接近自然语言,还引入了量词和时态算子,这样这个部分英语语句系统就更具有丰富的表达力了。针对量词和时态算子分别给出了量化规则和时态规则,下面详细说明(分别用S14— S17 表示):

S14:如果 $\alpha \in P_T$ 且 $\varphi \in P_t$,则 $F_{10,n}(\alpha,\varphi) \in P_t$,其中 $F_{10,n}(\alpha,\varphi)$ 的产生分有两种情况:

(1)若 $\alpha \neq he_k$,则 $F_{10,n}(\alpha,\varphi)$ 是这样产生的:在 $\varphi$ 中出现的第一个 $he_n$ 或 $him_n$ 用 $\alpha$ 代替,其他的 $he_n$ 或 $him_n$,根据 $\alpha$ 中的第一个 $B_{CN}$ 或 $B_T$ 是(阳性、阴性、中性)分别用(he,she,it)或(him,her,it)代替。

(2)若 $\alpha = he_k$,则 $F_{10,n}(\alpha,\varphi)$ 是这样产生的:$\varphi$ 中出现的所有 $he_n$ 或 $him_n$,分别用 $he_k$ 或 $him_k$ 代替。

S15:如果 $\alpha \in P_T$ 且 $\zeta \in P_{CN}$,则 $F_{10,n}(\alpha,\zeta) \in P_{CN}$

S16:如果 $\alpha \in P_T$ 且 $\delta \in P_{IV}$,则 $F_{10,n}(\alpha,\delta) \in P_{IV}$

对于这些量化规则的使用情况有些复杂,所以我们先不举简单的例子加以说明,在稍后的树形图分析中我们会看到关于这条规则的使用。蒙太格最后还给出了一个时态和标志规则(用 S17 表示):

S17：如果 $\alpha \in P_T$ 且 $\delta \in P_{IV}$，则 $F_{11}(\alpha,\delta), F_{12}(\alpha,\delta), F_{13}(\alpha,\delta), F_{14}(\alpha,\delta), F_{15}(\alpha,\delta) \in P_t$；其中：

$F_{11}(\alpha,\delta) = \alpha\delta'$，$\delta'$ 是由 $\delta$ 中的第一个动词用它的现在时第三人称单数的否定形式代替得到的；

$F_{12}(\alpha,\delta) = \alpha\delta''$，$\delta''$ 是由 $\delta$ 中的第一个动词用它的将来时第三人称单数的肯定形式代替得到的；

$F_{13}(\alpha,\delta) = \alpha\delta'''$，$\delta'''$ 是由 $\delta$ 中的第一个动词用它的将来时第三人称单数的否定形式代替得到的；

$F_{14}(\alpha,\delta) = \alpha\delta''''$，$\delta''''$ 是由 $\delta$ 中的第一个动词用它的现在完成时第三人称单数的肯定形式代替得到的；

$F_{15}(\alpha,\delta) = \alpha\delta'''''$，$\delta'''''$ 是由 $\delta$ 中的第一个动词用它的现在完成时第三人称单数的否定形式代替得到的。

这条规则是针对时态的，主要是第三人称的单数在不同时态下的肯定与否定形式。

例如：

若 $\alpha$＝Bill，$\delta$＝walk

则 $F_{11}(\alpha,\delta) =$ Bill does not walk

$F_{12}(\alpha,\delta) =$ Bill will walk

$F_{13}(\alpha,\delta) =$ Bill will not walk

$F_{14}(\alpha,\delta) =$ Bill has walked

$F_{15}(\alpha,\delta) =$ Bill has not walked

我们看到 $F_{12}$ 和 $F_{13}$、$F_{14}$ 和 $F_{15}$ 都是肯定形式和否定形式相对应的；但是在这里却没有看到与 $F_{11}$ 相对应的肯定形式，这是因为关于它的肯定形式我们在 S4 中已经涉及了。

以上是十七条语形规则，为了更好地理解这些规则，几乎在每条规则的后面我们都举例加以说明了一下，但是这些例子只是一个简单的说明，一个语句的形成往往不是只应用了一条规则，而是很多条规则的综合运用。为了更好理解这些规则下面通过一个复杂的例子来看它是怎么生成句子的。例如：

Every man loves a woman such that she loves him.

这是一个陈述句也就说是 $P_t$ 的一个元素，下面我们来看这样一个复杂的句子是怎么通过语形规则生成的。我们在前面已经说过了蒙太格受到乔姆斯基生成语法的影响，使用树形图的方式来分析句子，那么我们就先给出这个句子的分析树。

```
every man loves a woman such that she loves him.
every man      he₀ loves a woman such that she loves him₀
man           he₀  loves a woman such that she loves him₀
                love    a woman such that she loves him₀
                        woman such that she loves him₀
                        woman    he loves him₀
                                 he₁   love him₀
                                       love    he₀
```

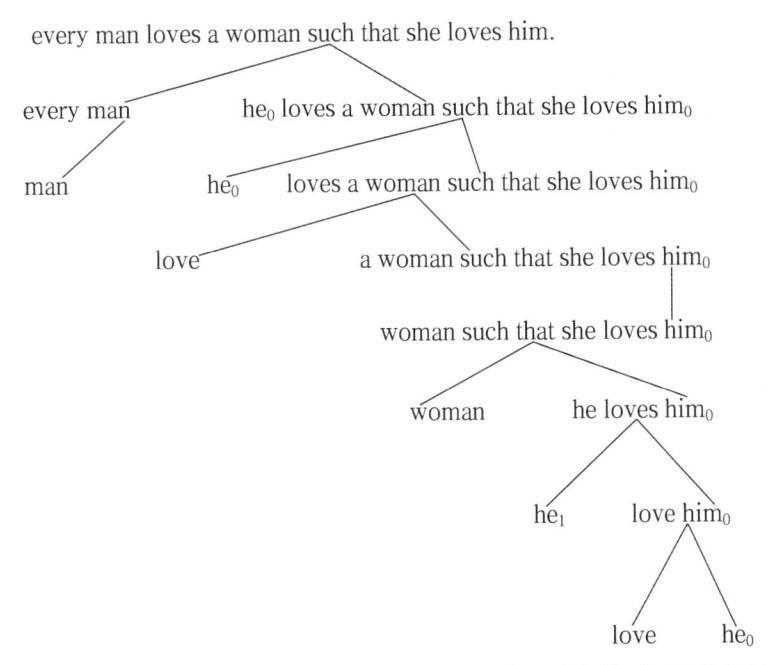

上面是句子的树形图,我们再做进一步的解释说明,来更清楚地看这个句子的生成过程。每行的开头(1)—(14)是推导的序号,每行的中间部分是这行得出的结论,每行的末尾部分给出了得出结论的依据,通过这个例子,我们清楚地看到了语形规则的应用。具体如下:

(1) love ∈ $P_{IV}$, he₀ ∈ $P_T$          S1

(2) love him₀ ∈ $P_{IV}$             (1)和 S5

(3) he₁ ∈ $P_T$                S1

(4) he₁ loves him₀ ∈ $P_t$           (2)(3)和 S4

(5) woman ∈ $P_{CN}$              S1

(6) woman such that she loves him₀ ∈ $P_{CN}$     (4)(5)和 S3

(7) a woman such that she loves him₀ ∈ $P_T$      (6)和 S2

(8) love ∈ $P_{IV}$                S1

(9) loves a woman such that she loves him₀ ∈ $P_{IV}$   (7)(8)和 S5

(10) he₀ ∈ $P_T$                S1

(11) he₀ loves a woman such that she loves him₀ ∈ $P_t$   (9)(10)和 S4

(12) man ∈ $P_{CN}$               S1

(13) every man ∈ $P_T$             (12)和 S2

(14) every man loves a woman such that she loves him   (11)(13)和 S14

通过这个例子和对例子的解释,我们就更清楚地看到了通过语形规则是怎么一步一步由下到上生成语句的。

在这部分给出的语形演算规则都是针对部分英语语句系统中的语形范畴而言的,在 PTQ 系统中,是通过把英语表达式翻译成内涵类型论语言,然后对其进行指派意义的。因此,我们还需要在自然语言中的语形范畴和人工语言中的类型之间找到一种对应关系。自然语言中,一个表达式同语形范畴相关;而内涵类型论语言中,一个表达式同类型相关,而表达式的类型又同它的语义直接相关。如果在范畴和类型之间定义相应的关系,我们将直接得到英语表达式的语形范畴和它们语义函项之间的一个对应关系,因此,我们有必要定义一个从范畴到类型的函项,即:

定义 3  f 是一个从 CAT 到 T 的函项,使得:
(1)　f(S) = t;
(2)　f(CN) = f(IV) =＜e,t＞;
(3)　f(A/B) =＜＜s,f(B)＞,f(A)＞。

定义 3 给出了范畴到类型的定义,这样自然语言中的表达式的语形范畴便能够与它的语义函项建立之间的关系,也就是说,现在就可以把自然语言翻译成内涵类型论逻辑语言,以获得语义解释。下面给出 PTQ 系统中的内涵类型论语言。

这个内涵逻辑系统,它的语形表达式分为无穷多的类型,逻辑量词也相应分为:约束个体的量词、约束谓词的量词、约束个体概念的量词、约束谓词的量词等。为了表示这些内涵逻辑语形表达式,需要先做一些准备工作。

首先,令 s 是一个确定的对象,既不是有序对,也不是三元组,同时也是不同于 e 和 t 的。下面给出定义 4。

定义 4  类型(Type)或类型的集合 T 是最小的集合 Y,使得 Y 满足(1)－(4):
(1) e、t∈Y;
(2) 若 a,b∈Y,则＜a,b＞∈Y;
(3) 若 a∈Y,则＜s,a＞∈Y;
(4) Y 中的任何元素都是通过有限次的运用(1)－(3)形成的。

在每一种类型中变项的个数是可数的,常项的个数是无限的。如果 n 是任意的自然数,a∈T,则 $V_{ara}$ 表示类型为 a 的变项的集合,用 $V_{n,a}$ 表示类型为 a 的第 n 位变项,$C_{ona}$ 表示类型为 a 的常项的集合。需要进一步指出的是,项与公式是不同的,项相当于词或词组,而公式相当于语句。蒙太格用英语单词加一撇的方式来表示与这个英语单词相应的内涵逻辑常项表达式。

下面用 $ME_a$ 表示类型为 a 的有意义的表达式的集合(即:$ME_a$ 表示合式公式的集合),通过对 $ME_a$ 进行递归定义,得到内涵逻辑的语形部分的合式公式,即:

定义 5
(1)类型为 a 的每一个变项和常项在 $ME_a$ 中;
(2)如果 α∈$ME_a$,u 是类型 b 的一个变项,则 λuα∈$ME_{<b,a>}$;
(3)如果 α∈$ME_{<a,b>}$,β∈$ME_a$,则 α(β)∈$ME_b$;
(4)如果 α,β∈$ME_a$,则 α=β∈$ME_t$;
(5)如果 φ,ψ∈$ME_t$ 且 u 是一个变项,则 ¬φ,[φ∧ψ],[φ∨ψ],[φ→ψ],[φ↔ψ],∀uφ,

∃uφ, □φ, Wφ, Hφ ∈ ME$_t$;

(6) 如果 α ∈ ME$_a$，则 [^α] ∈ ME$_{<s,a>}$；

(7) 如果 α ∈ ME$_{<s,a>}$，则 [˘α] ∈ ME$_a$；

(8) 只有(1)—(7)在 ME$_a$ 中。

内涵逻辑的每一个有意义表达式都是 ∪a ∈ ME$_a$ 的一个元素。通过这个定义，我们得到了内涵逻辑的全部合式公式，从而得到了内涵逻辑的语形部分。需要格外注意的是"λ"算子的理解，这也是蒙太格内涵逻辑中最具特色的地方。通过使用"λ"算子，使得对内涵逻辑的语义解释得到了巧妙的处理，同时也对自然语言翻译成内涵逻辑语言起到了很大的作用。

前面已经介绍了内涵逻辑的语形部分，现在来介绍它的语义部分，在这部分就是要确定给出了内涵逻辑语形部分的所有表达式（合式公式），即 MEa 通过递归定义得到的所有公式的语义值。确定表达式的语义值，就是使得内涵逻辑的表达式获得语义解释。也就是说通过内涵这个函数，找到可能世界与表达式外延之间的这种映射关系，使表达式获得真假值。为了让内涵逻辑的合式公式获得语义解释，我们需要先做一些准备工作。

在语形学里，对于任意的 a ∈ T，都给出了表达式集合 ME$_a$，在语义部分就相应地给出了 ME$_a$ 语义值的集合 D$_{a,A,I,J}$，它表示相应于 A，I，J 的类型 a 语义值的可能所指；这里的 A，I，J 分别表示个体、可能世界和时刻的集合；也就说，对于任何 ME$_a$ 中的一个语形表达式，只能在 D$_{a,A,I,J}$ 的范围内取一个语义值来解释它。D$_{a,A,I,J}$ 可以通过递归的方式来定义，在定义之前先做一些说明。

1 和 0 分别表示真值：真和假；如果 X、Y 是任意的集合，则通常我们把 X$^Y$ 理解成以 Y 为定义域，以 X 为值域的所有函数的集合（即 D$_{b,A,I,J}$$^{Da,A,I,J}$ 是以 D$_{a,A,I,J}$ 为定义域，以 D$_{b,A,I,J}$ 为值域的所有函数的集合）；X×Y 是 X 和 Y 的卡氏积，也就是说它是所有有序对<x,y>其中 x ∈ X，y ∈ Y 的集合。

D$_{a,A,I,J}$ 的递归是这样的（其中 e、t、s 都是在前面定义过的符号，e 是实体表达式或个体表达式的范畴，t 是真值表达式或陈述句的范畴，s 是一个确定的对象，既不是有序对，也不是三元组，同时也是不同于 e 和 t 的），下面给出定义6：

定义 6(1) D$_{e,A,I,J}$ = A（个体的集合）；

(2) D$_{t,A,I,J}$ = {0,1}（真值：假和真）；

(3) D$_{<a,b>,A,I,J}$ = D$_{b,A,I,J}$$^{Da,A,I,J}$；

(4) D$_{<s,a>,A,I,J}$ = D$_{a,A,I,J}$$^{I×J}$。

还有一点需要注意：S$_{a,A,I,J}$ 是相应于 A，I，J 类型 a 的意义的集合，可以理解为 D$_{<s,a>,A,I,J}$，即 D$_{a,A,I,J}$$^{I×J}$。

前面已经说过，语言表达式想获得语义解释，必须建立在模型的基础上。内涵逻辑合式公式的语义解释就需要建立在一个系统中的一个模型的基础上，对不同的系统中的内涵命题进行解释需要的模型也是不同的，模型是由可能世界、关系和赋值函数组成。只有先建立了模型，才能进行内涵逻辑的语义解释。

下面进行具体的语义解释,在蒙太格建立的这个内涵逻辑系统中的一个内涵模型(或解释)是一个五元组$<A,I,J,\leqslant,F>$使得:

(1) A,I,J 是非空集合;

(2) $\leqslant$是一个简单的线性顺序,J 作为它的范围;

(3) F 是一个函数,它的定义域是所有常项的集合;

(4) 若 $a\in T$ 且 $\alpha\in Con_a$,则 $F(\alpha)\in S_{a,A,I,J}$;

假设,Ц 是一个形式为$<A,I,J,\leqslant,F>$的解释,假设。g 是一个 Ц——指派,也就是说,g 是一个函数,以所有变项的集合为定义域的一个函数,并且使得 u 是类型为 a 的一个变项,g(u)$\in D_{a,A,I,J}$;如果 α 是一个表达式,$\alpha^{Ц,g}$ 是 α 相应于 Ц 和 g 的内涵;如果$<i,j>\in I\times J$,则 $\alpha^{Ц,i,j,g}$ 是 α 相应于 Ц,i,j,g 的外延,也就是 $\alpha^{Ц,g}(<i,j>)$,它表示使用了参照点$<i,j>$,α 的内涵的函数值。

下面的递归定义将使用这些概念给出语形部分的合式公式的语义解释:

(1) 如果 α 是一个常项,则 $\alpha^{Ц,g}$ 是 F(α);

(2) 如果 α 是一个变项,则 $\alpha^{Ц,i,j,g}$ 是 g(α);

(3) 如果 $\alpha\in ME_a$,u 是类型为 b 的一个变项,则 $[\lambda u\alpha]^{Ц,i,j,g}$ 是函数 h,h 的定义域是 $D_{b,A,I,J}$,使得当 x 在它的定义域里,h(x) 是 $\alpha^{Ц,i,j,g'}$,除了 g'(u) 是 x 这一点可能不同之外,g' 是和 g 一样的一个 Ц-指派;

(4) 如果 $\alpha\in ME_{<a,b>}$ 且 $\beta\in ME_a$,则 $[\alpha(\beta)]^{Ц,i,j,g}$ 是 $\alpha^{Ц,i,j,g}(\beta^{Ц,i,j,g})$,也就是说是对于自变元 ($\beta^{Ц,i,j,g}$),函数 $\alpha^{Ц,i,j,g}$ 的值;

(5) 如果 α、$\beta\in ME_a$,则 $[\alpha=\beta]^{Ц,i,j,g}$ 是 1 iff $\alpha^{Ц,i,j,g}$ 是 $\beta^{Ц,i,j,g}$;

(6) 如果 $\varphi\in ME_t$,则 $[\neg\varphi]^{Ц,i,j,g}$ 是 1 iff $\varphi^{Ц,i,j,g}$ 是 0,$\wedge,\vee,\rightarrow,\leftrightarrow$相类似;

(7) 如果 $\varphi\in ME_t$,u 是类型为 a 的一个变项,则 $[\exists u\varphi]^{Ц,i,j,g}$ 是 1 iff 存在一个 x(x$\in D_{a,A,I,J}$)使得 $\varphi^{Ц,i,j,g'}$ 是 1,这里的 g' 和(3)中的 g' 是一样的,对于∀是相似的;

(8) 如果 $\varphi\in ME_t$,则 $[\Box\varphi]^{Ц,i,j,g}$ 是 1iff$\varphi^{Ц,i',j',g}$ 是 1,对于所有的 $i'\in I$ 且 $j'\in J$;$[W\varphi]^{Ц,i,j,g}$ 是 1iff$\varphi^{Ц,i,j',g}$ 是 1,对于 j' 使得 $j\leqslant j'$ 且 $j\neq j'$;$[H\varphi]^{Ц,i,j,g}$ 是 1 iff $\varphi^{Ц,i,j',g}$ 是 1,对于 j' 使得 $j'\leqslant j$ 且 $j\neq j'$;

(9) 如果 $\alpha\in ME_a$,则 $[\hat{\ }\alpha]^{Ц,i,j,g}$ 是 $\alpha^{Ц,g}$;

(10) 如果 $\alpha\in ME_{<s,a>}$,则 $[\check{\ }\alpha]^{Ц,i,j,g}$ 是 $\alpha^{Ц,i,j,g}(<i,j>)$。

以上的十条通过递归的方法,把在语形部分提到的合式公式全部给予了语义解释。为了把英语翻译成内涵逻辑语言,对于这些语义解释还有进一步说明的必要。

首先,如果 φ 是一个公式,也就是说 φ 是 $ME_t$ 的一个元素,那么 φ 相应于 Ц,i,j 是真的,当且仅当,对于每一个 Ц-指派 g 来说,$\varphi^{Ц,i,j,g}$ 是 1;其次,让我们来关注一些内涵逻辑中有特殊意义的表达式,它们是:

(1)如果 $\gamma\in ME_{<a,t>}$ 且 $\alpha\in ME_a$,γ 表示(即作为它的外延)一个类型 a 的对象的集合,并且假如用 α 表示的对象就是这个集合的一个元素,则公式 γ(α)表示了一个确切的真值,即断定

了α表示的对象是用γ表示的集合的一个元素;

(2)如果γ∈ME$_{<a,<b,t>>}$,α∈ME$_a$且β∈ME$_b$,则γ表示一个二元关系,γ(β,α)=γ(α)(β),它断定了对象β和α有关系γ;

(3)如果γ∈ME$_{<s,<a,t>>}$且α∈ME$_a$,则γ表示的是一个性质,γ{α}=[˘γ](α),它断定了对象α有性质γ;

(4)如果γ∈ME$_{<s,<a,<b,t>>>}$,α∈ME$_a$且β∈ME$_b$,则γ表示一个内涵关系,γ{β,α}=[˘γ](β,α),它断定了对象β和α有内涵关系γ;

(5)如果u是类型为a的一个变元,φ是一个公式,则⌒uφ=λuφ,它表示满足φ的类型为a的所有对象的集合;ûφ=[ˆ⌒uφ],它表示用φ表示类型为a的对象的性质。

(6)如果α∈ME$_e$,则α∗=⌒p[p{ˆα}],p是V$_{0<s,<<s,e>,t>>}$。

通过上面的递归定义和一些说明,我们看到了语形部分的合式公式都得到了语义解释,下面就要把自然语言的语形部分翻译成内涵逻辑语言,这样就可以获得形式化的语义解释了,也就达到了最终的目的。接下来介绍有关翻译的部分。

在前面我们已经给出了部分英语语句的语形,整个系统的构建就是为了能够找到一种严格的形式化的方法对英语语义进行解释。蒙太格采用的是间接的方法进行语义解释,并且在已经完整地给出了内涵逻辑(一种人工逻辑语言)的语形和语义的情况下,现在需要将自然语言即英语通过一种可行的方法翻译成人工语言,从而间接地获得语义解释,下面我们来看英语是怎样翻译成内涵逻辑语言的。

在翻译的过程中,蒙太格针对在第一部分中运用到的S1—S17共十七条语形规则,相应地给出了T1—T17共十七条翻译规则;通过这十七条翻译规则与语形规则的一一对应,语形部分形成的所有合式公式就都可以翻译成内涵逻辑语言了。在介绍这十七条翻译规则之前,还是让我们先做一些准备工作。

前面已经引入一个从英语范畴到内涵逻辑类型的映射f。现在,再令g是一个双向单一性函数,使得:

定义7

(1)g的定义域是在英语片断中除了be,necessarily和B$_T$的全部元素之外的所有表达式的集合;

(2)如果A∈CAT,α∈B$_A$且α在g的定义域中,则g(α)∈Con$_{f(A)}$。

下面再介绍几个类型,分别是:类型e表示个体变项;类型<s,e>表示个体概念变项;类型<s,t>表示命题变项;类型<s,<<s,e>,t>>表示个体概念性质;类型<s,<<s,<<s,e>,t>>,t>>表示个体概念性质的性质;类型<<s,e>,t>表示个体性质;类型<s,<e,<e,t>>>表示个体之间的二元内涵关系;类型<s,<e,f(IAV),>>表示变项。

令j,m,b,n是Cone中确定的特殊元素;令u,v分别是个体变项V$_{0,e}$,V$_{1,e}$;令x,y,x$_n$分别是个体概念变项V$_{1<s,e>}$, V$_{3<s,e>}$, V$_{2n<s,e>}$;令p是命题变项V$_{0<s,t>}$;令P,q分别是表示个体概念性质的变项V$_{0<s,<<s,e>,t>>}$, V$_{1<s,<<s,e>,t>>}$;令P是个体概念性质的性质变项

$V_{0<s,<<s,<<s,e>,t>>,t>}$;令 M 是个体性质变项 $V_{0<<s,<s,e>,t>>}$;令 S 是个体之间的二元内涵关系变项 $V_{0<s,<e,<e,t>>>}$;令 G 是变项 $V_{0<s,<e,f(IAV,)>>}$。规定了这些特殊符号的意义,都是为了下面的翻译规则服务的。

准备工作已经做好,下面我们将介绍翻译规则 T1—T17:

基本规则三条:

T1:(1) 如果 α 在 g 的定义域中,则 α 翻译成 g(α);

  (2) be 翻译成 λP λx P {ŷ[ˇx=ˇy]};

  (3) necessarily 翻译成 ⌢p[□ˇp];

  (4) John, Mary, Bill, ninety 翻译成 j*, m*, b*, n*;

  (5) $he_n$ 翻译成 ⌢pp{$x_n$}。

T2:如果 ζ∈PCN 且 ζ 翻译成 ζ′,则 everyζ 翻译成 ⌢P∀x[ζ′(x)→P{x}];theζ 翻译成 ⌢P∃y[∀x[ζ′(x)↔x=y]∧P{y}];$F_2$(ζ) 翻译成 ⌢P∃x[ζ′(x)∧P{x}]。

  例  若 $F_0$(ζ)= every man

  则翻译成 $F_0$(ζ)= ⌢P∀x[man′(x)→P{x}]

    若 $F_1$(ζ)= the man

    则翻译成 $F_1$(ζ)= ⌢P∃y[∀x[man′(x)↔x=y]∧P{y}]。

T3:如果 ζ∈$P_{CN}$,φ∈$P_t$ 且 ζ,φ 分别翻译成 ζ′,φ′,则 $F_{3,n}$(ζ,φ) 翻译成 ⌢$x_n$[ζ′($x_n$)∧φ′];

  例  若 $F_{3,n}$(ζ,φ)= Woman such that she loves a man

  则翻译成 $F_{3,n}$(ζ,φ)= ⌢$x_n$[Woman′($x_n$)∧($he_n$ loves a man)′]。

函项应用规则:

T4:如果 δ∈$P_{t/IV}$,β∈$P_{IV}$,且 δ,β 分别翻译成 δ′,β′,则 $F_4$(δ,β) 翻译成 δ′(ˇβ′)。

  例  若 $F_4$(δ,β)= Mary walks

  则翻译成 $F_4$(δ,β)= m*(ˇwalks′)。

T5:如果 δ∈$P_{IV/T}$,β∈$P_T$,且 δ,β 分别翻译成 δ′,β′,则 $F_5$(δ,β) 翻译成 δ′(ˇβ′)。

T6:如果 δ∈$P_{IAV/T}$,β∈$P_T$,且 δ,β 分别翻译成 δ′,β′,则 $F_5$(δ,β) 翻译成 δ′(ˇβ′)。

T7:如果 δ∈$P_{IV/T}$,β∈$P_T$,且 δ,β 分别翻译成 δ′,β′,则 $F_6$(δ,β) 翻译成 δ′(ˇβ′)。

T8:如果 δ∈$P_{IV//IV}$,β∈$P_{IV}$,且 δ,β 分别翻译成 δ′,β′,则 $F_6$(δ,β) 翻译成 δ′(ˇβ′)。

T9:如果 δ∈$P_{t/t}$,β∈$P_t$,且 δ,β 分别翻译成 δ′,β′,则 $F_6$(δ,β) 翻译成 δ′(ˇβ′)。

T10:如果 δ∈$P_{IV/IV}$,β∈$P_{IV}$,且 δ,β 分别翻译成 δ′,β′,则 $F_7$(δ,β) 翻译成 δ′(ˇβ′)。

合取和析取规则:

T11:如果 φ,ψ∈$P_t$,且 φ,ψ 分别翻译成 φ′,ψ′,则 φ 和 ψ 翻译成[φ′∧ψ′],φ 或者 ψ 翻译成[φ′∨ψ′]。

T12:如果 γ,δ∈$P_{IV}$ 且 γ,δ 分别翻译成 γ′,δ′,则 γ 和 δ 翻译成 ⌢x[γ′(x)∧δ′(x)],γ 或者 δ 翻译成 ⌢x[γ′(x)∨δ′(x)]。

T13:如果 α,β∈$P_T$ 且 α,β 分别翻译成 α′,β′,则 α 或者 β 翻译成 ⌢P[α′(P)∨β′(P)]。

量化规则：

T14：如果 α∈ P_T, φ∈P_t，且 α,φ 分别翻译成 α′,φ′，则 $F_{10,n}$(α,φ) 翻译成 α′(ˆx_nφ′)。

T15：如果 α∈ P_T, ζ∈ P_CN 且 α,ζ 分别翻译成 α′,ζ′，则 $F_{10,n}$(α,ζ) 翻译成 ⌒yα′(ˆx_n[ζ′(y)])。

T16：如果 α∈ P_T, δ∈ P_IV 且 α,δ 分别翻译成 α′,δ′，则 $F_{10,n}$(α,δ) 翻译成 α′(ˆx_n[δ′(y)])。

时态和标志规则：

T17：如果 α∈ P_T, δ∈ P_IV 且 α,δ 分别翻译成 α′,δ′，则

$F_{11}$(α,δ) 翻译成 →α′(ˆδ′)；

$F_{12}$(α,δ) 翻译成 Wα′(ˆδ′)；

$F_{13}$(α,δ) 翻译成 →Wα′(ˆδ′)；

$F_{14}$(α,δ) 翻译成 Hα′(ˆδ′)；

$F_{15}$(α,δ) 翻译成 →Hα′(ˆδ′)。

以上就是十七条翻译规则，为了便于理解，在前面的几条规则都举例加以说明了。通过这些规则就可以把部分英语语句系统的语形部分涉及的合式公式都翻译成内涵逻辑表达式，这样自然语言就间接地获得形式化的语义解释。MG 的最终目的就是为了给出自然语言的形式化的语义解释，在 PTQ 系统中，蒙太格采用的是间接的方式，然后通过翻译规则实现对自然语言的形式化语义解释。这里的十七条翻译规则完全是针对十七条语形规则的，他们是一一对应的，这也正好体现了"组合原则"即：语形与语义对应原则。

PTQ 系统始终贯穿着"组合原则"，语言表达式的表层结构可以通过语形分析树获得，复合表达式是由其组成部分根据形成规则构成的，语义分析建立在语形分析的基础上，因此，语义分析也遵循着"组合原则"。蒙太格语法是处理自然语言语义的成功典范，它也为汉语的形式化处理提供了值得借鉴的理论方法。自然语言的形式化问题具有重大的意义。

## 二、广义量词理论

广义量词理论是专门处理自然语言中的限定词或由限定词构成的名词短语的自然语言逻辑理论，它把自然语言中的限定词和具有量化意义的名词短语处理为不同类型的广义量词，并用集合论语言刻画英语中的各种广义量词的语义。因此，我们借鉴广义量词理论方法分析汉语限定词的量化语义，并在广义量词理论视域下系统地刻画包含限定量词的汉语量化表达式的语形和语义。首先系统地介绍广义量词理论的基本理论和方法，然后分析包含限定量词的汉语简单量化句和复合量化句的语义特征，最后构建汉语量化表达式的逻辑系统。

引入了广义量词的概念，人们很快把研究的目光转向了自然语言。在自然语言中不仅限定词表达量化关系，由限定词和普通名词组成的名词短语（NP）也具有量化意义，它们都是广义量词。很显然，在自然语言中 every 与 every student 是有区别的，例如：

(5) Every student attended the party.

量词总是相对于论域 E 而言的，语句 S 的所指是 1（真）或 0（假），动词短语 VP 和普通名

词 N 的所指都是 E 中的子集。这样,(5)中的 every 是限定词,它指称的是 student 和 attended the party 两个集合之间的关系,即指称论域中子集之间的关系;而 every student 是由限定词和普通名词组成的名词短语,作为一个整体它指称的是论域中子集的集合。为了在形式语义上区别限定词和名词短语,更好地分析自然语言量化表达式的语义,广义量词理论引入了类型(type)的概念。

广义量词理论根据量词指称集合的不同,把量词分为不同的类型,指称论域子集的集合的量词是类型为<1>的量词(记为 TYPE<1>),自然语言中的 NP 是这种类型的量词;指称论域中两个子集之间关系的量词是类型为<1,1>的量词(记为 TYPE<1,1>),自然语言中的限定词是这种类型的量词。这里的 1,表示的是一元关系。类型<1,1>的量词无论在语言学还是逻辑学中,都是十分常见和重要的,因此,我们给出它的精确定义:

定义 8  (1)在论域 E 上,一个(局部)类型为<1,1>的量词是关于集合 X、Y ⊆E 的一个关系 $Q_E(X,Y)$。

(2)在论域 E 上,一个(全局)类型为<1,1>的量词是一个从论域 E 到局部量词 $Q_E$ 的函数。(其中,$Q_E$ 表示论域 E 上的量词 Q。)

以上给出了类型为<1,1>的量词的定义。自然语言中类型为<1>和<1,1>的量词是最常见和最典型的,也有其他复杂的组合表达量化意义,暂不详述。

对量词类型的划分是为了更好地分析广义量词的语义,然而无论是限定词还是名词短语它们在句子中都只是充当一定的句子成分,并不能构成完整的句子。如果想对整个量化句进行语义分析,我们还需要考虑量词是如何与其他句子成分相互作用的,即量词如何与其他成分组合成具有真值的句子(句子的语义值是真值)。

为了最终获得句子的真值,我们重新回顾集合、集合的集合以及函项的概念。论域 E 中元素的集合(即 E 的子集)可以看作是一个从 E 到真值的函项;一个集合的集合(即一个类型<1>的量词)也可以看作是一个函项,它是一个输入集合输出真值的函项。为了更好地理解函项的输入和输出,类型论(type theory)是一个很有用的工具。避免同前面的量词类型概念相混淆,这里的类型论叫作语义类型论(semantic type theory),而前面的类型叫作量词类型。下面简要概述语义类型论。

首先,我们认为语言中的表达式分别属于不同的语义类型。从目前对于自然语言分析的需要,我们假设两个基本的类型:e 和 t。e 是个体表达式的类型包括个体常项和个体变项,t 是真值表达式的类型;其他表达式的语义类型由这两个基本类型派生得出。下面给出语义类型的递归定义:

定义 9    T 是类型的集合,它是最小的集合,使得:
(1)e,t∈T;
(2)如果 a,b∈T,则 (a,b)∈ T;
(3)只有(1)—(2) 形成类型。

(2)是类型派生规则,需要特别说明。一个类型(a,b)是这样派生的:一个类型(a,b)的表达式,当它与一个类型为 a 的表达式组合后,生成一个类型为 b 的表达式。也就是说,如果α是一个类型为(a,b)的表达式,β是一个类型为 a 的表达式,α(β)则是一个类型为 b 的表达式。(Gamut,1991)应用一个类型为(a,b)的表达式到一个类型为 a 的表达式的过程叫做α到β的(函项)应用(functional application)。

根据定义9,我们可以构造很多其他类型。例如:语义类型(e,t)表示从个体到真值的函数类型,也就是表示 E 的幂集的概念。使用语义类型论,我们可以根据函项重新定义量词－类型为<1>和<1,1>的量词。量词－类型为<1>的量词(集合的集合)是一个语义类型为((e,t),t)的函项,也就是说用函项代替集合输入,然后输出真值。量词－类型为<1,1>的量词 $Q_M$ 是两个集合之间的关系,我们可以把它看作是一个有两个主目 X 和 Y 的函项。然而,目前的语义类型论中的函项都只有一个主目,因此,我们首先输入 X,然后输出函项 $Q_M(X)$;这是一个从 Y 到真值的函项,输出 1 当且仅当 $Q_M(X,Y)$ 是真的。一个量词－类型为<1,1>的量词的语义类型是((e,t),((e,t),t)),它输入一个集合(元素的语义类型为(e,t)),输出一个语义类型为((e,t),t)的函项,这个函项再输入另一个集合(元素的语义类型为(e,t)),然后最终输出真值 t。

语义类型论提供了复杂函项的概念,并为自然语言中的各种表达式提供了语义类型。CN 和 VP 都看作是个体的集合,也就是它们的语义类型为(e,t);S(句子)的语义值是真值,它的语义类型为 t;非量化的 NP 的语义类型是 e;前面我们已经看到了,量化 NP 的语义类型为((e,t),t);限定词的语义类型为((e,t),((e,t),t))。描述这些语义类型,其目的在于解释这些成分如何组成句子。下面,我们还以(5)Every student attended the party. 为例,运用这种函项的思想来分析句子的形成过程:DET 与 CN 组合形成量化的 NP,DET"every"的语义值是((e,t),((e,t),t)),它以 CN"students"为主目,即输入 CN 的语义值(e,t),输出的是量化的 NP "every students",它的语义类型为((e,t),t);量化的 NP 与 VP 组合形成 S,NP 函项输入 VP 的语义值(e,t),输出的是 S,S 的语义值为 t,即形成句子,句子的语义值为真值。以上的这种演算思想,来自数学中的函数运算和逻辑中的类型论,它是处理复杂的自然语言、精确分析自然语言语义十分有用的工具。通过这样的分析,不仅自然语言中的量词、量化短语的语义得以精确分析,而且还可以进一步对量化句的语义进行分析。也可以用于分析自然语言中的广义量词。

## ≫ 本章小结

逻辑学作为一门既古老又年轻的学说,正在逐步地实现与其他相关学科的交叉研究和发展,逻辑学的研究范围在日益扩大,已经逐渐形成一个庞大的学科群体,本章仅对其中的一小部分:时态逻辑、认知逻辑和语言逻辑等分支,进行概括性介绍,感兴趣的读者可以进一步加深对逻辑学的学习和做更深入的研究。

人工智能的大爆发和大数据时代的背景下,对于基础理论研究的迫切需求,必将推动逻辑学的现代化发展,逻辑其工具性的特征使得它与其他学科的交叉研究也将越来越深入,势必会引起人们的广泛关注。

## ≫ 思考题

一、现代逻辑还有哪些分支?

二、现代逻辑与其他学科的交叉研究,有什么理论意义与价值?

## ≫ 练习题

### 一、选择题

1. 有甲、乙、丙、丁四个公司投标竞争某工程建设项目。在标底公布前,他们的经理进行了预测。

甲说:我们公司最有可能中标。

乙说:中标公司不是我们就是丙公司。

丙说:如果甲公司中不了标,那就是我们公司中标。

丁说:中标的非我们公司莫属。

标底公布后,发现四个人中只有一个人的预测成真了。哪个公司中标了?

2. 有两位失学儿童各自收到一笔助学捐款。经多方查证,断定是甲、乙、丙、丁四人中某两个人捐的款。经询问:

甲说:不是我捐的。　　　　乙说:是丁捐的。

丙说:是乙捐的。　　　　　丁说:我肯定没有捐。

最后经过核实,这四人中只有两个人说的话是真的。

根据上述条件,请判断下列哪项断定可能为真?

A. 是乙和丁捐的。　　　　B. 是甲和丁捐的。

C. 是丙和丁捐的。　　　　D. 是乙和丙捐的。

E. 是甲和丙捐的。

3. 甲:你认为《夜宴》拍得好吗? 乙:我认为不算好。甲:那就是说,你认为坏了? 乙:我并没有说坏。甲:说不好就是坏。下面哪个选项不可能是对甲、乙对话的正确评价?

A. 甲问话的用意是要求乙做出一个肯定的、明确的答复。

B. 乙的回答前后矛盾。

C. 甲没有把握乙的两次回答的真谛。

D. 在乙看来,《夜宴》拍得一般。

4. 张三的这段话不会大错,因为他是听他爸爸说的,而他爸爸是一个治学严谨、受人尊敬、造诣很深、世界著名的数学家。以下哪项如果为真,将最能反驳上述结论?

A. 张三谈的不是数学问题。

B. 张三平时曾说过错话。

C. 张三的爸爸并不认为他自己的每句话都是对的。

D. 张三的爸爸已经老了。

5. 有些人坚信飞碟是存在的。理由是：谁能证明飞碟不存在呢？下列选项中，哪项与上述论证方式相同？

A. 中世纪欧洲神学家论证上帝存在的理由是：你能证明上帝不存在吗？

B. 科学家不是天生聪明的。因为爱因斯坦就不是天生聪明的。

C. 一个经院哲学家不相信人的神经在脑中汇合。理由是：亚里士多德的著作中讲到，人的神经是从心脏中产生出来的。

D. 鬼是存在的。如果没有鬼，为什么古今中外有那么多人讲鬼故事？

6. 一份犯罪调研报告揭示，某市近三年来的严重刑事犯罪案件60%都为已记录在案的350名惯犯行为。报告同时揭示，严重刑事犯罪案件的作案者半数以上是吸毒者。

如果上述断定都是真的，那么下列哪项断定一定是真的？

A. 350名惯犯中可能没有吸毒者。

B. 350名惯犯中一定有吸毒者。

C. 350名惯犯中大多数是吸毒者。

D. 吸毒者大多数在350名惯犯中。

7. 有医学病例证明，饲养鸽子或者经常与鸽子近距离接触容易感染隐球菌肺炎。隐球菌既可能存在于鸽粪中，也可能通过空气进行传播，此外，经常与隐球菌携带者接触也有可能因被感染而发病，同时有隐球菌健康携带者的存在。小张患了急性肺炎，经医生诊断为隐球菌肺炎。如果以上断定为真，以下哪项也一定是真的？

A. 小张的邻居饲养了十几只信鸽，每天都会产生大量的鸽粪，小张一定是感染了鸽粪中的隐球菌。

B. 小张从来不和有病的人接触，所以，他的病如果不是受鸽粪中的隐球菌感染，那就一定是被空气传播感染的。

C. 小张性格自闭，从不接触外人，而他的家人中没有隐球菌患者和隐球菌携带者，所以，他的病或者是由鸽粪引起，或者是因为空气传播而感染。

D. 除了题干所描述的三种情况，也许还有其他原因可能导致隐球菌肺炎。

E. 小张的邻居养信鸽，他姐姐以前也得过隐球菌肺炎，所以他的病一定不会是通过空气传染的。

**二、应用分析题**

1. "火柴理论"的确证度有多大？

2007年11月，北京发生一件因为丈夫拒绝签字做剖腹产手术，导致妻子和胎儿双亡的不幸事件，在全社会引起巨大反响。有参与制定《医疗机构管理条例》的专家认为：问题就在于这个产妇在意识清醒的时候已经明确表示拒绝剖腹产，就算她后来意识恍惚了，那么我认为她的意愿、她的决定仍然是非常明确的，因为这里面我觉得存在着一个火柴理论问题。什么叫火柴理论呢？就是说有的孩子他父亲抽烟，让孩子帮他买火柴，叮嘱了一声，说这个火柴必须能划得着。他回来告诉父亲，说这一盒火柴都能划得着，我全试过了。这个火柴试完了就没用了，所以这个问题就是：我们假设医院强行给她做了剖腹产，这孩子活过来了，母亲也活了，但是母亲向法院提起诉讼，说医院违反她本人的意愿，对她实施了伤害行为，把她肚子划开了，子宫剖开了，这对她就是一种伤害。那么医院拿什么抗辩呢？医院说不剖腹产你一定会死，但是问题就在于，医院拿什么来证明不剖腹产她一定会死呢？因为当时她活着，母子双亡你怎么证明？这就是火柴理论。虽然我能证明，但是因为生命只有一次，如果我证明了假设成立，这个生命却不能再回去了。所以是不可证明的。既然不可证明，那哪个医务人员敢违背产妇的意愿去做这个手术？谁都不敢做这个手术了，因为做了就面临着被起诉。

# 第九章 传统归纳逻辑概述

人类在认识上有三种不同的方式：或者是从一般到特殊；或者是从特殊到特殊；或者是从特殊到一般。第一种方式的在逻辑上被称为演绎推理的方式，而表述第二和第三种方式在逻辑上被分别称为类比推理和归纳推理。本章我们分别介绍归纳推理和类比推理。

## 第一节 归纳推理概述

归纳推理是归纳逻辑所研究的对象。"归纳逻辑"这个词在人们的日常应用中通常有两个含义：一是作为一种逻辑经验，它主要涉及的对象是归纳推理；二是作为现代逻辑学的一个重要的分支，它所包含的内容除了归纳推理，还有在进行归纳推理过程中涉及的其他的科学方法，如在形式上如何使归纳推理尽可能地向形式化、公理化转换等等。由此可见，第二种含义上的"归纳逻辑"较归纳推理在内容上要丰富得多。

### 一、归纳推理的定义及其特征

根据逻辑学的传统看法，归纳推理是指以表述关于思维对象中的某些对象具有某种属性或者关系的命题为前提，而断定该类对象的全体都具有该种属性或者关系的命题为结论的推理。在人们认识客观世界的过程中，经常经由对构成认识对象的类中个别的、特殊的对象的认识达到对该类对象的全体的认识。与此相适应，在逻辑上归纳推理就是以表述认识对象特殊性知识的命题为前提，一般性知识为结论的归纳推理。例如人们在观察树的生长过程中发现：

(1) 松树要进行光合作用。

(2) 槐树要进行光合作用。

(3) 白杨树要进行光合作用。

(4) 柳树要进行光合作用。

(5) ……

(6) 所以，凡树都要进行光合作用。

显然，在上述推理过程中，前提中的每一个已知命题涉及的对象都是树的外延中的某些特殊的对象，它们所分别表达的都是关于某些特殊的树的知识，而结论涉及的则是一般的树，它所表达的是关于一般的树的相同的知识。

归纳推理的认识论基础和推理过程表明,作为结论的命题所断定的知识范围包含前提中任一命题所断定的知识范围。因此,结论命题的真成为前提中任一命题为真的充分条件;而前提中任一命题的真只不过是结论为真的必要条件。所以,归纳推理只能是一种或然性推理。

归纳推理的或然性性质决定了研究归纳推理的目的——即它所要解决的问题不再是演绎推理的形式有效性问题,而是归纳推理自身的合理性问题,或者也称真实的程度性问题。

## 二、归纳推理与演绎推理的关系

归纳推理和演绎推理的认识论基础不相同,解决的问题不相同。在逻辑理论的发展史上曾导致两种不同的观点,即,归纳万能论和演绎万能论。归纳万能论者认为,演绎推理不能提供新的知识,因为演绎推理的结论早已包含在前提之中;而只有归纳推理的结论对于推理的前提来说才是新的,所以,归纳推理才能成为逻辑学的中心。演绎万能论者却相反,认为只有通过演绎推理获得的结论才是真实可靠的;而归纳推理的结论明显地缺乏可靠性,因此它是无用的方法,不能成为逻辑学的中心。事实上,在认识客观真理的过程中,这两种方法是紧密联系在一起的。归纳和演绎,是必然相互联系的。应当把每一个都用到该用的地方,而要做到这一点,就只有注意它们的相互联系、它们的相互补充。

归纳和演绎推理的联系,表现在两者相互依赖、不可分割的属性上。说二者是不可分割的,是因为演绎推理离开了归纳,就不可能存在有一般性原理的前提。如果我们不断地追问演绎推理某一前提的来源,最后它必定是某一归纳推理的结果。同样地,归纳推理也离不开演绎,这是因为对任何一个归纳来说,都需要采用如观察、实验等一些科学的手段,在选择这些手段之前,人们对为什么选择这种方法而不是那种方法之类的论证就必须使用演绎的方法来进行。

归纳和演绎推理的区别,主要表现为以下几点:

首先,是两者的认识论基础不相同。前者是由个别的、特殊对象的知识为前提推断关于一般的、普遍的对象的共同知识为结论。而后者则是以关于一般的、普遍的对象的知识为前提推断其中个别的、特殊的对象的知识。前者是由个别、特殊到一般的推理,而后者是由一般到个别,到特殊的推理。

其次,前提命题和结论命题所断定的知识范围不相同。一般来说,归纳推理的前提命题所断定的知识范围是小于其结论命题所断定的知识范围的。而演绎推理却恰好相反,其前提命题所断定的知识范围总是大于结论命题所断定的知识范围。由此可见,归纳推理的结论命题为真,是前提中每一个已知命题为真的充分条件,而前提中每一个已知命题的真,仅仅是其结论命题为真的必要条件。而演绎推理的前提命题的真却是结论命题的真的充分条件,结论命题的真仅仅是前提命题真的一个必要条件。

最后,作为推理形式两者的性质不相同。既然归纳推理的结论命题为真是前提中每一个已知命题为真的充分条件,而前提中每一个已知命题的真仅仅是其结论命题为真的必要条件,因此,当其前提命题都真时,其结论并不必然地真,其结论对其真实的前提来说仅仅是可能的,逻辑上称这样的推理为或然性推理。而既然演绎推理前提命题的真是结论命题为真的充分条件，因此，当演绎推理的前提命题为真时，其结论命题的真就是必然的了。因此逻辑上称演绎推理为必然性推理。

### 三、归纳逻辑的产生和发展简介

古希腊逻辑学家亚里士多德在其逻辑学著作中曾涉及过某些归纳理论的问题，但他是把归纳推理作为直言三段论推理的一种特殊的情况来处理的。归纳推理真正地成为逻辑学的重要内容，应该是始于17世纪。

17世纪左右，英国正处于工业革命爆发的前夜。挣脱传统观念的束缚，追求新的认识方法以开阔眼界、开阔思想，从而去获取对自然更新、更多的知识成为学者们一时的风尚。英国哲学家、逻辑学家弗朗西斯·培根(Francis Bacon,1561年—1626年)顺应历史潮流，在对传统的即亚里士多德逻辑的批判基础上，提出了归纳逻辑的思想。1620年，在《新工具论》一书中，他详细地论述了他的以"三表法"和"排斥法"为基础的归纳方法，从而奠定了古典归纳逻辑的基础。后来，经过英国数学家、逻辑学家惠威尔(William Whewell,1794年—1866年)等人的继续努力，到19世纪，由英国哲学家、逻辑学家约翰·穆勒(John Stuart Mill,1806年—1873年)著成《逻辑体系》一书。在该书中，他全面系统地表述了探求因果关系的五种方法，并把归纳逻辑完全纳入了传统逻辑体系之中。

自20世纪30年代以来，对归纳逻辑的研究有了新的发展。人们除了在古典归纳逻辑的意义上去继续寻求从经验事实中推出相应的普遍原理的逻辑方法之外，更主要的是试图运用公理化、形式化和概率论的方法，对归纳推理或归纳方法进行研究。由于归纳推理本身形式上的多样性，也由于人们对概率的解释在理论上的分歧性，现代归纳逻辑基本上是本质不同的多种系统同时并存的。

### 四、归纳推理的分类

由于现代归纳逻辑基本上处于本质不同的多种系统同时并存的状态，因此它不是本教材所要介绍、讨论的对象。本教材仅以古典归纳逻辑为对象，在此意义上，把归纳推理首先依据在前提中，按照已知命题所断定的范围，是否涉及结论命题主项外延类中的全部元素，分为完全归纳推理和不完全归纳推理两类。对不完全归纳推理，又依据得出结论的根据，分为简单枚举法和科学归纳法。以下，我们来分别介绍这些方法。

## 第二节 完全归纳推理

完全归纳推理，是指前提中的各已知命题所断定的对象之和，恰好等于结论命题主项的外延的归纳推理。本节介绍完全归纳推理的逻辑特征及其理论局限性。

## 一、完全归纳推理及其特征

例如,在证明三段论规则"两特称前提推不出结论"时采取的证明方法,即

1. 大前提特称肯定并且小前提特称肯定,…是推不出结论的;
2. 大前提特称肯定并且小前提特称否定,…是推不出结论的;
3. 大前提特称否定并且小前提特称肯定,…是推不出结论的;
4. 大前提特称否定并且小前提特称否定,…是推不出结论的;

所以,两特称前提推不出结论。

在上述证明过程中,结论主项"两特称前提"的外延,恰好是前提中四个已知命题主项外延之和,并且推理是由肯定个别、特殊到一般、普遍的推理,所以,上述推理就是一个完全归纳推理。又如,科学家对命题"太阳系的大行星都是以椭圆形轨道绕太阳运转的"的推断,即

1. 水星是以椭圆形轨道绕太阳运转的,
2. 金星是以椭圆形轨道绕太阳运转的,
3. 地球是以椭圆形轨道绕太阳运转的,

……

8. 海王星是以椭圆形轨道绕太阳运转的,

所以,太阳系的大行星都是以椭圆形轨道绕太阳运转的。

显然,这一推断使用的推理方法是归纳推理,并且前提中 8 个已知命题主项外延之和,由科学证明正好等于结论主项的外延,所以,它还是一个完全归纳推理。

完全归纳推理的形式可以由符号一般地表示如下:

$S_1$——p

$S_2$——p

$S_3$——p

……

$S_n$——p

$S_1$……$S_n$ 是 S 类的全部元素,

----

$\therefore$ S—p

完全归纳推理的形式反映了它的两个重要的特征:第一,在前提中必须考察某类事物的全部对象,即结论中主项的全部外延。当然,考察的方式可以是灵活多样的。如在上述第一例中,把考察落实到结论主项外延类中的每一个元素上是一种方法,但把前提中的 1 和 4 作为一类:直接违反一般规则的;把 2 和 3 作为一类:证明其间接违反一般规则的,同样可以达到推理的结论。第二,结论所断定的知识范围,恰好等于前提所断定的知识范围。就第二个特征,对完全归纳推理形式的性质在归属上存在一些争论。有的学者认为,既然完全归纳推理的结论所断定的知识范围没有超过前提所断定的知识范围,所以完全归纳推理应该属于演绎推理,或

者至少是演绎推理在归纳形式中的体现。这种观点实际上是不能成立的。除开思维方向上的特点不说,单就形式上而言,完全归纳推理实际上是依赖于科学本身的发展所带来的对客观事物的观察广度和深度而言的。当科学的发展使"S1…Sn 是 S 类的全部元素"不真时,"S—p"也就必然地不会有真的值。这表明,完全归纳推理的结论对其前提来说,结论的必然性并不依赖于其形式。但演绎推理形式却不然,无论科学本身的能力如何发展,其结论的必然性依赖于形式这一点。

完全归纳推理的两个特征,在应用中被引用为推理中的两个规则,即:一,前提中出现的每一个命题,都必须是真实的;二,前提中的考察,必须穷尽被推断事物类中的每一对象,即结论主项外延类中的每一个元素。

### 二、完全归纳推理的局限

完全归纳推理虽然就科学的现实条件来说,是一种极为可靠的推理方式,但究其推理规则二,却不可避免地包含有两个致命的弱点。首先是当被推断的事物类中的元素为无穷数时,显然不具备使用完全归纳推理的条件。退一步说,即令被推断事物类中的元素是有限数,但当这个数较大时,也只能是理论上适用于但实际上不适于完全归纳推理。其次是,即令被推断事物类中的元素有限并且数量不大,但我们对其每一个别元素的观察、实验是带有破坏性的,显然也不适宜使用完全归纳推理。例如对兵工厂产品炮弹的检验,倘若使用完全归纳推理,当我们的前提命题都已经通过实验肯定地获得时,结论事实上已经不是很重要的了。

完全归纳推理在应用上的局限性,可以用另外的推理方法去弥补,这就是下面所要介绍的不完全归纳推理。

## 第三节 不完全归纳推理

不完全归纳推理是在前提中的各已知命题所断定的对象之和少于结论命题主项的外延的归纳推理;或者也可以说,是以被推断事物外延类中部分元素具有某一属性,去推断外延类中所有元素都具有该属性的归纳推理。

### 一、不完全归纳推理

前面所提到的以下推理就是一个不完全归纳推理,它是以树的外延类中的松、槐、白杨和柳这些特殊类的树要进行光合作用,从而推断树的任一外延即所有的树都要进行光合作用。

(1)松树要进行光合作用。
(2)槐树要进行光合作用。
(3)白杨树要进行光合作用。
(4)柳树要进行光合作用。
(5)所以,凡树都要进行光合作用。

不完全归纳推理在人们的实践中,是一种使用非常广泛的推理形式。例如一些重要的科学原理如"野生动物之间都保持有一定的警戒距离","超声波照射种子能促进植物的生长并促进产量的增加"等等。粗略地说,人们的许多生活经验都是不完全归纳推理的结果。

## 二、不完全归纳推理的分类

不完全归纳推理被分为两种:简单枚举法和科学归纳法。下面分别对它们进行介绍。

### (一)简单枚举法

简单枚举法是在观察、实验等经验认识的基础上,由被推断事物外延类中的部分元素具有属性P,并且在观察、实验中没有出现过反例,从而去断定该事物外延类中的所有元素都具有属性P的归纳推理。上述关于"凡树都要进行光合作用"的推理,使用的就是简单枚举法,而在物理学中的牛顿万有引力定律"宇宙中任何两个物体之间相互吸引"最初的得出,使用的依然是简单枚举法。

简单枚举法的形式可以由符号一般地表示如下:

$S_1$——p

$S_2$——p

$S_3$——p

……

$S_n$——p

……

$S_1$……$S_n$ 是 S 类的部分元素,并且在观察实验中没有反例,

──────────────

∴S—p

简单枚举法是以在考察对象类的部分元素中没有发现、遇到相反的情况为依据来推出结论的,但这样的依据在理论上是没有说服力的。对于元素无限多的对象类,某人的考察没有发现例外,并不意味着他人也不会发现例外,当时没有发现例外,也不能意味着以后不会发现例外。例如,欧洲人通过对本洲、对非洲、对美洲等地天鹅的考察,遇到的都是白色的,于是推断"天鹅都是白的",它也较长时间地支配了人们对天鹅的认识。但后来在澳洲沿海的考察中发现了黑色的天鹅,证明了原来的推断是错误的。理论和事例都表明,简单枚举法的结论对于前提来说并不具有必然性,因此简单枚举法推理在性质上只能是一种或然性推理。

虽然简单枚举法的结论对其前提来说不具有必然性,但在实践中(尽管不是在科学的理论构建中),它因其推理方式的初级、简单性,却是一种被广泛使用的推理方式。既然如此,考虑如何提高其结论的真实性程度,使其结论的真更为可靠一些,就是非常有必要的了。

传统逻辑学认为,要提高简单枚举法结论的真实性程度,应当做好两方面的工作。第一,要尽量地多考察一些个别的、特殊的对象,或者说在对个别对象的考察过程中,应当尽量地扩大考察的范围。这是因为结论主项外延类中被考察的对象,在具有某一属性上一致的情况越

多,结论的真实性程度也就越高,结论的真也就越可靠。第二,在对结论主项外延类的考察过程中,要尽量地去寻找相反的事例,但如果确实从各个角度都不能发现有例外,则结论的真实性程度也就越高,结论的真也就越可靠。这是因为,归纳推理的结论一般来说都是全称命题,所以在对前提命题的考察过程中只要发现有一个反例,就足以说明这个全称命题的矛盾命题是真的,也就否定了这个全称命题即结论的真实性。反之,如果在对前提命题的认真考察过程都不能发现有相反的事例,断定结论的真是符合人们对事物的认识规律的。

其实,就上述两个方面来说,第二方面是更为重要的。因为当结论主项的外延类元素无穷多时,无论我们如何增加被考察对象的数量,扩大被考察对象的范围,从逻辑上说,对结论的真都是无济于事的。因为有限的量、有限的范围对于无穷来说,都不过是沧海一粟,对结论为真的决定来说,是无关紧要的。第二方面的要求则不同,当我们特别地,从各个方面都不能寻找出一个与结论矛盾的事例时,断定结论为真至少符合人们的认识规律,符合人们当前的认识水平,使命题具有"现实真"的特点。并且由此而论,传统逻辑学关于第一方面的要求,最终也只能是为第二方面的要求服务的:尽可能地去增加考察对象的数量和扩大其范围,就是尽可能地去发现是否有相反的事例。

在传统逻辑学中,在使用简单枚举法时,违反上述两个要求,轻易得出错误结论的,被称为犯"轻率概括"的逻辑错误。例如,有的同学一两次没有做好逻辑学作业,就认为自己学不好逻辑,从而动摇了学习逻辑的信心,这在推理上就犯了"轻率概括"的逻辑错误。没做好逻辑作业的原因是多方面的,一次两次没做好,是不能证明学不好逻辑的,只要努力,就能掌握好逻辑。

在科学研究中,通过观察、实验,应用简单枚举法推理所获得的结论,一般可以形成初步的假说。当然,这种假说的证实还是证伪,还有待于其他的认识和推理的方法的应用。

(二)科学归纳法

科学归纳法是在观察、实验等经验认识的基础上,通过科学的分析,由被推断事物外延类中部分元素同属性 p 具有内在联系,从而去断定该事物外延类中的所有元素都具有属性 p 的归纳推理。例如,长期生活在又咸又涩的海水中的鱼,它们的肉却不是咸的,这是为什么呢?科学家为此考察了一些生活在海水中的鱼,发现它们虽然在体形、大小、重量、种类等等方面有不同,但在它们的鳃片上都有一种能排盐分的特殊构造,叫作"氯化物分泌细胞组织"。科学家又考察了一些生活在淡水中的鱼,发现它们虽然也在体形、大小、重量、种类等等方面有不同,但在它们的鳃片上都没有这种"氯化物分泌细胞组织",由此看来,具有"氯化物分泌细胞组织"是鱼在海水中长期生活而肉不咸的真正原因,或者说,"氯化物分泌细胞组织"和海水中生活的鱼肉不咸有内在的联系。

科学归纳法的形式可以由符号一般地表示如下:

$S_1$ーー$p$

$S_2$ーー$p$

$S_3$ーー$p$

……

$S_n$——p

……

$S_1…S_n$ 是 S 类的部分元素,并且同属性 p 都有内在联系,

---

S—p

上述事例由此形式可以整理为:

海水鱼甲的肉是不咸的,

海水鱼乙的肉是不咸的,

海水鱼丙的肉是不咸的,

……

海水鱼甲、乙、丙是海水鱼的一部分,它们在鳃片上都有一种能排盐分的特殊构造,叫作"氯化物分泌细胞组织",因而使海水鱼的肉是不咸的,

海水鱼的肉都不是咸的。

科学归纳法同简单枚举法一样,都是通过结论主项外延类中的部分对象具有属性 p,去推断全部对象都具有属性 p,因此它们都属于或然性推理。但科学归纳法和简单枚举法又有较大的差别,这主要表现在:第一,推出结论的依据不相同。科学归纳法除了以经验事实为依据,除了在观察、实验的过程中没有发现反例外,更主要地是以科学的分析为依据。因此,科学归纳推出的结论,是人们认识了事物内在联系的结果,对这样的结论,人们不但知其然,而且知其所以然。但使用简单枚举法所推出的结论,仅仅反映了事物表象之间的联系,不能揭示这种联系的根本原因。第二,简单枚举法对前提中所涉及的经验事实有数量或者范围的要求,希望通过在数量更多或者范围更大的观察、实验中不会出现反例,以保证结论的真实性。而科学归纳法则不然,前提中所涉及的经验事实的数量或者范围对科学归纳法结论的真实性是意义不大的,这正如恩格斯所说:"蒸汽机已经最令人信服地证明,我们可以加热而获得机械运动。十万部蒸汽机并不比一部蒸汽机能更多地证明这一点"(《自然辩证法》,《马克思恩格斯选集》第三卷,第 549 页)。科学归纳法要求的是前提中被考察对象的一般性,而数量、范围都不是主要的。最后,科学归纳法同简单枚举法在结论上真实的可靠性程度也不同。虽然它们都是或然性推理,但科学归纳法的结论在真实性上比简单枚举法推出的结论要可靠得多。

在人们的认识实践中,科学归纳法是一种非常重要的方法。人们去探求事物的规律、本质,把对事物的感性认识提高到理性的认识,通常都离不开科学归纳法。尤其是在自然的科学研究中,人们通过观察、实验,应用科学归纳法推理所获得的结论,一般经过补充、修改等都可以形成较为成熟的假说。

## 第四节 穆勒五法

穆勒五法即为探求因果联系的五种基本方法,可以到的把它看成是科学归纳理论的一种深入。科学归纳推理得出结论的依据是通过科学的分析,寻找被研究对象和某属性之间的内在联系。而自然界本身就是一个有内在联系的统一体,其中各种现象都是紧密联系在一起的。它们相互依赖,彼此制约。在这些内在联系中,因果联系是一种具有普遍意义的联系。本节从形式上来介绍寻求因果联系的五种基本方法。

什么是事物或者现象间的因果联系呢?因果联系是客观事物普遍联系和相互作用的形式之一。在一连串相互联系的现象中,如果由于某一现象 A 存在,一定会引起另一现象 B 的存在或者发生,则称前一现象 A 是后一现象 B 的原因,并把现象 B 称为现象 A 的结果,一般地称现象 A、B 之间存在因果联系。例如,日照的长短变化和候鸟的迁徙是两个相互联系的现象,每当日照的时间变到某一个固定长度时,候鸟就会进行迁徙。因此,日照时间的变化就是候鸟迁徙的原因,而候鸟的迁徙就是日照时间变化的结果。事物之间的因果关系是错综复杂的,寻求因果联系当然也是一个复杂的过程,为此,我们需要首先对因果联系的性质、一般表现形式做一个了解。

辩证唯物主义认为,世界上出现的任何一个现象都是有产生它的原因的,而任何一个原因,也总会有它的结果。客观世界是一个有机联系的整体,任何现象都只能是这个有机联系的整体中的现象。有些现象看上去好像没有原因,这只不过是它的原因还没有被发现而已,而有些现象看上去好像没有产生相应的结果,其实这也只不过是它的结果或者还在产生的过程之中,或者是结果还没有被人们发现罢了。大到天体的运行,小到原子的聚散,一叶的偶然飘落,生物类群的繁衍滋生,无不是有原因的。客观世界中的因果联系是错综复杂的,在某种链条中的因,或许就是另一链条中的果;或者相反,此时此地的果,却又恰好是彼时彼地的因。因果转换,因果相互关联。逻辑学从自己的工具性出发,仅关注下述对各门具体科学都有应用意义特点:

首先,因与果在时间上总是具有先后相继性的。因在时间上是在先的现象,果是时间上发生在后的现象,因此,在时间上我们总是在先行的事物情况中去寻找被研究现象的因。但与此同时,我们也特别地要防止以时间的先后去判定因果联系的逻辑错误。

其次,因与果的联系具有确定性。虽然因果链条是复杂的,但对任何一条具体的链条来说,因都必然地从两个方面确定着果,即相同质的因确定着相同的果,相同量的因确定了相同的果。这意味着,当同一因的质或者量发生变化时,其原本相应的果也要发生变化。

最后,因与果的联系在方式上也是复杂多样的。通常表现为一因一果,一因多果,多因一果和多因多果。

客观世界中的因果联系是错综复杂的,对因果联系的寻求也是错综复杂的。人们在长期的认识实践中,根据因果联系的一般规律特别是上述特点,逐步形成了一些确定因果联系的逻辑方法,这首先表现为由近代英国逻辑学家约翰·穆勒(John Stuart Mill,1806—1873)所总结的五种归纳方法,即"穆勒五法"。下面,我们来逐一地介绍这些方法。在下述考察过程中,对个别事物的每一次考察都相应地称为一个"场合",而在每一个场合中,使得被研究现象 a 出现的每一个原因都称为一个"先行情况",分别记为 A、B、C 等等。

## 一、求同法

求同法又称为契合法。求同法的基本内容是:在被考察、被研究的现象 a 出现的若干个场合中,只有一个先行情况是相同的,那么这个相同的先行情况可以被判定为被研究现象 a 的原因。例如,在科学的发展上,本生用本生灯对"钠使火焰变黄"的推断就是如此。本生灯的火焰本来是无色的,但加入食盐、碳酸钠或者硫酸钠都会使火焰变黄。但在这三种物质中,只有含钠这一点是相同的,其余成分都不同,故本生可以由此推出结论来。

求同法在结构上可以用下面的形式来表示:

| 场合 | 先行情况 | 被研究现象 |
|---|---|---|
| 1. | A、B、C、D …… | a |
| 2. | A、D、F、G …… | a |
| 3. | A、C、H、K …… | a |
| … | A …… | a |

A 是 a 的原因。

如我们以科学上对命题"阳光照射密集水珠是虹产生的原因"的推断为例:

场合　　　　　先行情况　　　　　　　　被研究现象
1. 雨过天晴,空气湿润,阳光照射湿润的空气;天空中出现彩虹。
2. 飞瀑奔泻,湿气蒸腾,阳光照射湿润的空气;天空中出现彩虹。
3. 喷雾器喷射,空气中水珠密集,阳光照射;水珠密集处出现彩虹。
…　……　　　　　　　　　　　　　　　；……

阳光照射密集水珠是虹产生的原因。

求同法的特点是异中求同。它依赖于在被研究现象 a 出现的若干场合中,只有一个先行情况相同而其余的情况都不同。求同法的这一特点,也带来了求同法在应用中的局限性,即它是必须在具有一个以上的观察、实验场合的前提下才能使用的方法。

作为科学归纳法的一种表现形式,求同法的结论对其前提来说,只能是或然的。就具体的方法来说,它不能保证我们在各前提场合的分析比较中不犯错误。在人们的认识过程中,表述形式不同的先行情况,其表述的内容却可能在本质上是相同的,而表述内容相同的先行情况,同被研究的现象 a 也可能是毫不相干的,这些现象,都不是求同法本身所能够排除的。如有一则笑话,说某人第一天喝了竹叶青,吃了花生米和糖醋鱼,结果醉了;第二天喝了五粮液,吃了花生米和炒肉片,还是醉了;第三天喝了贵州茅台,吃了花生米和烤鸡,结果也醉了。于是某人根据求同法,推出吃花生米是他醉酒的原因。这当然只是一则笑话,但它的确也表明,求同法只能是探求因果关系的一种初步的方法,在运用中必须配以科学的分析,才能求出被研究现象a的真正原因。

在使用求同法确定因果联系时,为了提高结论的真实性程度,我们应当注意以下两个方面。第一,尽可能地多考察一些场合,场合越多,先行情况中那个相同情况作为被研究现象a的原因就越可靠。第二,除开各场合中的那个相同的情况外,要科学地分析是否还有其他的共同情况,以肯定不同先行情况的非决定作用,而突出相同情况对被研究现象a的决定作用。

### 二、求异法

求异法又称为差异法。求异法的基本内容是:在被考察的两个场合中,只有一个先行情况是不同的,其余都相同,并且当这个不同的先行情况出现时,被研究、被考察的现象a出现,否则a不出现,那么,可以断定,这个不同的先行情况是被研究现象a的原因。例如,某人曾饲养了一只主翼残缺的小母鸡,却发现这小鸡较其他肢体健全的小鸡来说长得更快,更大一些。尤其是产卵后,产卵的数量比其他的鸡多,鸡蛋的重量也比其他鸡的重。这一事实为科学研究人员知道后,科学研究工作者做了一个实验:他们把一批同样大小的小鸡随机地分为两组,甲组的小鸡全部把主翼剪断,乙组的保持自然状态,然后把两组小鸡放在一起,在相同的条件下进行饲养。100天后,甲乙两组鸡的肉重量比是 1477.5 克比 1397 克;而鸡脯肉重量比是 199.5 克比 170.9 克。产卵后,甲乙两组鸡的蛋重比是 60 克比 47 克,并且甲组鸡产卵数远远地多于乙组鸡。这一分组实验表明,"剪断小鸡主翼,是使小鸡快速生长并且多产蛋的原因",这里所使用的,就是求异法推理。

求异法在结构上可以用下面的形式来表示:

| 场合 | 先行情况 | 被研究现象 |
| --- | --- | --- |
| 1. | A、B、C、D…… | a |
| 2. | / B、C、D…… | / |

A 是 a 的原因。

求异法的特点是同中求异。它要求在被研究现象a分别出现和不出现的两个场合中,只有一个先行情况不同而其余的情况都相同。求异法的这一要求在被研究现象a处于自然状态的条件下是很难实现的,因此,它更主要的是一种在人工的控制下,以实验为基础来推理认识事物的方法。例如,贝克勒尔对"铀钾硫酸盐可以使照片底片感光"的认知。他把照相底片用不透光的黑纸包好,放在实验室的柜中,柜子里还有一些其他的物品,但后来他却发现照相底片感光了。那么,是什么东西使底片感光的呢?为此,贝克勒尔重新一次又一次地在柜子里放入新的底片,并每次也相应地从柜子里取出一样东西。当取铀钾硫酸盐时,他观察到底片不再感光,于是他推出了上面的结论,这一推理过程,就是求异法的过程。控制好观察、实验的两个场合,使得相同的每一个先行情况都分别真正地相同,排除掉其他可能的干扰因素,以突出那个唯一的、不同的先行情况的决定作用。而要排除掉其他可能的干扰因素,一般来说,就只能在人们的实验状态下才能完成。

与求同法相比,求异法的优点在于:求同法更主要的是在被研究对象处于自然状态下人们进行观察的方法,而求异法则主要是在被研究对象处于人为的严格控制状态下进行实验的方法,因此,对所推出的结论来说,由于求同法所受到的其他不确定因素的干扰多一些,而求异法受到的其他不确定因素的干扰少得多,故求异法的结论的真实性较求同法可靠得多。并且,由于求异法两个场合的先行情况中,只有唯一的一种先行情况不相同,其余的都相同,因此,不具有那个唯一不同的先行情况的场合,事实上是为被推测为研究现象a的原因做了一个反证,这也表明,求异法结论的真实性较求同法更为可靠。

尽管求异法结论的真实性较求同法更为可靠,但它依然是一种或然性推理,因为人们在实验、分析的过程中不能绝对地避免错误。这就要求我们在运用求异法时,注意方法的各个环节,主要表现在以下几个方面:

首先,要注意两个场合的先行情况中,不相同先行情况的唯一性要求。如果两个场合的先行情况中,不相同先行情况并不唯一,而恰好被我们所忽略的某些现象才是a的真正原因,那么,推出的结论就一定是错误的。例如,英国某生理学家对"生理盐水可延长心脏的跳动时间"的认知。他长期在实验室进行青蛙的心脏离体实验,每一次都是他把从青蛙体内摘得的青蛙心脏,放入助手事先准备的蒸馏水中,观察其能继续跳动的时间。但有一次,他发现青蛙的心脏在水中跳动的时间竟然是平常一般情况的四倍。他仔细地检查了自己的实验情况,觉得没有什么情况与往日不同,除开青蛙正生长在秋天这一点外。于是,他得出"秋天生长的青蛙心脏离体后继续跳动的时间较长"。但不久,他就发现这一结论是错误的,因为其他的也是秋天的青蛙并不具有这一特征。并且在检查实验条件的过程中他发现,那一次助手在准备蒸馏水时由于时间来不及,因此使用的是自来水,而正是自来水中的盐,使得青蛙心脏延长了跳动的时间。

其次,在发现了两个场合的那个唯一不同的先行情况后,也不应当匆忙地下结论,而应当首先把包含在那个唯一不同先行情况中和被研究现象无关的因素加以清除,否则,我们的结论仍然是不清楚不准确的。如在上述关于青蛙心脏的分析中,自来水中肯定还有其他多种多样的物质,因此是自来水还是生理盐水,对促进、延续心脏的跳动在意义上最终肯定是有区别的。

最后,在发现了两个场合的那个唯一不同的先行情况后,即令它是被研究现象的原因,也不应当匆忙地下结论,而应当进一步地分析,它是被研究现象的全部原因还是部分原因。当然,这一要求不是求异法推理方法本身的问题,而是如何找出被研究现象的全部原因的问题,它不是求异法就能解决的问题,在此不再赘述。

### 三、求同求异并用法

求同求异并用法又称为契合差异并用法。在讨论具体内容之前,为了叙述上的方便,我们先定义两个词项,即"正事例组"和"负事例组"。所谓正事例组是指由被研究现象a都出现的若干个场合所构成的一个命题组;而所谓负事例组则是指由被研究现象a都不出现的若干个场合所构成的一个命题组。

那么，什么是求同求异并用法呢？求同求异并用法是指，在正事例组的各个场合中，都有一个相同的先行情况 A 出现，而在负事例组的各个场合中，都没有那个相同的先行情况 A 出现，那么，可以断定，A 是被研究现象 a 的原因。求同求异并用法是在科学研究中经常使用的方法。例如，青霉素从被发现到临床运用，其中间就经历了一个求同求异并用推理的过程。青霉素被发现后，它对各类病菌如链球菌的致命杀伤性是明显的，但问题是，当它被临床应用时，它还具有这样的作用吗？并且，当它被临床应用时，它是否导致其他的副作用？这些都是在应用前所必须考虑的。美国的一位病理学家做了这样一个观察实验：他把 50 只健康的小白鼠都注射了可致命的链球菌，然后随机地分为两组，每组 25 只。甲组每只小白鼠都每隔 3 小时注射一次青霉素，而乙组小白鼠保持自然状态。结果，甲组小白鼠除一只在第一次注射了青霉素不久后死亡以外，其他的都在 24 小时后恢复了健康。乙组小白鼠在 24 小时后无一例外地全部死亡。而在随后的分析中，他发现甲组中那只死掉的小白鼠表明，某些生命个体对青霉素来说，是存在过敏反应的。于是他得出结论，对青霉素无过敏反应的生命个体来说，青霉素在临床上是完全有效的。

在结构上，求同求异并用法可以用下面的形式来表示：

| 场合 | 先行情况 | 被研究现象 |
| --- | --- | --- |
| 1. | A、B、C、D…… | a |
| 2. | A、D、F、G…… | a |
| 3. | A、C、H、K…… | a |
| …… | A…… | a |
| (1) | /、B、M、N…… | / |
| (2) | /、M、O、P…… | / |
| (3) | /、R、S、T…… | / |
| …… | /…… | / |

A 是 a 的原因。

在上述形式中，由 1—3 等构成正事例组，而由(1)—(3)等构成负事例组。从构成形式上容易看出求同求异并用法的特点，即所谓的"两求同一求异"。两求同是指，在正事例组中，用求同法可知，先行情况中的 A 是被研究现象 a 的原因。而在负事例组中，用求同法也可知，没有先行情况中的 A 是被研究现象 a 不出现的原因。同时，正负两事例组分别构成了求异法的两个场合，对其使用求异法推出 A 和 a 之间的因果关系。我们通常把两求同一求异称为求同求异并用法的三个步骤。

求同求异并用法在推理过程中虽然既使用了求同法，又使用了求异法，但它和求同求异相继应用的方法是不相同的。求同求异相继应用是在对正事例组使用求同法的基础上，由去掉正事例组中每一个场合中那个相同的先行情况 A 所构成的那些相应场合，组成负事例组，在形式上表现为

场合　　　　先行情况　　　　被研究现象

| | | |
|---|---|---|
| 1. | A、B、C、D …… | a |
| 2. | A、D、F、G …… | a |
| 3. | A、C、H、K …… | a |
| …… | A…… | a |
| (1) | /、B、C、D …… | / |
| (2) | /、D、F、G …… | / |
| (3) | /、C、H、k …… | / |
| …… | /…… | / |

A 是 a 的原因。

从上面的形式表达中可以看出,形式上求同求异相继应用法的负事例组和并用法的负事例组是有差别的。相继应用法的负事例组中的每一个场合,都是在其正事例组中的相应场合中去掉那个相同的先行情况,而其他的先行情况保持不变来构成的;并用法则不然,负事例组的每一个场合除开没有那个相同的先行情况外,其他的先行情况可以是任意的。由此可见,相继应用法的特点严格地说是先求同再求异,即在正事例组中求同,然后对正事例组的每一个场合使用求异法,后一步骤可以说实际上是对前一步骤的验证。正因为如此,求同求异并用法才被称为一种独立的方法。

与求同法和求异法等相比,求同求异并用法的优点在于:它同时兼有求同法和求异法的优点,但由于在求同求异的过程中它涉及的范围更大,反映的实际情况更为客观,因此,它的结论应当说更为可靠。

尽管求同求异并用法的结论更为可靠,但它依然是一种或然性推理。因为人们在求同求异的过程中不能绝对地避免错误。这就要求我们在运用求同求异并用法时,注意方法的各个环节,主要表现在以下两个方面:

一是在正事例组中,要求包含的场合应尽可能地多一些,涉及的范围尽可能地宽一些,以尽可能地排除偶然的因素。当然,即便是出现了个别的偶然现象,也不能简单地放弃,而应当对此进行认真的分析,从而在条件上对被研究现象的出现做出较为准确的限制。

二是在负事例组的各个场合中,先行情况除开那个在正事例组中相同的 A 外,其他的先行情况,应尽量选择与正事例组中各相应场合较为相似甚至相同的先行情况,通过这样的比较,更有利于说明先行情况 A 的决定作用,结论的可靠性程度也才能更高。

## 四、共变法

探求因果联系的另外一种重要方法是共变法。它的基本内容是:如果在被研究现象 a 发生某种程度的变化的各个场合中,只有一个先行情况有量的变化,而其他先行情况都不变,那么可以断定,这唯一发生变化的先行情况与 a 有因果联系。

共变法的理论依据是存在于因果之间的量也是建立在相互制约的基础之上的。量是人们认识世界的一个重要的范畴,因此,共变法为人们在科学研究中去寻找因果联系具有重要的意义和广泛的应用价值。例如,某农科所曾做过这样一个实验:把一片条件相同的农田分为三块,然后栽植同样的水稻,以后的各种管理,除开在施用氮肥的数量上有区别外,其余的都相同。结果,在水稻收获以后的统计中发现:按每亩施氮肥5公斤的,亩产水稻600公斤;按每亩施氮肥6公斤的,亩产水稻700公斤;按每亩施氮肥7公斤的,亩产水稻800公斤。于是,该农科所得出结论:多施氮肥可以提高水稻的产量。

共变法在结构上可以用下面的形式来表示:

| 场合 | 先行情况 | 被研究现象 |
| --- | --- | --- |
| 1. | A、B、C、D…… | a |
| 2. | $A_1$、B、C、D…… | $a_1$ |
| 3. | $A_2$、B、C、D…… | $a_2$ |
| 4. | $A_3$、B、C、D…… | $a_3$ |
| … | $A_n$…… | $a_n$ |

A 是 a 的原因。

质变和量变是人们认识客观事物的一对重要的范畴,共变法是从量的角度去观察认识事物的,人们确信,任何事物之所以会出现量变,必然是其原因发生了量的变化。

共变法的这一特点,决定了共变法仍然是一种或然性推理,因为在人们观察、认识事物的过程中难免会有失误的出现。例如,人们在长期观察雷鸣和闪电的过程中,总是发现闪电在先,雷鸣在后,并且,闪电越强,雷鸣越响,于是认为闪电是雷鸣的原因,这当然是错误的。其实雷鸣和闪电都是积雨云层摩擦相撞的结果。

为了提高共变法的结论的可靠性程度,在运用该法的过程中应当注意以下事项:首先,与被研究对象 a 发生共变的先行情况只能是唯一的。在每次运用时,都应当认真地检查其他的先行情况是否有可能引起 a 的变化,而集中检查一个能引起 a 变化的先行情况,才能准确地说明该现象是如何导致 a 的变化的。其次,应当注意共变关系的一些性质。例如,共变一般来说都不会是无限制的,因此应当注意共变的极限位置;同时,共变在方向上也可能有两种趋势,即同向共变和反向共变。特别是在某个方向上的共变达到极限位置时,就可能转变为反向的共变。并且,在共变的过程中,有的共变是单向的,但有的共变却可能是双向的。要准确地探求因果联系,共变联系的这些性质都是我们应当把握的。

## 五、剩余法

剩余法是利用排除的方法,去确定被研究现象的某一构成因素的原因。在人们认识事物的过程中,如果已知被研究现象是由多个因素构成的,并且也知道引起被研究现象的原因也是多个因素构成的,那么,如果已确认原因中的部分构成因素是结果中部分构成因素的原因,则可以推断,原因中剩余的构成因素是结果中剩余的构成因素的原因。例如,在海王星还没有被发现的时候,天文学家发现天王星的实际运行轨道同人们所计算出来的轨道在四个点上发生有偏差。科学家依据已知的天文事实,确定了三个点上的偏差是由已知的三颗行星的引力造成的,于是推断第四点的偏差一定是由某颗尚未观察到的行星引起的。后来的科学家计算了能够引起这样的偏差的行星所应该在的位置。1846年9月23日,德国柏林天文台在与计算结果相差不到1度的地方发现了一颗新的行星,即今天的海王星。

在结构上,剩余法可以用下面的形式来表示:

由因素 A、B、C、D 构成的先行情况与由因素 a、b、c、d 构成的被研究现象有因果联系,现已知:

A 是 a 的原因

B 是 b 的原因

C 是 c 的原因

所以,D 是 d 的原因。

剩余法是建立在利用余果求余因的基础之上的,因此,它只被用于研究复合现象之间的因果关系。并且,运用剩余法探求原因时,必须首先知道某一复合现象中部分现象的原因,因此,一般来说,在探求复合现象之间的因果联系时,一开始不能使用剩余法,它必须以使用其他的方法求出部分因果联系为前提条件。

剩余法同样是或然性推理方法,其结论对前提来说并不具有必然性。既然如此,为了提高其结论的可靠性程度,在运用剩余法时,下面的事项是应该注意的:

首先,应当准确地排除掉已确立了具有因果联系的部分。它包括,应用其他探求因果联系的方法准确地确定两复合情况中部分因素之间的因果联系。在确定排除之前的这一工作是非常复杂的。两复合情况中部分因素之间的因果联系是一一对应的,这固然十分理想。但因果联系的复杂性、方式的多样性并不保证如此理想的状态就一定是事实。但是,无论这些情况如何复杂,只要被排除的果和被留下的因之间、被留下的果和被排除的因之间没有因果关系,那么,排除工作就可以进行下去。

其次,是作为原因的复合现象的剩余因素,同作为结果的复合现象的剩余因素之间,可能仍然不是一因对一果的关系,即可能依然是复合的关系,这就需要我们具体问题做具体的分析。例如,居里夫妇在沥青铀矿中提炼出铀元素以后,发现残存的沥青铀矿中仍然有放射现象,而且在能量上比铀元素的放射性更强。由此,他们首先排除了铀是这些放射现象的原因,在其后的分析和实验中,在残存沥青铀矿中他们提炼出两种未曾发现的元素,即钋和镭。正是钋和镭这两种元素所放射的能量这一复合情况造成了残存的沥青铀矿有比铀元素更强的能量放射现象。

最后,如果被排除的果和被留下的因之间、被留下的果和被排除的因之间存在因果关系,那么表明此时不能用剩余法去探求因果联系。

以上,我们介绍了五种探求因果联系的方法。就人们认识客观世界的现有方法来说,这些方法都是基本的、初步的方法,因此,我们称它们是简单的逻辑学方法。客观事物之间的因果联系是错综复杂的,单纯地使用五法中的某一种,可能是不能解决问题的。这要求我们更多地把这五种方法尽可能地结合起来使用,以减少错误,提高结论真实可靠的程度。并且,虽然我们在讨论五法的过程中,力求抽象出每一种方法的形式,但严格地说,它们都不是现代逻辑学意义下的推理形式,它们是离不开知识的内容的。只有结合相关的知识,如观察、实验、比较、分析和综合等等,才能更好地运用这些形式,获取较为可靠的结论。

## 第五节　类比推理

类比推理通常简称为类比,是人们在思维实践中常常使用的一种推理方式。在传统逻辑中,所谓类比是根据两个或者两类思维对象在部分属性上的相同或者相似,从而推断它们在另外的某个属性上也相同或者相似的推理。

### 一、什么是类比推理

类比推理之所以是人们在思维实践中常常使用的一种推理方式,是因为客观事物之间本身就存在有相同或相似性。在客观现实中,事物的各种属性并不是孤立的,而是相互联系和相互制约的。因此,如果两个或者两类事物在一系列属性上是相同或者相似的,那么,它们在另外一些属性上也可能相同或者相似。客观事物之间在属性上的相互联系性和相互制约性,就是类比推理的客观基础。

例如,美国农业科学家曾经把中国浙江省的黄岩蜜橘引入美国加利福尼亚州种植,结果获得了成功。引入种植之前,科学家就有一个类比推理:加利福尼亚州在地形、水文地质、土壤、气候变化等方面都是同中国浙江省相同或者相近的,既然黄岩蜜橘能够在浙江生长、结果,那么它在美国的加利福尼亚州也能生长、结果。

类比推理在形式上一般可表示为:

对象 A 具有属性 a、b、c、d

对象 B 具有属性 a、b、c

其中,a、b、c 是同 a、b、c 相同或相似的属性,

所以,对象 B 具有属性 d(和对象 A 中的属性 d 相同或相似的属性)。

### 二、类比推理的特征及作用

(一)类比推理的特征

类比推理从思维的过程来说,是和演绎、归纳推理都不同的推理。从思维的过程来说,演绎推理是由一般性知识推出特殊性、个别性知识的推理,它的结论的真实性总是由前提所蕴涵;归纳推理却恰恰相反,它是由个别性、特殊性知识推出一般性知识的推理,由于结论所断定的知识范围总是大于前提所断定的知识范围,所以其结论对于前提来说只能是或然的。而类比推理则是由前提所断定的个别性、特殊知识,推出结论所断定的个别性、特殊性知识,因此,类比推理既不同于演绎又不同于归纳。

类比推理的依据是客观事物的属性之间的相互联系和相互制约。但由于这些联系和制约

本身的复杂性或人的认识能力的局限性，使得类比推理的结论对其前提来说不具有必然性，即它只能是一种或然性推理。例如，仅就人类现在的认识能力和对火星已知的信息来说，我们就不能因为地球和火星都是太阳的行星，地球和火星都有大气层，而由地球上有生命去断定火星上也有生命。

（二）类比推理的作用

类比推理是人们认识客观世界的一种非常重要的方法，一种带有创造性的思维方法。人们在进行开创性的研究工作时，常常在不同程度上使用它，科学上的许多重要的发现，也都是使用类比推理得到最初的结论的。它主要表现在以下四个方面：

首先，是类比推理的启发作用。例如，人类对动物的细胞核的发现。在施温和施列登分别发现了动物和植物的机体都是由细胞组成之后，施列登又在植物的细胞中发现了细胞核，并且研究了细胞核和细胞其他部分之间的关系。后来，施列登把自己的研究结果告诉了施温。施温由此想到：如果动物和植物机体的相似不仅仅是表面的而是实质的，那么，动物的细胞中也一定有细胞核。后来，他在显微镜的帮助下，果然观察到了动物细胞中的细胞核。本节开头的黄岩蜜橘的事例，美国农业科学家也是因为类比而受到启发的。

其次，是类比推理具有说明作用。在人类医学史上，手术既能拯救人们的生命，但也曾经给病人带来许许多多的痛苦。消毒外科学的发明人李斯特提出了无菌手术操作，结束了病人这一痛苦的历史。1864年，法国生物学家巴斯德在法国科学院用三个瓶子说明了无菌手术操作的原理。他取出的第一个封了口的瓶子，里面装有肉汤，瓶子清洁而明亮；第二个瓶子虽然装有同样的肉汤，但瓶口敞开；第三个瓶子是敞口曲颈瓶，曲颈细长下弯，装有仍然相同的肉汤。几天后，装在第一个和第三个瓶子里的汤都没有出现腐败的现象，而第二个瓶子里的汤却腐败了。巴斯德用实验清楚地表明，是空气中的微生物而不是空气自身引起了有机液体的腐败。同时也说明了是有菌手术中的细菌导致了病人伤口的发炎、化脓、发热等等。巴斯德所用的方法，就是类比推理说明的方法。

再次，是类比推理的模拟作用。类比推理的模拟作用广泛地应用在社会和自然科学的各个方面。航天事业中对人体失重的地面模拟，对未来战争的演习模拟，对某一科学实际状态的试验模拟，其基本的方法可以说主要是类比推理的方法。

最后，是类比推理在现代科学背景下所兴起的仿生作用。20世纪60年代以来，仿生学作为一门强劲的新兴科学，正极大地改变着人们认识、改造自然的手段，其重要原理即从动物的自然原型类推出人工模拟系统的属性，从而制造出如电子人（即机器人）、电脑、电子飞鸟、电子狗鼻等等，而这些尖端科学最初的最基本推理手段，还是类比推理。

### 三、如何提高类比推理结论的可靠性程度

类比推理既然是一种应用广泛的推理，但其结论对前提来说却又只能是或然的，那么，在运用中就有一个如何提高其结论的可靠性程度的问题。传统逻辑认为，基于类比推理的理论依据，即客观事物之间在属性上的相互联系性和相互制约性，要提高其结论的可靠性程度，就

要在这些相互联系和相互制约的属性上下功夫,主要表现在:

一是在前提中,要尽可能多地确认对象之间的共有属性,共有属性越多,结论的可靠性程度就越高。这是因为,事物都是通过属性来反映的,两个事物之间的相同属性越多,就说明它们在自然领域的属种系统中的地位越是接近,其结论的可靠性程度就越高。在医药品的临床应用之前,尽可能地找同人类亲缘关系较近的高等动物来进行实验,就是这个道理。

二是两个或者两类对象之间相同或者相似的属性,应当尽可能的是事物本身的特有甚至本质属性。因为特有或者本质属性是事物之间的区别或者规定性。特有或者本质属性越是相近的事物,在自然领域的属种系统中的地位也就越是接近,而结论的可靠性程度也就越高。如上述黄岩蜜橘的例子,地形、水文地质、土壤、气候变化等等都是黄岩蜜橘产地的必要条件,是黄岩蜜橘产地应具备性质中的特有或本质属性,两者的相同或者相似使得加州的自然环境和浙江的自然环境一样,同属于能使黄岩蜜橘生长的自然环境,由此推出的结论,其可靠性程度当然是很高的。

三是在前提中两个或者两类对象之间相同或者相似的属性,同结论中推出的 B 所应该具有的属性 d 之间的关系,越是具有内在联系,则推出的结论越是可靠。属性和属性之间是有着千丝万缕的联系的。如果前提中相同或者相似的属性,对 A 事物来说,它们是属性 d 的规定性,那么对 B 事物来说,相应的相同或者相似的属性,成为属性 d 的规定性的可靠性程度也就非常高。还是以黄岩蜜橘为例,这一点可以说是非常明显的。

最后,由于类比推理的或然性,因此,在推理的过程中,注意寻找结论的反例永远是提高结论可靠性的有效手段。

在应用类比推理的过程中,如果忽略了上述注意点,就可能犯机械类比的逻辑错误。类比推理的特征是对"相似性"的寻找,它的作用在于激发人们举一反三,触类旁通,从而获得创造的灵感。

## 》 本章小结

我们介绍了传统归纳逻辑的核心内容,也就是在传统逻辑中占有重要地位,在实践中应用广泛的归纳推理或类比推理。穆勒五法是五种探求因果联系的方法,即求同法、求异法、求同求异并用法、共变法和剩余法。类比推理是根据两个或两类实物在某些属性上相同,推断它们在另外的属性上也相同的一种推理。在现代逻辑里,这部分内容被进一步形式化,发展为现代归纳逻辑或概率逻辑。其基本特点是运用数理逻辑和概率统计理论,对归纳逻辑、归纳方法等进行形式化的研究。这一趋势始于 20 世纪 20 年代,到 50 年代末由卡尔纳普所发表的一系列专著《概率的两种概念》、《概率的逻辑基础》和《归纳方法的连续统》等,奠定了现代归纳逻辑的基础。现代归纳逻辑对归纳逻辑、对归纳方法乃至于对科学方法论和科学哲学的研究都产生了显著的影响。

## 思考题

一、什么是非演绎推理？同演绎推理比较，有哪些主要的差别？

二、简单枚举法和科学归纳法的区别与联系各是什么？

三、探求因果联系的理论根据是什么？求因果五法是哪五法？各种方法的特点是什么？

## 练习题

### 一、填空题

1. 归纳推理的前提是_____性知识，而结论是_____性知识。

2. 依据前提中是否考察了一类对象的全部，归纳推理可分_____和_____两种。

3. 运用求同求异并用法的三个步骤是_____、_____和_____。

4. 使类比推理结论可靠性程度提高的注意点包括_____、_____、_____和_____。

5. 求异法的特点是_____，运用求异法要求在前提出现的两个场合中，只有一个先行情况是_____。

6. 应当说，简单枚举法得出结论的最主要根据是_____。

### 二、单项选择题

1. 类比推理和不完全归纳推理的区别之一是（　　）

   A. 思维的方向不同　　　　　　　　B. 推理的有效性不同

   C. 结论的性质不同　　　　　　　　D. 前提与结论之间的联系性质不同

2. 运用简单枚举归纳推理容易犯的错误是（　　）

   A. 机械类比　　　　　　　　　　　B. 以偏概全

   C. 以相对为绝对　　　　　　　　　D. 预期效应

3. 求同法的特点是（　　）

   A. 同中求异　　　　　　　　　　　B. 异中求同

   C. 由余果求余因　　　　　　　　　D. 找因果在量上的共变关系

4. "科技工作者把一些正在生蛋的母鸡随机地分为两组，每组供给的饲料数量、质量、次数以及普通饮用水都相同，而不同的是，其中一组加喂了雪水。三个月后，加用雪水的一组母鸡比另一组母鸡产蛋量要多一倍。因此，用雪水喂鸡，可以提高鸡的产卵量。"对上述因果联系的判明使用的是（　　）

   A. 求同法　　　　B. 求异法　　　　C. 求同求异并用法　　　　D. 共变法

5. "地球磁场发生磁暴的周期性和太阳黑子变化的周期性常常是一致的。随着太阳上黑子数目的增加，地球磁场磁暴的强烈程度也增加，当太阳上黑子数目减少时，地球磁场磁暴的强烈程度也减小。可见，太阳黑子的出现，是地球磁场发生磁暴的原因。"对上述因果联系的判

明使用的是（　　）

　　A.求同法　　　　B.求异法　　　　C.求同求异并用法　　　　D.共变法

6."棉花能保温,积雪也能保温。棉花是植物纤维,而雪是由水结冻所成的。虽然两者很不相同,但它们都是疏松多孔的。所以,疏松多孔的东西能够有保温作用。"对上述因果联系的判明使用的是（　　）

　　A.求同法　　　　B.求异法　　　　C.剩余法　　　　D.共变法

7."用柑橘皮榨油制成的洗手剂洒在蚁群上,蚂蚁就很快被杀死。把一个捣碎了的柑橘投入一只放有苍蝇的笼中,苍蝇就很快出现病状,并且两小时后全部死亡。用混有柑橘皮油的水给猫洗澡,猫身上的跳蚤能全部被杀死。可见,柑橘皮油有明显的杀虫效果。"对上述因果联系的判明使用的是（　　）

　　A.求同法　　　　B.求异法　　　　C.求同求异并用法　　　　D.共变法

### 三、应用分析题

1.指出下列推理各是何种推理（演绎、归纳还是类比）？为什么？

（1）用于制造半导体材料的金属都是高纯金属,所以,用于制造半导体材料的锗也是高纯金属。

（2）用于制造半导体材料的金属,如锗、铟、镓等等是高纯金属,所以,用于制造半导体材料的金属都是高纯金属。

（3）用于制造半导体材料的锗是高纯金属,用于制造半导体材料的铟是高纯金属,用于制造半导体材料的镓是高纯金属,所以,用于制造半导体材料的锗、铟、镓都是高纯金属。

2.以下列事实材料为前提进行推理,可以推出什么结论？运用了哪种推理形式？

（1）牵牛花是在黎明四时左右开花,野蔷薇是在黎明五时左右开花,龙葵花是在清晨六时左右开花,芍药花是在清晨七时左右开花,鹅掌花是在中午十二点左右开花,万寿菊是在下午三时左右开花。

（2）硝酸钠能溶解于水,硝酸钾能溶解于水,硝酸钙能溶解于水,硝酸铵能溶解于水,硝酸钠、硝酸钾、硝酸钙、硝酸铵是硝石的全部。

3.下列各题运用了哪种探求因果联系的逻辑方法？用该种方法的逻辑形式对该题进行整理。

（1）把新鲜的植物叶子浸泡在有水的容器里,并使叶子照到阳光,就会有气泡从叶子表面逸出;若叶子照到阳光逐渐减少,则气泡从叶子表面逸出的数量也逐渐减少;若不使叶子照到阳光,那么气泡的产生就完全停止。所以,阳光的照射是水中叶子产生气泡的原因。

（2）从前,在洛阳的某寺庙里,有个和尚房中的磬,每天会自己响起来。和尚以为是妖魔鬼怪,吓得生了病。和尚有位朋友,是个音乐家,听说了此事,便去探望和尚。在寺庙里,这位音乐家处处留心观看。当寺庙里开饭时,撞响了大钟,音乐家发现,大钟一响,屋里的磬也就应声而响起来。音乐家恍然大悟,他找来一把铁锉,把磬锉了几处,以后磬就不再自己响了。因此,磬上那几个点,是磬自己发响的原因。

# 第十章 逻辑思维的基本规律

传统逻辑学强调:人们在运用逻辑形式的过程中,只有遵守了相应的逻辑规则,才能获得正确的认识。并且传统逻辑把那些在逻辑形式的运用中具有最为广泛的制约作用的规则称为形式逻辑的基本规律。

然而,虽然形式逻辑的基本规律是存在于人们的思维过程中,并最终制约着人们逻辑思维的规律,但它同事物的客观规律毕竟是有差别的。说本质上总是同一的,原因在于:(1)逻辑形式的基本规律只是在人的思维表述中形成并发挥作用的规律,而人的思维毕竟是人脑这种高度完善的物质的产物。所以,形式逻辑的基本规律是客观自然界的产物。(2)同客观事物的规律本质上是一致的,形式逻辑基本规律的内容作为观念的东西不过是移入人脑并在人脑中改造过的物质的东西。这些作为观念而被定格的东西来源于客观事物原本的规律,来源于反映者与被反映者在基本内容上的一致。(3)形式逻辑的基本规律与事物规律的同一还表现在:形式逻辑的基本规律总是反映和表现着客观事物的某一方面的某种本质联系或必然性。因此归根到底总是客观事物的一定规律的反映,所以形式逻辑的基本规律虽然只能存在并起作用于人们的思维表述过程之中,但同客观事物的规律一样,也是具有不以人的意志为转移的客观必然性。思维的表述一旦违反了这些规律的要求,正确思维所必须具备的确定性、不矛盾性、明确性就会被破坏,人们对客观事物的认识、交流等等就会发生混乱,思维也就不可能正确反映客观事物及其规律。

虽然说形式逻辑的基本规律同客观事物的规律本质上总是同一的,但两者的确又是有区别的,这主要表现为:(1)形式逻辑的基本规律和客观事物的规律发生作用的领域是不相同的。前者仅涉及人们的思维领域,在该领域中,它通过思维的逻辑形式如词项、命题、推论等形式而发生作用;而客观事物的规律则不然,它存在并作用于自然界包括人类社会之中。是通过客观事物自身的运动、变化和发展来表现的。(2)形式逻辑的基本规律同客观事物的规律起作用的方式也有所不同,前者是人们对自身思维实践的一种自觉,人们可以从自身的思维实践出发去总结它、规范它并且自觉地去应用它。后者则不然,客观事物本身无所谓自觉与否的问题。客观事物的规律总是以某种外部必然性的方式,它依赖于人们去总结但并不以人们的意志为转移。(3)形式逻辑的基本规律是表述思维的规律,它有正确与错误之分。但是客观事物本身无所谓对错,其规律本身也无所谓正确与错误。任何事物都依照自身的规律发展、变化,即使事物本身出现了反常的现象,也能够依照其本身的规律予以解释或说明。

任何客观事物总是发展变化的,但在一定的时间和空间内,客观事物又具有相对的稳定性。它体现了规律本身的客观性、必然性,是不以人们的意志为转移的,不管人们愿意不愿意,在人们进行思维的过程中,它总在起规范作用,为人们确定地正确认识事物提供了可能。因此,逻辑学的基本规律就是客观事物质的稳定性在人们头脑中的反映,是人们运用概念、做出判断、进行推理和论证时所必须遵守的最起码的思维准则。它包括同一律、矛盾律、排中律。

# 第一节 同一律

本节介绍同一律的内容、违反这一逻辑规律产生的逻辑错误以及同一律的作用等内容。

## 一、同一律的内容和要求

既然任何客观事物在一定的时间和空间内总是具有相对的稳定性,那么反映在思维认识中,在同一个推理、论证过程中,每一个概念或判断必须保持自身同一。是什么就是什么。这就是同一律的基本内容,其逻辑表达式为:

A 是 A 或 A→A

对同一律的内容我们可以进一步将之具体地表述为:在表述思想的任一同一思维过程中,凡涉及使用的逻辑形式都要求:同一个词项应该在此思维过程中前后一致地保持着同样的内涵,指称着相同的外延;而同一个命题则在此思维过程中,要求前后一致地表述相同的陈述内容,并前后一致地保持相同的断定。对同一律内容的具体表述,表明了遵守同一律的两个基本要求:(1)对任何一个具体的思维表述来说,我们所使用的每一个词项其内涵和外延都应当是确定的。(2)对任何一个具体的思维表述来说,我们所使用的每一个命题其表达的含义和被断定的真值是确定的,遵守同一律的逻辑要求是思维得以正确表达的必要条件之一。只有在同一思维过程中,我们所使用的词项保持了内涵和外延的确定性,才能清楚地表明我们所论及的对象;也只有在同一思维过程中,我们所使用的命题保持了含义和真假上的确定性,才能有效地进行推论。如果在这样的思维表达过程中,词项的内涵是不定的,词项的指称是游移的,命题的真假是前后不一致的,就会引起思维上的混乱,产生表述不清、论证无效等逻辑方面的错误。

## 二、违反同一律要求产生的逻辑错误

违反同一律的要求,就会产生逻辑错误。从形式方面看,这样的逻辑错误主要是两个方面的。但若考虑犯错误者的动机,则这两方面的错误就有四种表现方式。下面,我们主要分析形式方面的两种错误。

(一)混淆词项的逻辑错误

混淆词项是指在同一思维过程中,不加说明地用一个使用过的词项,去表达新的含义,指称新的对象时所犯的逻辑错误。这个错误产生的根本原因就在于语词在表达含义、指称对象时的多义性。由于语言使用的灵活性和习惯性,同一语词通常能表达多种不同的含义,指称多种不同的对象,从而出现语词相同但表达的词项不同的现象,这就为混淆词项的逻辑错误提供了产生的可能。

我们每个成年人都有一张第二代身份证,但就是这张小小的身份证,其印有照片的一面有"公民身份"字样,而另一面则印有"居民身份证"五个大字。我们究竟是"公民"还是"居民"?因为这是两个内涵完全不同的法律概念。又有语言学专家指出:"公民身份号码"表达不妥,因为"身份"不具有数字性,只有"居民身份证"才能被编成一个个号码;用"出生"来指某年某月某日不规范,因为"出生"包含了出生地与出生日等要素,若要指具体的生日就只能是"出生日";"有效期限"标注为从某年某月某日到"长期"语义模糊,"长期"是一个过程,不是临界点,没有"到长期"一说。

又如,法国有位外交家在1997年评论法国的一次核试验时说:"我不想使用炸弹这个词。它不是炸弹,它只是某个爆炸设备。"真是诡辩得可以。

偷换概念是指在同一推理、论证过程中,有意把本来不同的概念混同起来,故意制造概念混乱。

2009年9月,教育部某副部长说:"自2004年以来,中国高校按科技论文排序,科研能力一直排在世界第五位。"虽然论文数量与科研能力具有相关性,但二者并不直接等同,这是偷换概念的文字游戏。

又如,在《韩非子》中有这样一则故事:郑县有一位姓卜的,他常常在外鬼混。有一天,他的裤子被弄出了一个洞,于是,他买了新布,回家后让妻子为他做一条新的裤子。妻子问他如何做,他回答说"照原样"。于是他妻子把裤子照原来的样式做好后,照样在裤子原来的地方剪了一个同样的洞。这当然是一个笑话,但从逻辑的角度来说,无论他的妻子是有意还是无意,她都违反了同一律。"原样"在其丈夫的含义是指原来样式的、尺寸的裤子而绝不是带有那个破洞的原样。

在使用语词表达词项、指称对象时,如果是无意地违反了同一律的要求,则所犯的错误就称为"混淆词项"或者"混淆概念";如果是故意违反同一律要求,以达到某种不正当的目的,就称为"偷换词项"或者"偷换概念"。

(二)混淆论题的逻辑错误

混淆论题是指在同一推理、论证过程中,由于认识不清,把有某些联系或有某些表面相似之处的不同判断,当作相同的判断,使本来应该得到证明的论题得不到证明。

前几年曾被诸媒体盛辩一时的"能不能撞了白撞",实际上是将一个没有确定性的情绪化判断与严格的法律用语相混淆了。怒斥"撞人有理"的人显然是把"撞了人是否有责任"混淆为"撞人是否有理"了。"撞人"显然有故意成分在内,这种虚假预设在逻辑上也是无论如何说不过去的。

而在2008年9月,美国民主、共和两党总统候选人奥巴马与麦凯恩的首场电视辩论,设定的中心问题本来是外交政策与国家安全,但在前30分钟的辩论中,他俩的所有话题都火药味十足地集中在经济问题上。主持人多次试图想把他俩引回原话题,但都没有成功。

相同的例证还有,在一次辩论赛上,辩论的主题是:留学生回国是社会问题还是个人问题。但在辩论赛的进行过程中,这个论题却被双方混淆为"社会问题"是个中性词还是贬义词了。尽管双方仍在引经据典地论证,但都忘掉了本来打算要干什么。

偷换论题又叫作转移论题,它是指在同一推理、论证过程中,故意用一个完全不同的判断去替换原来的判断,使应该得到证明的判断得不到证明。

### 三、同一律的作用

同一律从形式上说,只是逻辑形式表述思维时应当遵守的规律。只有遵守同一律的要求,才能使思维在表述上具有确定性。因此可以说,遵守同一律是人们正确认识事物的必要条件,它要求我们在表述思维的同一过程中,任何一个词项都要前后一致地保持含义即内涵的相同,并且使指称对象即外延也相同。否则,我们在词项的理解上就要发生混乱。任何一个命题都要前后一致地保持意义即内容上的相同和在真假断定上的相同,否则,我们在命题的理解上就要发生混乱。词项或命题在理解上的混乱,都将导致思维本身的混乱,从而不可能去正确地进行思维,以此真实地认识客观世界。不能准确无误地去表达、交流思想,也就不可能在思想交流的过程中及时地发现、揭露和反驳谬论或诡辩。

说遵守同一律是正确地表达思维的必要条件,还强调着同一律只是在人们运用逻辑形式的过程中起作用的规律,它作用的对象仅仅是人们所使用的逻辑形式,是运用逻辑形式的规律,这显然有别于我们常说的客观世界本身的规律。因此不能把人们对事物的不同观点、不同理解,以及运用词项表示发展并丰富起来的概念、运用命题对同一事物从不同的角度所陈述的不同观点等等都看成是对同一律要求的违反。这也就是说,不能把同一律和形而上学的世界观一概而论。同一律既不否定客观世界本身的运动性、发展性、丰富多彩性,也不排斥人们在认识客观世界时所持有的辩证唯物主义观点。

## 第二节 矛盾律

本节介绍矛盾律的内容、违反这一逻辑规律产生的逻辑错误以及矛盾律的作用等内容。

### 一、矛盾律的内容和要求

矛盾律也称为不矛盾,它是关于在运用逻辑形式表达思维时应当具有前后一致无矛盾性的规律。传统逻辑学认为,矛盾律的内容是:在同一思维过程中不能对同一思维对象做出相互否定的断定。传统逻辑所强调的,是在思维的同一过程中,如在同一时间、同一场合、处于同一关系等条件下,对于思维中的同一对象,我们不能既肯定它是什么的同时又否定它是什么。

在同一个推理论证过程中,互相否定的判断不可能都是真的,其中必有一个是假的。不能是什么又不是什么。这就是矛盾律的基本内容。

客观事物在确定的时空条件下,其确定的属性不可能同时存在又不存在,因此,作为思维反映的相互否定的判断也就不能同时成立。基于此,矛盾律是同一律的进一步展开和反面论证,仍然是对客观事物在一定时空条件下质的确定性的反映,只不过是从反面地反映,体现了同一律关于保持思想确定性的要求。

在传统逻辑中,矛盾律被表示为"A 不是非 A",而在现代逻辑中矛盾律作为一般的重言式,被表示为"¬（p∧¬p）"。这里要注意的是,无论是现代逻辑还是传统逻辑,该公式表达的矛盾律涉及的显然都只是矛盾关系,不管这样的关系是表现在词项之间还是命题之间,这显然是不全面的。

思维是离不开语言为之表述的,因此,从语言的角度我们可以把矛盾律具体地叙述为:在同一时间、同一场合、同一关系等条件下,在表述思维的内容时,我们不能用两个具有全异关系的词项去描述同一对象,或者说,对同一事物,我们不能用具有矛盾或反对关系的两个命题去同时加以陈述。这表明,矛盾律的最终作用对象就是思维的命题表述形式。矛盾律在同一思维过程中给我们处理命题的形式要求就是:对具有矛盾关系或反对关系的命题,不应该肯定它们都是真的,否则在思维中就会出现逻辑矛盾。

## 二、违反矛盾律要求产生的逻辑错误

逻辑矛盾是在同一思维过程中对同一对象做出互相否定的表述时所产生的逻辑错误。如上所述,互相否定的表述形式可分为相互矛盾的命题和相互反对的命题,因此违反矛盾律的逻辑错误尽管我们都把它称为"自相矛盾",但在应用时则应分为两种情况去处理。

首先,是在同一思维过程中对一对矛盾命题的表述同时予以肯定或者否定而产生的逻辑错误。矛盾命题在真或者假上总是不相容的,我们既不能同时断定它们都真,也不能同时断定它们都假。不妨以命题形式 p → q 和 ¬(p → q) 为例,它们的真值表分别是:

| p → q | ¬(p → q) |
|---|---|
| T T T | F T T T |
| T F F | T T F F |
| F T T | F F T T |
| F T F | F F T F |

显然,在对命题形式赋值的同一过程中,p → q 和 ¬(p → q) 的真值在任何条件下都是既不同真也不同假的。它表明,只要我们肯定 p → q 就要否定 ¬(p → q),而否定 p → q 就要肯定 ¬(p → q),反之亦然。在传统逻辑中,把违反矛盾律的要求,即在同一思维过程中同时肯定或否定一对矛盾关系的命题所产生的错误称为"自相矛盾"。韩非子在《韩非子·难一》中所讲的一个寓言故事,最为生动地反映了自相矛盾的这种错误。该故事描写了一个既卖矛又卖盾的楚国人,他吹嘘自己的矛是世界上最为锋利的,以至于"任何东西都能被它扎透";而他又炫耀自己的盾,是世界上最为坚固的,是"没有任何东西能扎透它的"。旁边有好事者问他:若以

你的矛扎你的盾,其结果又如何呢?"这个卖矛又卖盾的楚国人只好张口结舌,无以为答了。其之所以不能对答,就在于他在宣传自己的矛与盾的过程中所陈述的两个命题"任何东西都能被它扎透"和"没有任何东西能扎透它的",它们构成了一对逻辑矛盾,因而犯了"自相矛盾"的逻辑错误。

例如,19世纪的德国哲学家杜林曾提出一个关于概括世界的定数律:"可以计算的无限序列"。如果是"可以计算的",就不能是"无限序列";如果是"无限序列",就不能是"可以计算的"。因此,这个概念是一个自相矛盾的概念。所以恩格斯批评说:"杜林的囊括世界的定数律是一个形容语的矛盾,它本身就包含着矛盾,而且是荒唐的矛盾。"

其次,违反矛盾律,是在同一思维过程中对一对表述反对关系的命题同时予以肯定而产生的逻辑错误。把在同一思维过程中对一对表述为反对关系的命题同时予以肯定依旧归结为"自相矛盾",是符合矛盾律的要求的,因为具有反对关系的一对命题本质上是相互否定的,在同一思维过程中对它们都肯定显然是错误的。但是,矛盾律对具有矛盾关系和反对关系的命题在如何制约上是有区别的。对矛盾关系的命题来说,矛盾律肯定其一真一假,当其中一个命题为真时,另一个命题则必然是假的,反之亦然;而对具有反对关系的命题来说,矛盾律尽管可以由其中一个命题的真肯定另一个命题的假,但反之却不成立,因为具有反对关系的命题是可以同假的。我们以命题形式 p∧q 与 p∧¬q 的真值表来比较说明:

| p∧q | p∧¬q |
|---|---|
| T T T | T F F T |
| T F F | T T T F |
| F F T | F F F T |
| F F F | F F T F |

从上述真值表的第二、五两列可以看出,虽然 p∧q 取真时 p∧¬q 必然取假,p∧¬q 取真时 p∧q 必然为假,但当 p∧q 取假时,p∧¬q 是可以同时为假的,反之也一样。这表明,当矛盾律作用的对象是具有反对关系的一对命题时,我们不能由其中的一个命题假去推断另一个命题真。

### 三、矛盾律的作用

遵守矛盾律的要求,是思维得以正确表达的必要条件。换言之,只有遵守了矛盾律的要求,思维在由逻辑形式的表述过程中才能首尾一贯,前后一致,表达准确。而违反矛盾律的要求,在思维的表达上必然是相互矛盾的,因此,最终导致思维也是混乱的。例如,如果我们在同一时间去既肯定命题"我们班的同学现都在军训",又肯定命题"我们班第一小组的同学现正在上心理学课",这就违反了矛盾律的要求,在命题的表述上是自相矛盾的。但如果我们同时肯定"我们班有的同学是党员"和"我们班有的同学是非党员",尽管此时的谓项是一对具有矛盾关系的词项,但两个命题既无矛盾关系又无反对关系,因此并不违反矛盾律的要求。矛盾律也是我们进行反驳的一个重要理论依据,人们在反驳一个假命题时,常常是间接地去证明这个假命题的矛盾命题或反对命题为真,从而根据矛盾律去说明原命题的假。而在确立某个命题的真时,也可以去证明该命题的矛盾命题的假,从而根据矛盾律去说明原命题的真,但此时应当注意的是,所涉及的两个命题现在必须是矛盾关系而不是反对关系。

《晏子春秋杂下》载:"晏子至,楚王赐晏子酒。酒酣,吏二缚一人诣王。王曰:'缚者曷为者也?'对曰:'齐人也,坐盗。'王视晏子曰:'齐人固善盗乎?'晏子避席曰:'婴闻之,橘生淮南则为橘,生于淮北则为枳。叶徒相似,其实味不同。所以然者何?水土异也。'"这个寓言说理故事所表明的是同一样东西,在不同的条件下可能发生质的变化。

应该说,矛盾律的作用在于排除同一个推理论证过程中的逻辑矛盾,保证推理论证的首尾一贯性。从人际沟通角度讲,矛盾律就是反驳过程中发现并揭露对方的矛盾,从而驳倒对方。这在中国先秦时代诸子百家的各种论辩中尤其明显。但是,矛盾律也只要求在同一时间、同一关系下对同一对象不能做出两个自相矛盾的断定。因此,矛盾律排除的只是同一个推理论证中的逻辑矛盾。如果不是同一个推理论证过程,或者给不同的对象做出不同的判断,就不构成逻辑矛盾。因此,矛盾律不是绝对的、无条件的,是相对的、有条件的。

## 第三节  排中律

本节介绍排中律的内容、违反这一逻辑规律产生的逻辑错误以及排中律的作用等内容。

### 一、排中律的内容和要求

排中律要求在同一个推理论证过程中,两个互相否定的判断,不可能都是假的,其中必有一个是真的。其逻辑表达式为:A 或者非 A 或 $A \vee \neg A$。

排中律是对客观事物区别性的反映。客观事物在确定的时间、条件下,是什么和不是什么,也总是确定的。人们对它究竟是什么和不是什么,必须有所断定。否则,这个事物究竟是什么就将永远无法知道。排中律的逻辑特征在于它排除了 A 或者非 A 之外的中间可能性。例如,我们把一枚硬币抛上去,当它掉下来的时候,肯定是或者这面朝上,或若那面朝上。它没有立在地上的特异功能。

排中律是矛盾律的进一步延伸。它要求人们在是非面前,对问题要做明确的回答,以消除人们判断中的模糊性。李白有诗:

庄周梦蝴蝶,蝴蝶为庄周。

一体更变易,万事良悠悠。

这当然也是一种追求"物化"的认识境界。但在现实生活中,我们并不总是浪漫主义诗人,对于一个事物是什么和不是什么,我们还是应该明确的。

注意到排中律的内容中的条件"对于同一事物的两个相互矛盾的论断"与矛盾律中"对于同一事物的两个相互否定的论断"的不同点。可见,一般来说,排中律所适用的命题是具有矛盾关系的命题。于是,我们将排中律可具体描述为:在同一思维过程中,陈述同一对象的两个相互矛盾的命题,不能都假,或者必有一真。这个具体的描述,也可称之为排中律的逻辑要求。虽然排中律涉及的命题一般指具有矛盾关系的命题,但也不排除特殊情况。事实上,既然排中律所适用对象是矛盾的命题,而矛盾命题的特点是不同真也不同假,因此,利用矛盾命题既可由假推真,也可由真推假这一推断上的必然性,对传统逻辑中具有下反对关系的特称命题,也可以限制在以假推真上以适用于排中律,我们可以把排中律的这一应用称为排中律的弱应用。

## 二、违反排中律的逻辑错误

在同一思维过程中,如果对两个互为矛盾的命题,或者两个具有下反对关系的命题,既不肯定这个,又不肯定那个就是违反了排中律的要求。违反排中律的要求而产生的逻辑错误,称为"模棱两可"或"模棱两不可"。

"模棱两可"一词来自唐代武则天时期的宰相苏味道。他对问题的正反两方面意见,从来都是不表示任何明确的态度。他曾对别人说:"处事不欲决断明白,若有错误,必贻咎谴。但模棱以持两端可矣。"为此,人们给他起了个外号叫"苏模棱"。实际上,模棱两可也就是模棱两不可。因为含含糊糊地"似乎此,似乎彼",也就等于含含糊糊地这样也不可以、那样也不可以的"非此非彼"了。仍然是对事物的情况判断无所断定。古代的"各打五十大板"就是这种糊涂事。如果有意为之,就是模棱两可的诡辩。

例如,2006年2月,对于日本《产经新闻》所披露的一个叫原博文的日本人被日本外务省诱骗,偷窃中国机密,败露后被抛弃,以及刑满回国后无人理睬的惊人内幕,记者采访了日本外务省对外事务新闻官。这位新闻官说,这是他自己的事,外务省不会对私人的事发表看法。当记者追问日本外务省是不是既不否认也不承认时,这位新闻官员回答说:"是。因为此事涉及国家情报。按照国际惯例,各国对情报方面的事一般不对媒体发表看法。我们什么都不说,因为不管有或者没有,没有必要证明是否属实。"这些外交辞令在装模作样之间,就是不肯做明确的回答。

又如,2005年面对美国在欧洲的"黑狱事件",美国官员态度暧昧,既不肯定,也不否定。如美国总统国家安全事务助理对记者说:"我们正在用一切必要的手段,保护我们的国家免受恐怖主义袭击。"白宫发言人说得更含糊:"总统最重要的责任就是保护美国公民。"

## 三、排中律的作用

前几年有位德国的失业者因向德国总理投掷了一个西红柿而被起诉。但如何判决却难住了法官。按德国法律,未成熟的绿色西红柿更容易激怒人,所以要比成熟的红色西红柿的处罚重。但这只西红柿是黄色的,它的颜色问题超出了"是非"选择,使法官左右为难。这就涉及排中律的作用及起作用的条件问题了。

排中律的作用是保证思维的明确性,排斥那些故弄玄虚为了模糊而模糊的诡辩。

例如,三个读书人赴京赶考,途中请一个算命先生算卦,看能否中第。算命先生没说话,只伸出一只手指。三人不解其意,想继续讨教,算命先生摇摇头:"天机不可泄露。"三人悻悻走后,算命先生的徒弟问"天机如何"?算命先生说:"如果将来考中一个,一只手指就表示考中一个;如果考中两个,一只手指就表示有一个考不中;如果考中三个,一只手指就表示一齐考中;如果一个也没考中,一只手指就表示一齐落榜了。"算命先生可谓天机算尽太聪明。

而现如今许多广告、说明书中的一些语言模糊性现象,其故意含糊其词,恐怕就不是在妙用模糊语言,而是构设广告陷阱了。因此,从排中律要求的角度看,妙用语言应该有个限度。

但对于抛掷硬币问题,尽管它没有立在地上的特异功能,但有人还是矫情,说这枚硬币掉下来时,正好插在一堆烂泥里,裁判怎么开球?因为它既不"或者是这样",也不"或者不是这样"。

这就是诡辩了。因为它将一般情况下的事物状态混淆于特殊情况下的事物状态,丧失了一般沟通交际语境中的确定性。但这个诡辩仍然提醒我们,事物的状态不会是一成不变的。比如,当我们将这枚硬币抛向太空后,情况将怎么样?

因此,排中律的作用也是有条件的。

(1)排中律并不否认客观事物在发展过程中有中间的过渡状态。它在事物情况只有两种可能——非此即彼的情况下才起作用。所谓"排中",就是排除了是非之间的"居中可能性"。

(2)排中律并不要求人们对任何存在矛盾观点的问题都做出明确表态。如对某些问题,人们尚未深入了解,对是非界限还不清楚,这时不表态是允许的。但只要表态,就应该有个明确的态度。至于那些实在不好表态的,排中律的作用也会立即让人们知道他确有难言之苦。

(3)关于复杂问语问题。所谓复杂问语,一般都隐含着一个对方没有承认或根本不接受的预设前提,对它的肯定回答与否定回答都将承认这个假设。

例如,古希腊有一个著名的提问:"你还打你的父亲吗?"该怎么回答?无论回答"是"或者"不是",都不是个好东西。

因此,对于复杂问语,排中律并不要求简单的"是"或"非"的回答,这并不违反排中律的要求。如果强制要求回答,反而要闹笑话。排中律的作用在于保证思维表述的明确性。只有遵守排中律的要求,才能正确地进行思维表述,才能正确地进行思维。因此,排中律是正确思维的必要条件。此外,排中律也是间接论证的逻辑依据,当我们难以从正面去证明某个命题时,常常可以通过证明该命题的矛盾命题或具有下反对关系的命题为假,从而由不能都假的特征推出原命题的真。

## 》本章小结

思维规律的内容体现了规律本身的客观性、必然性,它是不以人的意志为转移的,不管人们愿意不愿意,在人们进行思维的过程中,它总在起作用。而思维规律的逻辑要求,人们可以遵守它,也可以违反它。违反的结果就是犯逻辑错误。同一律的作用是保证在同一推理论证过程中概念、判断的自身同一,以保证推理论证的确定性。但同一律只是对客观事物在确定的时空下质的稳定性的一种反映,并不是支配外部客观世界的客观规律,因此它只在思维领域内起作用。而世界上唯一不变的法则是永远在变,因此,同一律只要求在同一个推理论证的过程中,在同一时间、同一关系下对同一对象(三同一)应该保持概念、判断的同一。如果脱离了这些条件,同一律就不起作用了。因此,同一律并不是绝对的、无条件的,而是相对的、有条件的。矛盾律的作用在于排除同一个推理论证过程中的逻辑矛盾,保证推理论证的首尾一贯性。从人际沟通角度讲,矛盾律就是在反驳过程中发现并揭露对方矛盾,从而驳倒对方。这在中国先秦时代诸子百家的各种论辩中尤其明显。但是,矛盾律也只要求在同一时间、同一关系下对同一对象不能做出两个自相矛盾的断定。因此,矛盾律排除的只是同一个推理论证中的逻辑矛盾。如果不是在同一个推理论证过程中,或者给不同的对象做出不同的判断,就不构成逻辑矛盾。因此,矛盾律不是绝对的、无条件的,也是相对的、有条件的。排中律并不否认客观事物在发展过程中有中间的过渡状态。所谓"排中",就是排除了是非之间的"居中可能性"。排中律并不要求人们对任何存在矛盾观点的问题都做出明确表态。如对某些问题,人们尚未深入了解,对是非界限还不清楚,这时不表态是允许的。但只要表态,就应该有个明确的态度。至于那些实在不好表态的,排中律也会立即让人们知道他确有难言之苦。

## 思考题

一、逻辑形式的基本规律有哪些?为什么称它们是基本的?它们与事物的客观规律有何联系与区别?

二、逻辑形式的基本规律与思维的基本规律的区别是什么?

三、为什么说逻辑形式的基本规律都只能是正确的思维表述的必要条件?

四、说说应用在自然语言中的同一律与排中律的联系和差别,并从现代逻辑的公式形式变换这一角度,看看这些差别是否继续存在?

## 练习题

### 一、填空题

1. 逻辑形式的基本规律有_____、_____或_____。它们分别是关于思维表述的_____、_____和_____的规律。

2. 同一思维过程对认识对象来说,包含的因素主要有_____、_____、_____、等等。

3. 同一律要求人们在使用词项时,必须保持词项_____和_____的_____;而在使用命题时,必须保持命题_____和_____上的_____。

4. 矛盾律的规范对象是具有____关系和____关系的命题,其特征是它们不可以同____;排中律的规范对象是具有_____关系和_____关系的命题,其特征是它们不可以同_____。

5. 从逻辑形式的基本规律的角度看,三段论的"四概念错误"本质上是违反_____律要求的逻辑错误。

## 二、单项选择题

1. 若既肯定 A 命题又肯定同一素材 E 命题,则(　　)

　A. 违反同一律　　　　　　　　　　B. 违反矛盾律

　C. 违反排中律　　　　　　　　　　D. 不违反逻辑形式基本规律

2. 若既否定 □→p 又否定 ◇p,则(　　)

　A. 违反同一律　　　　　　　　　　B. 违反矛盾律

　C. 违反排中律　　　　　　　　　　D. 不违反逻辑形式基本规律

3. 在指派相同真值的条件下,既断定 p←q 为真,又断定 p∧→q 为假,则(　　)

　A. 违反同一律　　　　　　　　　　B. 违反矛盾律

　C. 违反排中律　　　　　　　　　　D. 不违反逻辑形式基本规律

4. "要说如果打击恐怖主义就要武装占领伊拉克,这当然不对,但要说打击恐怖主义却不能武装占领伊拉克这也不对。"这段议论有(　　)的逻辑错误。

　A. 混淆词项　　　　　　　　　　　B. 转移论题

　C. 自相矛盾　　　　　　　　　　　D. 模棱两不可.

5. 若"这件商品既物美又价廉"为假,则下列命题中为真的是(　　)

　A. 这件商品或物美,或价廉　　　　B. 这件商品不物美也不价廉

　C. 这件商品要么物不美,要么价不廉　D. 这件商品如果物美,那么价就不廉。

## 三、多项选择题

1. "能否理顺工资、价格的关系是改革成功的关键",这句话在表述上是(　　)

　A. 没有违反逻辑形式基本规律的要求

　B. 犯有"模棱两不可"的逻辑错误

　C. 违反了关于矛盾律的逻辑要求

　D. 违反了关于排中律的逻辑要求

　E. 犯有"自相矛盾"的逻辑错误

2. 下列复合命题中违反逻辑形式基本规律要求的有(　　)

　A. 这架飞机上所有乘客都是外国人,但也有一位中国人

　B. 这架飞机上所有乘客都不是外国人,但也有一位英国人

　C. 这架飞机上并非所有乘客都是外国人,但也并非所有乘客都不是外国人

　D. 这架飞机上并非有的乘客是外国人,但也并非有的乘客不是外国人

　E. 这架飞机上所有乘客都是外国人,但也有乘客不是外国人.

3. 若命题 p 和命题 q 具有矛盾关系,则下列断定中违反逻辑形式基本规律要求的有(　　)

　A. p∧→q　　B. →p∧q　　C. p∨q　　D. p∧q　　E. →p∧→q

4.违反同一律要求所犯的逻辑错误有( )

A.混淆词项　　B.偷换词项　　C.转移论题　　D.偷换论题　　E.模棱两可

5.下列各复合命题形式违反排中律要求的有( )

A.并非有 S 是 P 并且并非 S 都不是 P

B.并非 S 都不是 P 并且并非 S 都是 P

C.并非必然□p 并且并非◇p

D.◇→p 并且□p

E.→(→p 并且 q)并且→(p∨→q)

## 四、应用分析题

1.下列各题有无逻辑错误？如有,指出它主要违反了哪条逻辑形式基本规律的何种要求？

A.我基本上完全同意他的意见。

B.价值观念是永恒的历史范畴。

C.南极沿海地带鸟的种类虽然少,鸟却很多。

D.北碚的风景区不是一天能游完的,北温泉是北碚的风景区,北温泉不是一天能游完的。

E.对于是否有外星人的问题,在科学证实之前,我们的态度是既不肯定又不否定。

2.综合应用题

(1)小赵、小钱、小孙和小李都是某高校数学系的学生。某一天,小赵、小钱做完一道数学题后,发现答案不一样。小赵说:"如果我的不对,那你的就对了。"小钱说:"我看你的不对,我的也不对。"旁边的小孙看了看他俩的答案说:"小赵错了。"这时候,恰好班上数学成绩最好的同学小李走过来,听到了他们三人的话。小李看了看小赵、小钱的答案笑着说:"刚才你们三人的话,只有一人是对的。"请问,小赵和小钱谁的答案正确？

(2)第 25 届奥运会足球赛经过一番激烈的厮杀,最后留下 A、B、C、D 四国球队进入了半决赛。球迷甲、乙、丙、丁碰巧聚在了一起,就来推测这四国中的哪个国家能在最后的决赛中获胜,从而夺取金牌。

甲说:"A 国队在预赛和复赛中胜得艰苦,想得到金牌是不可能的。"

乙说:"D 国队员年轻气盛技术好,又有足智多谋、善于调兵遣将的教练,D 国拿走金牌没有问题。"

丙说:"C 国队员配合默契,全队攻守平衡,最应该拿金牌。"

丁说:"因为 D 国队员年轻比赛经验不足,不能拿金牌,其他三国拿金牌都是可能的。"

后来的结果表明,四人中只有一人的推测是正确的。那么,这个人是谁？又是哪一国拿走了金牌？如果假定后来的结果是四人中只有一人的推测是错误的,那么,这个人是谁？又是哪一国拿走了金牌？

# 参考文献

[1] 何向东,张建军,任晓明.(2017).逻辑学[M].北京:高等教育出版社.

[2] 李娜.(2017).实验逻辑学[M].天津:南开大学出版社.

[3] 陈波.(2016).逻辑学十五讲[M].北京:北京大学出版社.

[4] 陈波.(2014).逻辑学导论[M].北京:中国人民大学出版社.

[5] [奥]维特根斯坦著,陈启伟译.(2014).逻辑哲学论及其他[M].北京:商务印书馆.

[6] 邓辉文.(2013).离散数学[M].北京:清华大学出版社.

[7] [美]D. Q. 麦克伦尼著,赵明燕译.(2013).简单的逻辑学[M].杭州:浙江人民出版社.

[8] 唐晓嘉,涂德辉.(2008).逻辑学导论[M].重庆:西南师范大学出版社.

[9] [美]欧文·M.柯匹,[美]卡尔·科恩著,张建军,潘天群等译.(2014).逻辑学导论[M].北京:中国人民大学出版社.

[10] 李娜.(2012).逻辑学实验教程[M].天津:南开大学出版社.

[11] 何向东.(2010).逻辑学教程[M].北京:高等教育出版社.

[12] 徐明.(2008).符号逻辑讲义[M].武汉:武汉大学出版社.

[13] 邢滔滔.(2008).数理逻辑[M].北京:北京大学出版社.

[14] 邓庆生,任晓明.(2006).归纳逻辑百年历程[M].北京:中央编译出版社.

[15] 杜国平.(2006).经典逻辑与非经典逻辑基础[M].北京:高等教育出版社.

[16] 王路.(2004).逻辑基础[M].北京:人民出版社.

[17] 陆钟万.(2002).面向计算机科学的数理逻辑[M].北京:科学出版社.

[18] 刘壮虎.(1993).逻辑演算[M].北京:中国社会科学出版社.

[19] 王雨田.(1992).归纳逻辑导引[M].上海:上海人民出版社.

[20] D. van Dalen. (2012). Logic and Structure[M]. London:Springer.

[21] R. Fagin, J. Y. Halpern, Y. Moses, M. Y. Vardi. (2003). Reasoning About Knowledge[M]. London:The MIT Press.

[22] P. Blackburn, M. de Rijke, Y. Venema. (2002). Model Logic[M]. Cambridge:Cambridge University Press.

[23] G. E. Hughes, M. J. Cresswell. (1996). A New Introduction to Modal Logic[M]. London:Routledge.

[24] J.-J. Ch. Meyer, W. van der Hoek. (1995). Epistemic Logic for AI and Computer Science[M]. Cambridge:Cambridge University Press.

# 后 记

逻辑学作为一门研究推理和论证的学问，如果能有与逻辑学教学内容相配套的逻辑教学软件，对学习和理解与推理相关的概念和规则无疑是大有裨益的。由美国斯坦福大学研发而成的 LPL Software 是一套专门用于数理逻辑学习的计算机程序软件。它包括四个子程序，有可以构建真值表的 Boole；可以构建数理逻辑形式证明的 Fitch；另外还有 Tarski's World 可以构造模型，并检验编写的一阶谓词公式在该模型上的真值情况。通过完成其上精心设计的实验和练习，可以使学习者轻松理解和掌握各个逻辑联结词和量词的意义和用法。Submit 用于学习者在网上提交和检查作业。这四个子程序文件的介绍和使用可以在它们各自的帮助（Help）菜单下获取，可登录：http://lpl.stanford.edu 获得更多相关内容。也可在线学习如何使用这些软件，免费的视频学习网站如下：

https://ggweb.gradegrinder.net/lpl/coursecontent。

除了现代数理逻辑可以结合信息技术进行在线学习外，传统直言命题逻辑也可以利用 Computational Aristotelian Term Logic 和 Philosophy Lander 等在线学习软件进行学习，这些软件都是针对亚里士多德三段论开发的在线学习软件。

本教材的编者希望学习者在学习的过程中能够结合这些逻辑学的在线学习软件进行练习，以达到事半功倍的学习效果。也可以结合南开大学的李娜老师 2012 年在南开大学出版社出版的《逻辑学实验教程》进行学习，这本教材对逻辑学在线学习软件的介绍最为全面。2017 年出版的《实验逻辑学》主要介绍针对现代数理逻辑的 LPL Software。

本教材主要包括传统直言命题逻辑、命题逻辑、谓词逻辑和模态逻辑，以及传统归纳逻辑等逻辑学的基本内容。其中第一章和第九章由唐晓嘉和蒋军利共同撰写；第二章至第五章由蒋军利撰写；第六章和第七章由唐晓嘉撰写；第八章和第十章由于宇撰写。蒋军利和于宇负责对教材进行校对。

本教材在编撰过程中参阅了大量学界教材，如何向东主编的马克思主义理论研究与建设工程重点教材《逻辑学》中的一些例题，唐晓嘉和涂德辉主编的《逻辑学导论》中的部分内容和部分练习题，在此一并致谢！

由于编者水平有限，本教材很难避免会出现一些错误和不足，恳请读者批评指正。

编者

2018 年 3 月 20 日